第五届中国经济学家高端论坛报告（2022）

The Fifth China Economist Summit Forum Report 2022

共同富裕的理论创新与中国实践

浙江省社会科学界联合会

孙冶方经济科学基金会　　编写

浙江财经大学

中国财经出版传媒集团

经济科学出版社
Economic Science Press

图书在版编目（CIP）数据

共同富裕的理论创新与中国实践/浙江省社会科学
界联合会，孙冶方经济科学基金会，浙江财经大学编写
. -- 北京：经济科学出版社，2022.11
ISBN 978 - 7 - 5218 - 4084 - 1

Ⅰ.①共… Ⅱ.①浙…②孙…③浙… Ⅲ.①共同富
裕 - 研究 - 中国 Ⅳ.①F124.7

中国版本图书馆 CIP 数据核字（2022）第 184506 号

责任编辑：王红英　汪武静
责任校对：王肖楠
责任印制：王世伟

共同富裕的理论创新与中国实践
浙江省社会科学界联合会
孙冶方经济科学基金会　编写
浙江财经大学
经济科学出版社出版、发行　新华书店经销
社址：北京市海淀区阜成路甲 28 号　邮编：100142
总编部电话：010 - 88191217　发行部电话：010 - 88191522
网址：www. esp. com. cn
电子邮箱：esp@ esp. com. cn
天猫网店：经济科学出版社旗舰店
网址：http://jjkxcbs. tmall. com
北京季蜂印刷有限公司印装
710×1000　16 开　21.25 印张　260000 字
2022 年 11 月第 1 版　2022 年 11 月第 1 次印刷
ISBN 978 - 7 - 5218 - 4084 - 1　定价：86.00 元
（图书出现印装问题，本社负责调换。电话：010 - 88191510）
（版权所有　侵权必究　打击盗版　举报热线：010 - 88191661
QQ：2242791300　营销中心电话：010 - 88191537
电子邮箱：dbts@ esp. com. cn）

第五届中国经济学家高端论坛报告（2022）
《共同富裕的理论创新与中国实践》
编委会

序　言

"富裕"是各国现代化追求的目标。西方国家百年工业化、现代化历史告诉我们，发达国家人民生活水平总体上得到了较大地提高，但由于社会制度原因，从未解决共同富裕问题，相反，贫富差距越来越大。共同富裕作为社会主义的本质要求，彰显了中国式现代化的显著特征。2021 年，中共中央、国务院正式发文，支持浙江高质量发展建设共同富裕示范区。浙江把 2022 年定位为"共同富裕示范区建设机制创新年、改革探索年、成果展示年"。浙江将致力于打造一批标志性成果，探索一批共富机制性、制度性创新模式，谋划一批重大改革方案。实践深入离不开理论指导。高质量发展中扎实推进共同富裕迫切需要理论界助力解决现实问题，及时总结先行做法，形成具有普遍意义的、可复制的经验原则，为其他地区分阶段、分梯次推进工作，逐步实现共同富裕作出示范。

中国经济学家高端论坛由浙江省社会科学界联合会、孙冶方经济科学基金会、浙江财经大学联合主办，从2017年起开始举办，旨在搭建国内深入探讨中国经济社会发展前沿问题、梳理总结地方改革实践经验的高端学术交流平台。论坛传承以孙冶方为代表的老一辈经济学家"敬畏规律、守护真理"的精神，遵循"促进经济理论创新、推动经济科学发展"的宗旨，不唯书、不唯上、只唯实，聚焦热点，百家争鸣。论坛选题聚焦中央经济工作会议精神和全国两会经济议题，汇聚国内外著名专家学者，梳理经济脉络，剖析现实问题，指明发展方向，为全面深化经济体制改革建言献策，为推动经济学科发展推陈出新。

2022年5月8日，以"共同富裕的理论创新与中国实践"为主题的第五届中国经济学家高端论坛在浙江财经大学下沙校区举行。本次论坛采取线上线下相结合方式。国务院原副秘书长、十三届全国人大常委会委员及社会建设委员会副主任委员、孙冶方经济科学基金会评奖委员会主任、清华大学公共管理学院原院长江小涓，孙冶方经济科学基金会理事长李剑阁，十三届全国人大常委会委员及农业与农村委员会副主任委员、中国社会科学院学部委员、中国社会科学院原副院长蔡昉，孙冶方经济科学基金会荣誉理事长、中国社会科学院学部委员、中国社会科学院经济研究所原所长张卓元，中国发展研究基金会副理事长卢迈，中国法学会经济法学研究会会长张守文，浙江大学文科资深教授李实，浙江省社会科学界联合会书记郭华巍，浙江省委宣传部副部长、浙江省社会科学界联合会主席盛世豪，浙江省发展规划研究院副院长兰建平，浙江财经大学校领导班子成员李金昌、钟校敏、李占荣、楼胆群，孙冶方经济科学基金会、企业界、新闻界、出版界代表，浙江财经大学师生代表1000余人参加本次论坛。江小涓、蔡昉、张卓元、卢迈、张守文、盛世豪、李实、兰建平、李金昌等九位专家分别围绕"以数字经济促进共享发展""补足现代化短板倒计时""着力完善收入分配制度""以儿童发展促进共同富裕""新发展阶段的共同富裕及其实现路径""乡村振兴：共同富裕的必由之路""实现共同富裕需要制度创新""从开放式改革到数字化改革的逻辑与原则——迈向数字文明新时代""共同富裕统计视角的几个问题"等主题作了主旨报告。

本次论坛还包括四个分论坛。分论坛一：题为"乡村振兴与共同富裕"，云南财经大学校长伏润民，复旦大学世界经济研究所所长万广华，华中科技大学经济学院和张培刚发展研究院院长张建华，中国农业大学国家乡村振兴研究院常务副院长李小云，同济大学经济与管理学院副院长程名望，北京大学中国教育财政科学研究所常务副所长刘明兴、研究员魏易，浙江万合集团董事长赵银锋，浙江财经大学校长钟晓敏，浙江财经大学乡村振兴研究院副院长刘亚辉等专家学者出席。分论坛二：题为"共同富裕统计监测"，国家统计局统计科学研究所所长闫海琪、江西财经大学讲席教授邱东、国家统计局浙江调查总队总队长张斌、浙江省统计局总统计师王美福、江西财经大学统计学院首席教授罗良清、浙江财经大学数据科学学院院长洪兴建等专家学者出席。分论坛三：题为"金融创新与共同富裕"，西南财经大学中国金融研究中心主任王擎，厦门大学金融研究中心主任朱孟楠，上海财经大学金融学院党委书记刘莉亚，中国人民大学财政金融学院副院长张成思，北京大学经济学院风险管理与保险学系主任郑伟，北京师范大学金融系主任胡海峰，四川大学经济学院院长蒋永穆等专家学者出席。分论坛四：题为"数字化改革与共同富裕"，中国科学院大学经济与管理学院院长洪永淼，南开大学经济学院院长盛斌，浙江省信息化与经济社会发展研究中心主任陈畴镛，嘉兴学院党委书记卢新波，浙江大学民营经济研究中心主任潘士远，华东师范大学工商管理学院副院长董直庆，浙能锦江环境控股有限公司董事长韦东良，浙江财经大学教授唐要家等专家学者出席。

《共同富裕的理论创新与中国实践》是举办方在会场速记和现场录音摄像的基础上，精心梳理与会专家的演讲与互动内容，提炼核心观点后整理而成以分享本届中国经济学家高端论坛的成果。让更多的人了解与会专家学者的精彩演讲和独到观点，该成果由经济科学出版社出版发行。

I

分论坛一：乡村振兴与共同富裕

分论坛二：共同富裕统计监测

分论坛三：金融创新与共同富裕

分论坛四：数字化改革与共同富裕

论坛开幕式

浙江省社会科学界联合会党组书记郭华巍致辞

孙冶方经济科学基金会理事长李剑阁致辞

浙江财经大学党委书记李金昌致辞

论坛开幕式

浙江省社会科学界联合会 党组书记郭华巍致辞

尊敬的各位来宾、各位专家、各位老师、同学们：

大家上午好！

五月最美为江南，江南最美是杭州。今天我们相聚在美丽的杭州，隆重举办第五届中国经济学家高端论坛，这是社会科学界和教育界的一件大事，一件喜事，首先请允许我代表浙江省社会科学界联合会对论坛的召开表示热烈的祝贺，向出席本次论坛的各位嘉宾、各位学者表示诚挚的欢迎。

自成立以来，中国经济学家高端论坛聚焦新时代经济社会发展中的前沿问题和热点问题开展探讨，为浙江经济社会发展建言献策，为推进理论研究和实践创新作出了重要贡献。这些年，中国经济学家高端论坛受到学界、政界、产业界的高度关注，深入探讨中国经济社会发展前沿问题，已经成为国内经济学界具有重要影响力的高端论坛，梳理总结地方改革实践经验，成为展示我省高质量发展共同富裕示范区金名片的学术交流平台。

2022 年 4 月 25 日习近平总书记在中国人民大学考察调研时强调，坚持和发展中国特色社会主义理论和实践提出了大量亟待解决的新问题，世界百年未有之大变局加速演进，世界进入新的动荡变革期，迫切需要回答好"世界怎么了""人类向何处去"的时代之题。这也是习近平总书记对哲学社会科学面对新形势、新要求提出的重要任务。这对我们做好新时期哲学社会科学工作有着重要的指导意义。

一年前，中共中央、国务院印发了《关于支持浙江高质量发展建设共同富裕示范区的意见》。一年来，浙江省委省政府积极贯彻落实党中央决策部署，根据在高质量发展中扎实推进共同富裕的要求，全省上下人人参与，齐抓落实，坚持把习近平总书记关于共同富裕的重要论述精神作为共同富裕示范区建设的根本遵循；以方案设计引领整理谋划，构建共同富裕示范区建设的"四梁八柱"；以组织变革引领社会变革，建立会议推进、清单化管理、改革探索和试点推广、民情通达等机制；以重点领域改革创新牵引带动共同富裕示范区建设，先后梳理形成重大改革清单 1.0 版和 2.0 版；确立了"1 + 7 + N"改革工作体系，以数字化改革为总抓手推动经济、民主法治、文化、社会事业、生态文明、党的建设、纪检监察七大领域的重点改革，提炼形成了 N 项牵一发而动全身的重大改革任务，以全面深化改革新成效再创体制机制新优势。

2022 年被定位为"共同富裕示范区建设机制创新年、改革探索年、成果展示年"。2022 年，浙江将致力于打造一批标志性成果，探索一批共同富裕机制性制度性创新模式，谋划一批重大改革方案。这又离不开理论界强有力的支持，我们深切地期待本次论坛紧紧围绕"共同富裕的理论创新与中国实践"主题，总结浙江改革发展中鲜活的经验素材和丰富的实践成果，提炼上升为彰显浙江辨识度，具有全国影响力的应用成果、理论成果和制度成果，为全国共同富裕理论建设和实践创新提供浙江素材、浙江经验、浙江样板。真正落实以回答中国之问、世界之问、人民之问、时代之问为学术己任，以彰显中国之路、中国之治、中国之理为思想追求，在研究解决事关党和国家全局性、根本性、关键性的重大问题上拿出真本事、取得好成果。

"弄潮儿向涛头立，手把红旗旗不湿"。今天，我们相聚在钱塘江畔，共襄盛会，共同为浙江高质量发展建设共同富裕示范区出谋划策，共同为共同富裕的理论创新与中国实践建言献策，争做理论创新的"弄潮儿"，实践创新的"弄潮儿"。最后，预祝本次论坛取得圆满成功。祝各位来宾、各位专家、各位老师、同学们，身体健康，工作顺利，生活美好。谢谢大家！

孙冶方经济科学基金会理事长李剑阁致辞

尊敬的盛世豪副部长、郭华巍书记，各位嘉宾、老师们、同学们：

大家上午好！

首先，我代表孙冶方经济科学基金会祝贺第五届中国经济学家高端论坛成功举办。热烈欢迎和衷心感谢今天线上线下的各位演讲嘉宾。特别要感谢浙江省社会科学界联合会和浙江财经大学的各位同仁，你们在此轮疫情中排除种种困难，为这次"云端"论坛做出了大量卓有成效的筹备工作。

本届论坛的主题是"共同富裕的理论创新与中国实践"。实现共同富裕是人类多少代志士仁人矢志不渝追求的崇高理想，也是社会主义的本质要求。最近，党中央又重申了这个伟大的战略目标和任务。浙江省是中央确定的共同富裕示范区，浙江省委省政府正在各个方面为全国积累探索经验。我们将在本次论坛上深入探讨这个主题，具有十分重要的理论意义和实践意义。

共同富裕是指全体人民物质生活和精神生活两个层面的富裕。物质财富和精神财富不会从天而降，而要靠每个人踏踏实实的勤劳智慧来创造。中国有句古语说得好"民生在勤，勤则不匮"。我们党为实现共同富裕制定了各项政策，其精髓在于激发全体民众的活力，让社会财富涌流。"发展是硬道理"，四十多年的实践证明，改革开放，实行社会主义市场经济是中国改变国运的关键一招，是通向繁荣富强的正确之路，也是最终实现共同富裕的必由之路。

我国正处于并将长期处于社会主义初级阶段，这是基本国情。要坚持公有制为主体、多种所有制经济共同发展。实现共同富裕不是整齐划一的平均主义，也不是要劫富济贫、劫富致贫，而是要允许一部分人先富起来，同时要强调先富带后富、帮后富，毫不动摇地鼓励辛勤劳动、合法经营、敢于创业的致富带头人。

我国发展水平离发达国家还有一定差距。共同富裕是长远目标，需要一个过程，不可能一蹴而就。我们要对其长期性、艰巨性、复杂性要有充分的估计，不能好高骛远，吊高胃口，做兑现不了的承诺。政府不能什么都包，重点是加强建设基础性、普惠性、兜底性民生保障体系。即使将来发展水平更高、财力更雄厚了，也不能提过高的目标，搞过头的保障，坚决防止落入"福利主义"养懒汉的陷阱。共同富裕是一个在动态中向前发展的过程，必须踏踏实实、久久为功，持续推动，不断取得成效。我们要全面准确深刻地理解中央关于共同富裕的方针政策，我们也十分期待本次论坛上各位讲演嘉宾分享他们精彩的见解。

在这里，我还要借此机会感谢浙江财经大学。经过几届领导的不懈努力，在孙冶方经济科学基金会的全力支持下，浙江财经大学建立了孙冶方经济科学奖文献馆。文献馆于 2015 年 11 月正式建成并对外开放。文献馆系统收集了孙冶方经济科学奖历届获奖成果，征集了陈翰笙、薛暮桥、孙冶方、于光远等老一辈经济学家的早期著作、手稿、书信、日记，以及部分获奖者的签名成果、手稿等，全面展示了新中国成立前后，特别是改革开放以来我国经济学发展进程。文献馆同时建有实体展馆和数据库，具备展览功能和检索阅读功能。孙冶方经济科学奖文献馆自建成以来，每年都要接待参访者数千人。文献馆主持开设的"孙冶方经济科学奖与中国经济发展"通识课正式获得批准并在浙江财经大学开课。

孙冶方经济科学奖文献馆"上穷碧落下黄泉"，以历史钩沉的专业精神，短短几年时间，文献收集取得了令人钦佩的成绩。特别值得一提的是，文献馆近年来通过多种途径收集了各类版本的薛暮桥先生的《政治经济学》。薛暮桥《政治经济学》最初版本始于1939年，当时很快在解放区广为传播，成为各级干部和中学教科书。此后一版再版，一印再印，一直持续到1951年，总印数难以统计。目前，文献馆通过个人捐赠、社会征集和网络购买等途径收藏了各种版本和不同印次的薛暮桥《政治经济学》达90余种。这样蔚为大观的个人著作馆藏，在全国各类文献馆中可能是创纪录的。

孙冶方经济科学基金会与中国改革开放一起成长。孙冶方经济科学基金会的工作一直得到社会各界的大力支持，也与各社会方面有过许多密切的合作。浙江财经大学与孙冶方经济科学基金会的合作是一个卓越的范例。我们希望今后与浙江省有更多更好的合作。

预祝本次论坛圆满成功。谢谢大家！

浙江财经大学党委书记李金昌致辞

尊敬的李剑阁理事长、尊敬的盛世豪部长、郭华巍书记、兰建平院长，各位领导、各位嘉宾、各位专家、老师们、同学们：

大家上午好！

今天我们通过线上线下联动的方式隆重举行第五届中国经济学家高端论坛，首先，我谨代表浙江财经大学对本次论坛顺利召开表示最热烈的祝贺，向参加本次论坛的各位领导嘉宾和专家学者表示最诚挚的欢迎，向长期以来关心支持浙江财经大学建设发展的朋友表示最衷心的感谢。

习近平总书记指出，共同富裕是社会主义的本质要求，是中国走向现代化的重要特色，要坚持以人民为中心的发展思想，在高质量发展中促进共同富裕。当前，我国正开启全面建设社会主义现代化国家新征程，向着第二个百年奋斗目标奋力进军。在推进共同富裕的过程中，必然要求我们进一步统筹地区之间、城乡之间、群体之间关系，把握好高质量发展和共同富裕的内在要求，充分破解发展不平衡不充分问题，进一步做好做大"蛋糕"，进而构建更加公平、公正的分配制度，循序渐进分好"蛋糕"，使发展成果更多、更好地惠及全体人民。

作为中国革命红船启航地、改革开放先行地、习近平新时代中国特色社会主义思想重要萌发地，以及全面展示中国特色社会主义制度优越性"重要窗口"，当前浙江正在扎实推进高质量发展，建设共同富裕示范区。作为浙江省属重点建设高校，浙江财经大学充分发挥学科专业优势，积极服务国家重大发展战略和浙江经济社会发展需求。2021 年，浙江财经大学与中国社会科学院大学、浙江省中国特色社会主义理论体系研究中心联合成立了"浙江省八八战略研究院"，围绕八八战略、共同富裕的丰富内涵和浙江的生动实践，开展了一系列深入的研究。截至目前，共报送八八战略研究专报 57 期，获得浙江省委省政府领导批示 22 期，并获批了首批浙江省习近平新时代中国特色社会主义思想研究中心研究基地，出版了研究成果专著《八八战略与五大历史使命》。

由孙冶方经济科学基金会、浙江省社会科学界联合会和我校联合主办的经济学家高端论坛已经连续成功举办了四届。在社会各界的大力关心支持下，已成为国内深入探讨中国经济社会发展前沿问题、梳理总结地方改革实践经验的高端学术交流平台。今天，来自全国的专家学者围绕第五届中国经济学家高端论坛"共同富裕的理论创新与中国实践"这一主题，开展交流与讨论，梳理经济脉络，分析现实问题，研讨发展方向，并将进一步启发理论思维，碰撞思想火花，推动共同富裕研究不断发展，为共同富裕的理论创新与实践注入源源不断的动力和活力。

我校也将以举办中国经济学家高端论坛为契机，进一步加强与国内兄弟院校和科研机构的交流合作，不断提升办学实力和服务地方经济社会发展的能力，并期待与大家一道探讨深化高等教育改革创新，为助推共同富裕贡献更多的浙江财经大学力量。期望各位领导和专家一如既往地关心支持浙江财经大学的建设和发展。热忱欢迎各位领导专家疫情过后莅临浙江财经大学指导。

最后，预祝本次论坛取圆满成功，祝大家身体健康，工作顺利，生活愉快，谢谢！

主旨报告

主旨报告综述

2022 年 5 月 8 日，第五届中国经济学家高端论坛在浙江财经大学下沙校区举行。本届论坛的主题是"共同富裕的理论创新与中国实践"。国务院原副秘书长、十三届全国人大常委会委员及社会建设委员会副主任委员、孙冶方经济科学基金会评奖委员会主任、清华大学公共管理学院原院长江小涓，十三届全国人大常委会委员及农业与农村委员会副主任委员、中国社会科学院学部委员、中国社会科学院原副院长蔡昉，孙冶方经济科学基金会荣誉理事长、中国社会科学院学部委员、中国社会科学院经济研究所原所长张卓元，中国发展研究基金会副理事长卢迈，中国法学会经济法学研究会会长张守文，浙江省社会科学界联合会主席盛世豪，浙江大学文科资深教授李实，浙江省发展规划研究院副院长兰建平，浙江财经大学党委书记李金昌应邀作主旨报告。

江小涓作了题为"以数字经济促进共享发展"的主旨演讲。数字技术通过广泛链接、智能匹配和信用塑造等手段，提供更多的市场化、覆盖广、可持续的共享机会，有助于低能力、低资产、低教育人群的就业、交易、获取资源和提升自身能力。政府要做到支持与监管并重，充分发挥数字企业促进社会公平的积极作用，同时要监管其可能出现的违规违法、违背人类价值观的不当做法。

蔡昉作了题为"补足现代化短板倒计时"的主旨演讲。中国经济即将跨入高收入门槛，但是经济社会发展不容丝毫懈怠。二元经济结构，社会收入分配不公，生育意愿不足和生育率偏低等问题突出。我们应关注关键领域改革：推进户籍制度改革，从供求两侧创造改革红利；政府公共服务和企业社会责任应有所作为，缓解女性就业和生育之间矛盾，让生育率回归正常；重视再分配，提高社会福利。

张卓元作了题为"着力完善收入分配制度"的主旨演讲。居民收入快速增长，但基尼系数又持高不下，我们应重视"分蛋糕"问题。这就要改善社会收入分配结构，提高居民可支配收入占人均国内生产总值（GDP）的比重，逐步使居民收入结构从金字塔型向橄榄型转变。建立现代财政制度，调整财政转移支付制度；完善税收制度，重视税收在缩小居民收入差距方面的杠杆作用；构建现代社会保障体系，促进社会公平。

卢迈作了题为"以儿童发展促进共同富裕"的主旨演讲。投资儿童发展是破解贫困问题，实现共同富裕的重要途径。目前，城市儿童和农村儿童生活环境和教育环境差距较大，脱贫地区 0～3 岁儿童认知/非认知能力与城市儿童差异明显。中国发展研究基金会开展了关注儿童健康、教育和保护的社会试验项目。研究发现，这些项目在受益儿童身高增长、心理健康、非认知能力提升等方面都产生了积极而又长远的效果。

张守文作了题为"新发展阶段的共同富裕及其实现路径"的主旨演讲。我们应构建有利于各类主体竞相发展的"发展导向型"法治体系，提升促进共同富裕的制度化、法治化水平，激励和保障全体人民勤劳致富、创新致富、合法致富；依法保护各类产权，鼓励创新创造；以富国裕民为主要目标，兼顾效率与公平，建立健全有利于共同富裕的法律制度；探索财税法改革路径，为企业精准减税降费，降低个人劳动所得税负，调整社会分配结构，促进社会公平。

盛世豪作了题为"乡村振兴：共同富裕的必由之路"的主旨演讲。深入实施乡村振兴战略，扎实推动共同富裕，焦点在持续稳定提高农村居民收入，重点在增强农村公共服务供给能力，难点在提升农村人力资本水平。这就要建立完善农村各类要素价值实现机制，增强农村公共文化供给，加大农村人力资本投入，加强农村集体经济组织建设，提高农村公共服务供给能力和水平。

李实作了题为"共同富裕需要制度创新"的主旨演讲。我国居民整体富裕程度不高，中等收入群体规模仍然偏低，低收入人群是社会的主体人群。城乡之间收入差距仍处高位，城市内部和农村内部不同群体间收入差距呈扩大趋势。这就要构建初次分配、再分配、三次分配协调配套的基础性制度体系；改革农村土地制度和户籍制度，促进农村农民共同富裕；改革财政制度，推进基本公共服务均等化；构建"发展—共享"兼容模式，以发展实现共享，以共享促进发展。

兰建平作了题为"从开放式改革到数字化改革的逻辑与原则"的主旨演讲。全面深化数字化改革，必须遵循数字技术的基本规律，以制度理性来引导和促进技术理性，以制度性重塑来检验数字化改革的成效。数字化改革要着力把握好最小最大统一原则、熵减原则、渐进迭代原则、整体安全原则等，实现数据采集适度性和数字使用最大化，改进功能模块，推进系统迭代升级，构建安全、和谐、可持续的数字文明新格局。

李金昌作了题为"共同富裕统计视角的几个问题"的主旨演讲。我们应在全面摸清收入分配结构和收入差距的前提下，科学合理地确定中等收入家庭统计标准和中等收入群体规模。共同富裕的统计特征可概括为：重点是富裕，难点是共同，关键是可持续，核心是实现人的全面发展。由此，我们可构建一套紧扣"富裕""共享"和"可持续"三个基本点，过程指标与结果指标相结合的共同富裕统计监测评价指标体系。由于区域差别始终存在，还要科学设置分区域、差异化的共同富裕统计监测评价指标体系。

紧紧围绕"共同富裕的理论创新与中国实践"会议主题，九位嘉宾的主旨演讲汇聚实践智慧，淬炼思想火花，为我们带来了一场精彩纷呈的学术盛宴。

以数字经济促进共享发展[1][2]

江小涓

尊敬的各位线上线下参会嘉宾，大家上午好！很高兴有机会和大家分享"以数字经济促进共享发展"这个主题。

大家都知道，我们希望发展是平等的，希望所有的社会成员都能够共享发展成果，这是人类的长期愿望。但是，以前无论是政府能力还是技术能力，都达不到让发展共享的要求。如今到了数字时代，数字技术能够提供强大的力量，鼓励最弱势群体参与到经济发展中来。从比较狭义的共享角度来看，数字技术的三个基本能力可以促进整个社会发展的平等和共享。

第一个能力是使得参与市场的人进入市场的门槛比较低。这个能力主要来自数字技术提供的链接能力。进入市场能力比较弱、教育水平比较低或者偏远农村地区的人群只需一部联网的手机，就可以发布自己的需求，低成本地将自己呈现到就业的市场中。

① 报告人简介：江小涓：研究员、教授、博士生导师，第十三届全国人民代表大会常务委员会委员及社会建设委员会副主任委员，孙冶方经济科学基金会评奖委员会主任，清华大学公共管理学院原院长，历任国务院研究室党组副书记、副主任，国务院副秘书长，中国社会科学院工业经济研究所主任和财贸所党委书记、所长。长期从事宏观经济、国际经济、产业经济等领域研究工作，研究成果4次获得孙冶方经济科学奖及第五届中国经济理论创新奖。曾被评为"中国十大经济女性年度人物""影响新中国经济建设的100位经济学家"，中国社会科学院十大优秀青年学者、全国留学回国先进个人等。

② 本报告文字整理人：浙江财经大学博士研究生曹安琪。

第二个能力是智能匹配能力。百千万的就业者和百千万的求职岗位呈现到平台上，那么，该怎么匹配？唯有智能技术可以解决这个问题，把所有的供给方和需求方最恰当地匹配起来。

第三个能力是信用塑造能力。进入市场较晚、自身呈现能力较弱的人群是市场中的陌生人。我们知道，跟这些陌生人进行交易风险高，而数字技术的发展能给新进入的或市场信用积累较少的进入者塑造信用，使他们能够参与到市场交易中。

这是数字技术促进共享最基本的三个能力。基于这三个能力，我们今天讲四点：数字经济可以促进弱能力人群的就业和交易；数字经济促进低资产人群的融资和发展；数字经济促进低教育人群的参与和提升；政府要支持和监管并重，更好地发挥数字平台的积极作用。

第一，数字经济能够促进弱能力人群的就业和交易。

我们举几个比较典型的例子。例如外卖骑手，77% 的美团外卖骑手来自农村，其中，1/4 来自原先的国家级贫困县，这些就业者原来的市场参与度很低，而借助平台的机会可以让他们快速参与市场。通常来说，他们上岗的前期资质审核要求很低，且通过平台介入最快一两天就可以正式开始工作。再如淘宝村，今天我要介绍的是阿里巴巴平台为支持偏远农村地区参与市场交易发起的一项商业活动。据统计，2018～2020 年，有超过 3 亿的网友通过阿里巴巴平台从原来的 832 个贫困县（市、区）购买了 270 亿元的商品。以往如果将贫困地区的淘宝村商品和发达地区需求进行匹配，重重中间环节损害了农民的利益，而现在所有的中间环节消失，淘宝村的村民可以将他们的农产品直接和城市的需求方匹配起来，带来了非常好的效益。

线上还有一类人群就是女性劳动者。女性人群需要生育孩子，尤其在多子女的情况下，线下劳动使得她们难以平衡家庭和就业，如果线上就业，那么平衡二者间关系就会变得相对容易。所以，在阿里巴巴平台上，我们观察到女性的创业者几乎占了一半，平台给女性提供了非常好的就业机会。

平台带来了就业机会，就会为劳动者带来收入的增长。根据世界银行的研究，淘宝村中的家庭收入水平远远高于非淘宝村的农村家庭收入，和城市居民的人均收入基本相当，如果再把农村地区的淘宝村和非淘宝村的家庭收入比较，我们也可以得出前者明显高于后者。此外，骑手的收入水平远高于农村居民收入，即使和城市就业者的平均收入相比也不逊色。"饿了么"平台骑手的月均收入 5 800 元左右，而同期的城镇居民月均收入只有 3 000 左右。值得一提的是，来自贫困县的骑手中，其中月收入超过 8 000 元的骑手达到 15%。可以看到，就业机会确实带来了富裕的发展。

线上就业还给那些来自偏远地区、能力弱，或者没有机会在中小学阶段享受到优质教育的人群提供了非常重要的机会。虽然考取"985""211"等名牌大学、考取公务员或者进入大型企业的几率较小，但是，他们进城之后仍有机会实现自己的事业理想。线上平台出现以后，这类人群的就业、离职和再就业成本都变得较低，如若发现其他商机，即可辞职创业，如果失败，可以立马重新上岗，选择机会很多。如武汉疫情期间，国务院新闻发布会介绍了一位重新创业的美团外卖骑手。

总的来说，线上平台的出现给这类年轻人提供了直接发展和多元发展的机会。平台促进就业能力不仅仅是中国的创新，也是一个世界级的现象。现在全球数字劳工平台大概有700多个，在利用平台寻找就业机会的过程中，有40%的年轻劳动者离开了家乡甚至到国外就业。的确，平台为他们提供了很低的门槛，让他们能迅速地进入劳动力市场中。

第二，数字经济能够促进低资产人群的融资和发展。

除了就业之外，如果低资产人群想创业，就需要更多的资源支持。大家都知道，我们倡导了很多年的普惠金融服务，希望能向小微企业、个体户、个体创业者提供金融服务，但由于现实技术能力不匹配，提供小额服务的成本过高，导致服务质量一直不高。如今，数字技术、互联网和移动支付发展迅速，大大增强了为小微企业和个人提供大量金融服务的能力和塑造信用的能力，成本大幅度下降，金融普惠服务逐渐普及。

从互联网银行的数据来看，网商银行注重为小微企业提供金融服务，成立后3年内就为上千万个小微企业提供金融服务。新网银行重在为个人提供金融服务。个人的融资能力相较于小微企业更差，但是，新网银行成立后的3年共计发放贷款7 800万笔，放贷金额只有2 500亿元，也就是说每笔贷款平均水平在3 000～4 000元。放贷量之大、放贷额之小令人震惊，传统的金融体系难以实现。

数字技术还为贫困地区带来其他服务，如解决手术问题。大家都知道，一些疾病可能会对人的终身劳动能力产生影响，最后，贫困户也可能会出现因病致贫、因病返贫的问题。农村基层不具备医治条件，各种原因使其难以去城市就医，这样的话，偏远地区的病人就难以得到有效治疗。数字技术的发展便可以弥补这个漏洞。例如，在当前5G手术技术的年代，要为一位腰椎受伤的偏远地区病人提供治疗，医疗条件好的大型医院可以通过远程控制系统，提前输入病人情况和手术程序，通过远端连接和实时定位系统在任何一家基层医院完成手术。所以，数字医疗促进了优质医疗资源的异地共享。一个年轻人要发展，需要具备两个条件：健康的身体和良好的教育。远程医疗技术的发展使得偏远地区的老百姓大大受益。

第三，数字技术促进低教育人群的参与和提升。

社会发展到一定水平后，社会参与将成为一种社会需求。数字技术能够提供共享优质教育资源。以前，线下的名校名师能够教授的学生数量有限，如今数字教育和智慧教育平台发展起来之后，教育部国家智慧教育的线上课程大大丰富，只要连接上互联网，便可以享有优质老师的授课。例如，中国人民大学附属中学的语文老师进行线上授课时，全国各地的中小学生也可以同时学习。清华大学胡鞍钢教授在线授课，不只是清华学子，而且全国学子都可以同时听课。数字技术提供了优质教育共享的资源，对年轻人的成长大有裨益。

数字技术还提供了共享优质文化资源的机会。文化参与对人的全面发展非常关键，社会理解、人际沟通、子女教育三大功能都寄托在良好的文化素养之上。以往的线下文化服务，如听音乐会、看电影、看戏剧等成本高，这对于普通收入群体和低收入群体都是不友好的，而广播电视等大众传媒所提供的文化服务又较为有限，难以满足人民的文化获得感。北京市也开展了惠民低价补贴京剧演出，但是，几百元的票价对于低收入群体依旧是不小的开支，因而也不可能成为经常性消费。

然而，出现线上文化共享后，之前的情景发生很大改变。现今，数字音乐消费在全部音乐消费中所占比例较大，已经达到了3/4，而且绝大部分可以免费分享。听歌已经变成了一个非常普遍的现象。另外，视频网站还提供了大量的节目。国内几家大型视频网站提供的电视剧、电影、综艺和动漫种类都超过了1万部，内容丰富。

在现代社会，平等的知识获取和意愿表达机会对于人的发展很重要，数字技术的发展为人们提供了分享各类文化产品的公平机会。如今，个人理念和大众需求如若能够匹配，个人就可以很方便地在互联网上传播文化理念，表达自身心愿。我们经常看到普通人分享生活，在互联网上忽然走红的现象。例如，一位牧民分享草原上的四季生活，还有一位是来自辽宁的乡村青年分享他的日常生活。他们的关注者众多，这表明老百姓对于和自己生活相关的，烟火气十足的文化分享需求很高，甚至超出了想象。抖音平台2021年月均发布的娱乐作者数达到了1 829万人。以前，只有少数明星和名人才能分享文化和创作的机会，如今人人都可以拥有。

第四，支持和监管并重更好发挥平台在促进共享发展方面的积极作用。

政府要做什么？政府要做好这几点：一是数字的基础设施建设一定要尽可能普惠，保证所有人能够上网；二是政府提供的数字服务要普惠和全纳，对那些确实从数字化角度进入社会比较困难的人群，要提供等效的线下服务；三是政府要给予更多的准入机会；在公立为主的场景下，要更多地给予数字平台发挥技术优势的机会，让更多的人共享发展过程；四是政府要保护好灵活就业人群的基本权益，如劳动条件、社会保障和职业发展等。保障不同的数字平台平等的发展起点，规避劣币驱逐良币的现象。

还有一点值得说明，数字平台在有利于共享发展的同时，其独特的技术能力也可能会产生损害共享、损害平等的不当行为。举例来说，曾经有一个国外的招聘软件在年轻女性求职时通过抓取这位女性线上的搜索记录来判断她是否有怀孕或者结婚迹象，抓取的信息影响到了最终的录用结果。显然，这与我们的价值观不相符。国外还存在一些金融企业违规抓取个人肤色、籍贯、宗教、性别、跳槽比率等与个人信用评价无关的因素，并将之强加到个人信用评估中去，这样的做法严重损害了平等共享的理念。所以，政府需要严格规范企业的技术算法，规避损害平等共享，违背人类正确价值观的现象。

长期以来，人们难以通过市场的、自然的过程实现共享发展，我们将促进共享设定为政府职责和企业的社会责任。数字技术通过广泛链接、智能匹配和信用塑造的能力，提供了更多的市场化、广覆盖、可持续的共享机会。它表现在促进低能力人群的就业、交易、资源获得、提升自身能力等各个方面。

政府要支持和监管并重，要充分发挥数字企业促进平等和共享发展的积极作用，同时要监管其可能出现的违规、违法、违背人类价值观的不当做法及其消极影响。

我今天就和大家分享这么多，谢谢！

补足现代化短板倒计时[①②]

蔡　昉

　　大家上午好，非常高兴有这个机会，分享我的一些研究成果，特别是针对当前推进共同富裕这一研究主题。

　　我今天要讲的题目是"补足现代化短板倒计时"。现在，我们已经进入一个倒计时的阶段。到2035年，中国预计基本实现现代化，也就是说，我们的人均GDP水平应该从目前的12 000美元达到2035年的23 000美元，这一标准属于高收入国家的"中间收入组"，也就是党的十九届五中全会提出的2035年人均国民生产总值达到中等发达国家水平。由此可见，人均GDP水平是一个要求。其次，我们也不能仅以GDP挂帅，不能只看这一个指标，同时还应该看到实现现代化的其他一些经济社会发展指标。这些指标包括教育水平、基本公共服务供给水平，或者更普遍来说，称作社会福利水平。如何缩小这些方面和现代化要求的差距，是我们当前的重要任

　　① 报告人简介：蔡昉，教授、博士生导师，第十三届全国人民代表大会常务委员会委员及农业与农村委员会副主任委员、中国社会科学院学部委员、中国社会科学院原副院长、中国社会科学院国家高端智库首席专家。研究领域涉及劳动经济学、人口经济学、中国经济改革、经济增长、收入分配和贫困以及"三农"问题的理论与政策等。研究成果获得孙冶方经济科学奖、张培刚发展经济学优秀成果奖、中国发展百人奖、中华人口奖、中国农村发展研究奖、中国经济理论创新奖等。曾被评为"做出突出贡献的中国博士学位获得者"、国家级"有突出贡献的中青年专家""影响新中国60年经济建设的100位经济学家"等。

　　② 本报告文字整理人：浙江财经大学博士研究生李媛媛。

务。因此，保持经济增长速度也好，加快补足现代化短板也好，都要求保持一定的经济增长速度。也就是说，我们的经济发展要保持在合理的区间内。这些都要求改革，要从改革中赢得红利，既能保持经济增长速度，又能在经济社会各项指标上缩小和现代化差距。从现在（2022 年）开始到 2035 年只有短短的 13 年，我认为这 13 年是一个重要的"窗口期"。

以上是我今天的一个开场白。接下来，我主要讲两个问题：

第一，新起点和窗口期。

今天中国经济社会发展的新起点是什么？在这个新起点上如何利用好今后这 13 年的窗口期？2021 年，我国实现了经济的复苏，人均 GDP 达到 12 551 美元。2020 年，世界银行修改了关于各个国家收入分组的标准。按照新标准，我们可以看一看中国经济发展跨越了哪些重要的转折点：第一次跨越是 2000 年，当时我们的人均 GDP 还很低，刚刚跨越 1 000 美元的大门槛，进入了中等偏下收入国家的行列。第二次跨越是 2010 年，这一年我们超越了日本，仅次于美国，成为了世界上第二大经济体，人均 GDP 跨越了 4 000 美元，进入到中等偏上收入国家的行列。如今，2020 年世界银行确定的高收入国家标准是 12 659 美元，根据这一标准，我国要从中等收入国家跨越到高收入国家的门槛。仅以 GDP 5.5% 的增长速度，甚至更低一些，今年便可以跨入高收入国家门槛，成为高收入国家的一员。这意味着，中国提前几年实现了原定于 2025 年"十四五"末的经济发展目标。这也说明，我们已经从中等收入国家毕业了。

但是，毕业了也仅仅是毕业。经济社会的发展不容丝毫懈怠。如果不能继续增长，甚至出现增长倒退现象，那么，又会退回到低收入国家行列。例如，阿根廷很早就进入了高收入国家的行列，但后来又退了出来。也就是说，跨过这个收入门槛并不意味着进入了"保险箱"，我们还有很多工作要做。另外，虽然进入高收入国家的门槛是 12 000 多美元，但是高收入国家的平均水平是 44 000 多美元，12 000 美元和 40 000 美元之间还有很大的差距，因此，继续发展还是非常迫切的。以上是一个 GDP 的标准。

第二，需要补齐哪些短板。

从经济社会发展现代化、人类社会发展各个方面指标来看，我们还有很大的差距。这也就是今天我想讲的主题。怎么看待这些差距，我们需要跟谁比？过去是跟世界上的平均水平比，如今中国将要进入高收入国家的行列，就应该有更高的标准，但也并非和最高发展水平的国家比。我选择了一个标准：到 2035 年，我国人均 GDP 将达到 23 000 美元。因此，可以将收入水平高于我们，但不超过 23 000 美元这一区间的国家平均水平作为参照系。按照这个参照系来看，我国现代化建设有哪些短板，需要补齐它们。

所有收入水平比我们高但是没超过 23 000 美元这一区间的国家，我们需要跟他们比较现代化的差距。从数据上看，中国经济增长速度高于以上所有国家。因此，经济增长速度带来的财力和经济实力给了我们补足差距的底气和信心。也就是说，我国的现代化发展需要跟这些国家做一个平均比较，并且缩小这个差距，所幸我们有底气实现缩小这一差距的目标。

具体来看，现代化的差距有很多，我挑选几个具有中国特色的、当前最具有短板性质的差距来看一看，如何补足这些短板。

第一个短板是二元经济结构。城乡二元经济结构是中国长期的历史遗产，也是一个需要消除的现象。剖析这一现象，其表现为很多方面：一是城乡收入差距；二是城乡居民基本公共服务供给的差距；三是农业和非农产业在劳动生产率上的差距。从本质来看，所有差距背后的原因是城市化水平还不够高。对照参照系国家，我国城市化水平较低，农业劳动力比重太高了，农业劳动力比重占全部劳动力的23%，但农业产值只占GDP的7%。也就是说，23%的劳动力生产7%的GDP，这样的劳动生产率一定是比较低的，收入也不能得到提高。

消除二元经济结构需要抓住两条：第一条是继续提高城镇化率。参照系国家的平均城市化水平都高于中国，平均农业劳动力比重都是低于中国。跟参照系国家平均水平相比，我们要消除5.5个百分点城市化率的差距，消除18.2个百分点的农业就业比重差距。第二条是消除常住人口城镇化率和户籍人口城镇化率的差距。常住人口是指居住在城市达到半年以上的人，其中包括1亿多农民工，但是，他们并没有得到城市户口，因此，户籍人口的城镇化率要比常住人口的城镇化率低18个百分点，这个差距也是要消除的。

第二个短板是收入差距大。消除城乡二元经济结构，消除城乡收入差距，还应该要明显改变收入分配。我们通常用基尼系数来表示收入均等化程度，基尼系数越高，则收入越不平等。一般来说，基尼系数低于0.4是一个比较合理的收入分配水平。当人均收入进入高收入行列以后，基尼系数就越来越小了，进入高收入行列，就要用新的收入分配标准，自然不能维持原来的基尼系数，必须降下来。我国当前的基尼系数是0.468，高于合理水平，所以，需要确定一个目标：2035年前把基尼系数降到0.4以下。

我国基尼系数高是由多种原因造成的。其中，城乡收入差距构成了整体收入差距的一半。基尼系数降下来，也就意味着城乡收入差距也相应地降下来。这也补足现代化短板的另外一项重要的任务。

除此之外，还讲一个我自己非常关心，社会也非常关心的问题，就是消除实际生育率和希望达到的生育率之间的差距。

联合国做了一个调查，可以看到，世界各国生育率从非常高到非常低都有，各个国家差别巨大。在最高生育率国家，平均一个妇女终身生育的孩子数量可以达到 5~6 个，另外，生育率不到 1 个的国家也有很多。中国的生育率现在是多少？是 1.3 个。我们是一夫一妻制，也就意味着夫妻终身至少要生超过两个孩子，即生育率达到 2.1 个，才可能补偿，确保我国人口不减少。1.3 个孩子意味着我国人口将很快会减少，预计 2023 年人口会达到峰值。因此，我国的生育率要提高。如何提高？这就需要打破一些现实的制约，其中一个重要的制约因素就是人们需要顾及职业发展和家庭发展，一方面要就业，另一方面要"三育"（生育、养育、教育孩子），两者之间，需要有一个资源和时间分配。如果这两者之间矛盾太严重，形成了两难，就会导致人们生育意愿不符合现实要求。就我国来说，这样的"两难"是非常突出的，生育率也是世界最低的国家之一。因此，缩小这一差距，也是现代化的一项任务。

缩小现代化差距，补足现代化短板需要进行改革。改革才能够带来经济增长，才能够增强财政实力以解决现代化发展的短板。一些关键领域的改革十分重要，我想强调几个最紧迫的改革，而且它可以带来的改革红利也是最明显的。

其一，通过户籍制度改革，创造人口红利。

刚才说了，我国常住人口城镇化率和户籍人口城镇化率存在18个百分点差距。想要让进城的农民工获得城市的户口，就要进行户籍制度改革，也就是推进城镇化率，就是意味着，要进一步降低农业劳动比率，增强劳动力流动性。这是可以带来"真金白银"的改革红利。一方面，可以提高劳动力供给，提高资源配置效率，从而提高潜在的经济增长能力；另一方面，从需求侧来说，可以增加就业，增加打工收入，提高消费能力，因为农民工成为城市居民后，基本公共服务供给也更加充分，更加均等，可以解决消费上的后顾之忧，消费倾向也会增强。

但是，我要说一点，口径上、统计上的改革是不会带来改革红利的。党的十八届五中全会提出要，提高户籍人口城镇化率，要让进了城的人能够得到城市户口，但是在具体推进时，很多地方是通过改口径的方式来提高的。如县改市、乡改镇、村改居等，把那些原来就住在这里，干着同样工作的居民变成城市居民，给一个城镇户口。这样做什么都没改变，没有改变基本公共服务供给水平，也没有改变居民的就业身份。口径上的变动是不会带来改革红利的，只有给那些没有城市户口却又到城市打工的居民以城镇户口，让他们敢于消费，才能够提高其劳动供给的稳定性，这才是有改革红利的做法。

其二，中国生育率会不会触底后反弹回去。

根据国际经验，目前还是有一些机会。联合国计算人类发展指数，除了人均GDP水平之外，还要加上教育水平、预期寿命、健康等各个方面的发展水平，综合计算人类发展指数。目前，中国人类发展指数约为0.76，各国最高的人类发展指数在0.85~0.9。从一般规律来看，持续提高人类发展水平是可以提升生育率的。对中国来说，持续提升人类发展指数，可以提高我国人类发展水平，也就是说，提高我国总体福利水平，有利于生育率反弹。

同时，我们还可以看到，中国可能比别的国家有更多的特殊机会，潜力会更大。数据显示，中国女性在家务劳动上付出了很多时间，但总体来看，相比其他国家并没有显著更多。然而，中国女性的就业率显著高于其他国家，考虑到中国女性的劳动参与率，中国女性的负担就明显太高了。这意味着，中国的女同志一方面要就业，另一方面还要承担类似其他国家女性一样的家务劳动，在这种情况下，兼顾就业和生育之间的矛盾就更突出了。因此，我们应该从政府基本公共服务以及家务劳动的社会化、市场化，以及企业承担社会责任出发，改变其雇用条件和工作条件，从而解决这一矛盾。这势必会给中国带来更好的机会，使我国生育率尽可能回归到正常水平。

户籍制度改革也好，改善收入分配也好，提高社会福利水平也好，都要求我们增加社会福利支出，提高社会福利支出占 GDP 的比重。有个国际经验叫作瓦格纳定律，他的意思是说，随着经济发展水平的提高，公共支出特别是社会福利支出占 GDP 比重也要相应提高。在这个改革中，根据参照系国家数据，中国正处在一个提高的时机。公共福利支出占 GDP 比重提高最快的时期应是人均 GDP 在 10 000 ~ 23 000 美元，中国未来正处在这个期间，我将其称作"瓦格纳加速时期"，加大社会福利支出，才可能应对我们在补足现代化短板上的公共支出要求。这也就意味着，今后 13 年是我国基本公共服务覆盖全民、全生命周期的一个机会"窗口期"，在这个时期，我们要建成中国式福利国家。

以上是我跟大家分享的内容，谢谢大家！

着力完善收入分配制度[1][2]

张卓元

各位专家、各位同学，很高兴有机会参加第五届中国经济学家高端论坛，这届论坛的主题是"共同富裕的理论创新与中国实践"，我对共同富裕问题没有专门的研究，只能围绕这个问题谈几点粗浅的想法。我发言的题目是"着力完善收入分配制度"，主要讲以下三点。

第一，如何形成合理的制度安排，把"蛋糕"切好、分好，这需要重点研究。2021年底中央经济工作会议指出，实现共同富裕目标，首先要通过全国人民共同奋斗把"蛋糕"做大做好，其次通过合理的制度安排把"蛋糕"切好、分好。这是一个长期的历史过程，要稳步朝着这个目标迈进。

我认为，经过改革开放40多年的探索和奋斗，我们在"怎么样做大做好'蛋糕'"方面已经积累了丰富的经验，有一套相当成熟

[1] 报告人简介：张卓元，中国社会科学院经济研究所研究员、博士生导师、孙冶方经济科学基金会荣誉理事长、中国社会科学院学部委员、中国社会科学院经济研究所原所长，曾任第九届、第十届全国政协委员，国务院学位委员会理论经济学学科评议组成员，中国成本研究会会长、中国价格学会、中国物资流通学会、中国城市发展研究会副会长，孙冶方经济科学基金会秘书长，孙冶方经济科学基金会荣誉理事长和评奖委员会主任。研究领域涉及政治经济学、价格学、市场学。研究成果获得孙冶方经济科学奖、中国社会科学院优秀成果奖、吴玉章人文社会科学终身成就奖等。被评为国家级有突出贡献的中青年专家等荣誉，获得国务院政府特殊津贴专家。

[2] 本报告文字整理人：浙江财经大学博士研究生吴军煜。

的、能够与时俱进的理念、政策和做法。例如，我们已经明确2012年党的十八大后中国经济由高速增长阶段转入高质量发展阶段，以供给侧结构性改革为主线，推动转方向、调结构，坚持新发展理念，努力实现创新驱动发展，技术自立自强，着力发展制造业、金融业，要支持实体经济的发展，加快发展新型产业，推动传统产业数字化转型，以大循环为主体，国内国际双循环适度促进，深化改革开放，优化资源配置，激发国内市场主体活力等，从而使中国经济经历了2012～2021年高质量发展，年均GDP仍然达到6.7%的快速增长。

同时，我们也看到在"如何切好分好'蛋糕'方面存在比较多问题"，突出表现在居民收入快速增长的同时，反映居民收入的基尼系数却一直维持在高位。2021年基尼系数高达0.48，而达到共同富裕的基尼系数为0.3左右，如现在北欧国家，差距还很大。进入21世纪以后，居民财产基尼系数持续上升。据专家估计，2018年以来维持在0.7的惊人高度。又如2020年，北京市人均地区生产总值16.5万元，甘肃省只有3.6万元，北京市为甘肃省的4.7倍。广东省深圳市人均地区生产总值15.6万元，而我的家乡梅州市只有3万多元，所以深圳和梅州在很多福利待遇，包括高龄补贴等待遇上差别很大。这说明如何通过合理的制度安排，把"蛋糕"切好分好，需要探索和创新的理论及实践问题还很多。如果不对现有制度安排进行重大调整和改进，难以实现共同富裕的愿景目标。

第二，提高居民收入在GDP中的占比和改善结构，是调整分配结构的首要任务。我国居民可支配收入占GDP的比重长期偏低，2017年党的十九大报告提出，要逐步提高居民收入在国民收入中的比重，提高劳动报酬在初次分配中的比重。此后，居民可支配收入占 GDP 比重有所提高，但是提高得比较慢。

2013 年，全国居民可支配收入占人均 GDP 的比重为 42.2%。2021 年，我国人均可支配收入为 3.5 万元，占人均 GDP 8.9 万元的比重为 43.4%，只比 2013 年提高了 1.2 个百分点。这一占比跟世界平均水平还有很大的差距。世界平均水平是 60%，我们只有 43%，差距还是比较大的。2021 年年底，中央经济工作会议提到，中国经济面临三重压力，其中第一重压力是需求收缩，不光是投资需求收缩，消费需求收缩也比较突出。2022 年第一季度社会商品零售总额同比增长了 3.3%，其中 3 月份更是负增长，为 -3.5%，这是近几年很少见的。

居民可支配收入占比低决定了居民消费支出对国内生产总值贡献值就低，2020 年消费只占国内生产总值 37.7%，而 20 世纪 80 年代初占比为 53%，降低了 15.3 个百分点。一般认为，发展中国家在摆脱贫困以后，要逐步走向消费主导的经济增长，生产的目标最终也是为了消费，世界上发达的经济体都是消费主导的，它的产出 80% 以上都是用于消费。

过去，我们为了尽快摆脱贫困状态，努力赶超发达经济体，产出较多用于投资，这也是必要的。现在，我们已经全面建成小康社会，开启全面建设现代化新征程，应逐步转向消费主导型增长，只有这样才是可持续的。因为消费主导型社会要求大力发展能够吸纳更多劳动力就业的服务业，逐步提高服务业在国民经济中的占比，做到一二三产业协同推进经济增长。同时，只有这样，才能从根本上改变至今仍然有 5 亿~6 亿人月均收入千元或者千元以下的状况。

这种状况的存在说明，中国仍然没有达到富起来的水平，富起来只是一小部分人，更谈不上共同富裕。

所以说，今后调结构，应该着力提高居民可支配收入占GDP的比重，同时，还要改善内部结构，比较大幅度地提高低收入者的收入，扩大中等收入群体，调节过高收入，逐步使居民收入结构从现在的所谓金字塔型向橄榄型转变。这也是降低居民收入基尼系数走向共同富裕的可行途径。

第三，完善财税体制还有很多文章可做。根据一般的经济原则，我们认为，国民收入经过初次分配以后，居民收入差距会比较大，因为初次分配讲求效率，需要经过再分配来缩减收入差距。再分配有三大杠杆，分别是财政转移支付、税收、社会保障体系。现有数据表明，现在主要的发达体，多数OECD国家（地区），经过再分配将居民收入差距降低了30%，他们初次分配居民收入基尼系数在0.5左右，经过再分配可以降到0.35左右。北欧国家更是降到0.3左右，我国还没有做到这一点。

第一个再分配杠杆为财政转移支付。

根据最近一位专家的文章，目前我国经过财政转移支付可以降低居民收入差距8%，这是一个好现象。但是，8%这个数字显然是太低了。党的十八届三中全会决定，要建立现代财政制度，促进社会公平，逐步实现基本服务公共均等化。目前，我国中央对地方的转移支付分为一般转移支付和专项转移支付两类。一般转移支付又称为均等化转移支付，这是促进地方政府公共服务能力均等化的主要手段。专项转移支付是按照政府支出责任划分，对应承办事务或者从事上级政府交办的事务。党的十八届三中全会提出，完善一般转移支付增长机制，重点增加对革命老区、民族地区、边疆地区、贫困地区的转移支付。中央出台政策，原则上通过一般转移支付来调节，要清理、整合、规范专项支付项目，逐步取消竞争性领域和地方性专项资金配套，严格控制引导类、就近类、应急类专项，甄别保留的专项支付，属地方事务的划入一般性转移支付。总的意思是今后要扩大一般性转移支付，尽量减少专项转移支付。

我国财政转移支付制度正在逐步完善中，一个重要表现是规范的、一般性转移支付占比上升，而不规范的，包括领导批条子的专项支付占比缩减。2022 年 3 月，国务院总理李克强在《政府工作报告》提到，2022 年中央对地方转移支付增加 1.5 万亿元，总规模达到 9.88 万亿元，增长 18%，这是多年来最大的增幅。中央财政将更多资金纳入直达范围，省级财政也要加大对市县的支持，务必使基层更有能力、更有动力落实惠企利民政策。

前几年，有专家到德国和北欧国家考察回来后提出，这些国家财政转移收入力度很大。例如，德国各个州之间财政转移的幅度就很大，例如各个州人均财政收入平均数为 100 美元，那么超过 100 美元的州，如若有的州超过 110 美元或者 105 美元，就需要把超过的部分转移给不到 100 美元的州，这样就保证了各个州的人均财政收入基本一致，从而保证各个州基本服务均等化，而不至于像我国那样，各地公共服务水平差距那么大，大家都使劲往公共服务最好的大城市跑，不愿意留在公共服务差的地方工作和生活。德国成为难民向往的首选地，基本服务水平高是一个重要的原因。从长远来看，德国和一些北欧国家关于财政转移支付的做法是值得借鉴的。

第二个再分配杠杆为税收。

世界上发达国家都是以直接税为主，对个人收入到一定程度是征税。中央文件所谈到的税制改革都强调提高直接税的比重，但是实际进展很慢。后来发现这个方案太难实现，如怎么一边征零售税，一边保持物价稳定，所以后面也就不再提了。

此外，财产税或者资产税对缩小居民财产差距和收入差距至关重要，但也很难出台。以房产税为例，2003 年《中共中央关于完善社会主义市场经济体制若干问题的决定》就提出要开征房产税，但一直无法实行。长远来看，从完善税收制度，特别是完善地方税体系角度出发，开征房地产税又是必须的，这成了现实经济生活中极难破解的难题。

党的十八届三中全会的决定还指出，逐步建立综合和分类相结合的个人所得税制，但是，直到现在，在计算个人所得税时，存款利率收入是不计入的。另外，由于担心影响股市，炒股收入所得也是不计入的。现在，个人所得征税主要是针对个人的劳动劳务所得而征税。这意味着，资产所得没有征税，或者说没有对财富进行征税，这是居民财产基尼系数高到离谱的重要原因。为了逐步实现共同富裕的愿景目标，需要逐渐对居民资产、财富及其所得征税。

第三个再分配杠杆是社会保障体系。

改革开放以来，我国经历了 40 多年的社会保障体系建设，已经取得巨大的成就，也使全国人民得到巨大的实惠。与此同时，也要看到社会保障体系和制度建设仍然需要完善，面临的实际困难也不少。在调节居民收入和生活水平，缩小居民收入差距方面所发挥的作用还不够大。

首先，人口快速老龄化带来了巨大的压力。中国是真正未富先老的国家，2021 年，我国尚未进入高收入国家行列，但是 60 岁及以上人口占总人口比例已经达到 18.7%，一般认为到 20% 是进入超级老龄化社会了，我们距离 20% 的超级老龄化社会已经很近了。65 岁及以上人口占人口比重 14.2%，联合国预测显示到 2030 年中国 60 岁及以上老年人口占的比重可能要达到 25%，到 2050 年达到 35%，这意味着，养老金的支付压力随着现代化进程会越来越大。养老金的支付缺口是由财政补贴，这在相当程度上增加了财政压力。养老金和医疗保险是按省统筹的，由于不同省的经济差距很大，如东部各省养老金有结余，西部和东北各省，存在养老金缺口，这也在一定程度上使得不同地区的实际养老金有不合理的区别。其次，医疗费用不能完全跨省报销，也不利于劳动力的正常流动。

针对上述情况，2020 年 5 月 11 日发布的《中共中央 国务院关于新时代加快完善社会主义市场经济体制的意见》提出，要完善覆盖全民的社会保障体系，健全统筹城乡可持续的基本养老保险制度，逐步提高保障水平。实施企业职工基本养老保险基金中央调剂制度，尽快实现养老保险全国统筹，促进基本养老基金长期平衡。大力发展企业年金、职业年金、个人储蓄性养老保险和商业保险养老。深化医疗卫生体制改革，完善统一的城乡居民医保和大病保险制度，健全基本医保筹资和待遇调整机制，持续推进医保支付方式改革，加快落实异地就医结算制度，完善失业保险制度，开展新业态从事人员职业伤害保障试点，统筹完善社会救助、社会福利、慈善事业、优抚安置的制度，加强社会救助资源统筹，完善基本民生的保障兜底机制，加快建立多主体供给、多渠道保障，租购并举的住房制度，改革住公积金制度等。

　　以上这些都是需要改进的社会保障制度。这就为今后健全社会保障体系和制度指明了方向，有利于全国人民不断提高收入和生活水平，有利于居民的收入差距，逐步走向共同富裕。

　　我的发言到此结束，谢谢大家！

以儿童发展促进共同富裕[①②]

卢　迈

大家好，非常荣幸受邀来参加这次高端论坛，今天我发言的主题是"以儿童发展促进共同富裕"，主要讲三个问题。

第一，探讨不同的公平观与实现途径。

党的十九大提出到 21 世纪中叶全体人民共同富裕基本实现的目标。人类对共同富裕的解读也不少，包括孔子提出"不患寡而患不均"，马克思提出消灭私有制，毛主席在 1953 年领导中国开展合作化运动时提出共同富裕。但是，这些解读并未清楚地说明共同富裕的目标是什么，人们为什么要这么做。

我们现在说的共同富裕是在市场经济条件下的共同富裕，是在承认多种所有制条件下的共同富裕。那么，在这样条件下的共同富裕，与以前马克思、毛泽东所主张的共同富裕就存在很大的区别。

① 报告人简介：卢迈，中国发展研究基金会原副理事长，曾任国务院农村发展研究中心发展研究所市场研究室主任，国务院经济体制改革领导小组办公室成员、流通体制改革领导小组成员，国际合作局副局长，国际劳工局全球化社会影响问题世界委员会成员。先后在美国哈佛大学、香港理工大学、美国麻省理工学院、美国哥伦比亚大学等知名研究机构担任研究员、高级研究员。研究涉及中国发展问题、农村问题、社会公平和偏远贫困地区儿童早期发展等领域。因研究工作贡献突出被授予国务院政府特殊津贴。研究成果获得联合国计划开发署"政策分析与影响奖"、第七届中国农村发展研究奖、WISE 世界教育创新项目奖等。曾被评为全国农村留守儿童关爱保护和困境儿童保障工作先进个人，全国扶贫开发先进个人，公益时报年度公益人物，凤凰公益年度公益人物，中国新闻周刊"2019 年度影响力人物"等荣誉。

② 本报告文字整理人：浙江财经大学博士研究生汪圣楠。

市场经济有利于资源配置，倾向于效率，能够为人们提供很好的激励。但是也会造成赢者通吃、收入分化和社会两极化等问题。在这种情况下，为什么说是可以实现共同富裕呢？在社会主义市场经济条件下，如何能够实现共同富裕呢？我们看一下西方市场经济，他们是资本主义市场经济，当遇到社会收入分化问题时，他们会有怎么样的主张。尤其，对一些高收入阶层而言，为什么共同富裕仍然是一个值得思考问题。

西方资本主义市场经济历经了400多年，很多经济学家、哲学家提出了不同的公平观。社会公平和共同富裕都是中国共产党努力的目标。其中的不同之处在于，社会公平强调价值观念，而共同富裕侧重在这一价值观念指导下提出了收入分配的结果，或者说，共同富裕是社会公平观的具体体现，也就是说结果公平。

那么，为什么要搞共同富裕呢？从经济理论来讲，人们对于这个问题有不同的看法。例如，如果以功利主义公平观作为判断标准，即是否有利于大多数的最大福利。这强调了社会整体效应的最大化，而非只考虑有利于高收入阶层及企业家效用的最大化。再如，自由至上的公平观理论更侧重于强调财产权等各项权利的绝对优先地位，政府要减少干预，要发挥市场自发调节的作用。即收入分配结果无论怎样都是合理的，与之对立的是平均主义公平观。我再列举几个从哲学、经济学层面上讲的公平观。例如：康德的公平观，从道德立法上将人体现为自由、平等、理性的存在。他认为，人是有一个发展，有一个自我定位。作为一种理性的存在，人们要求应该更公平。相比康德，罗尔斯公平观较为进步的方面在于强调采取有利于弱势群体的措施。阿玛蒂亚·森提出了"以自由看待发展"的观点，他在这方面做了很好的阐述，强调拓展人的自由和实际机会，增强人的可行能力，不仅要关注过程平等，还要关注结果平等以及人在发展过程中的参与。不同的公平观产生了不同理念、目标。如果我们不弄清楚目标是什么，应该采取怎样的行动，就会有很大的分歧。

第二，探讨实现共同富裕的原因。

那么，为什么要实现社会公平？为什么要实现共同富裕？很重要的原因就是，公平的社会才是一个比较美好的社会。

不少研究表明，在收入更加公平的高收入国家中，人与人之间产生的信任感更强。在这样社会，人们的预期寿命更长，婴儿的死亡率会更低，这个结论是有充分依据的。在一个更公平的社会中，人和人之间更加公平、会更加信任，这样的社会所产生的好处不仅对一般人有利，而且对高收入阶层也是有利的，所以说，实现社会公平是共同富裕的一个重要基点。这对于大多数人来说都是有利的，对于高收入阶层也同样是有利的。我们还要考虑到另外一层意思，那就是康德所说的人总是有两面的，一面是逐利的，尤其是在市场经济中，要参与竞争，要使自己更好，包括获得收入、名誉、地位。但是人还有另一面，人类作为一个社会性的动物，只有在社会中相互关心，才能取得今天这样的发展。人应该不断自我完善，高收入阶层更应该有这样的一种意识。

因此，我们强调共同富裕有两方面的意思。一方面，把市场经济所产生的问题都归结于某些人的仇富观念是不合理的。市场经济离不开企业家，如果没有企业家的努力和贡献，经济不可能发展，而他们是稀缺的资源，应该特别爱护、特别保护。另一方面就是对这些民营企业家和先富的阶层，他们也应该注意到的一点，不要一有风吹草动就慌张。社会主义市场经济是中国的基本经济制度，是在百年的尺度上来衡量的。那么在这种情况下，企业家要和社会共同发展，应该有不断完善自己，提高自己的意识。所以，希望大家能够从共同利益、共同体的角度来考虑共同富裕，然后把事情做得更好，让我们生活在一个更加美好、更加公平的社会中。当然，这不是一蹴而就的，需要以十年、半个世纪、一个世纪这样的尺度去衡量。

在实现共同富裕的路上，西方国家面临着很严重的问题，也做了很多探索，他们的政治家也做了很多承诺。在社会公平方面所做的探讨最有名的安东尼·阿特金森，他是托马斯·皮克迪的老师。他提出了有关税制、就业、儿童、最低收入的相关理论。诺贝尔经济学奖获得者约瑟夫·斯蒂格利茨也提出1%、99%这样的社会问题，然后做了详细的分析。他指出要在宏观方面进行改革。中国政府也一直在探讨，此前都提出过相关的一些研究和成果。如2012年底，国家发展改革委、财政部、人力资源社会保障部，曾经发布过关于深入深化收入分配制度改革的若干意见，在城市化、教育公平、医疗、税收等方面提出看法。我们可以比较一下，这些看法大体都是相同的，都是针对教育、医疗、税收等方面问题。这些政策内容也特别有意义，都包括了初次分配、再次分配等。

2021年中央财经委员会第十次会议上，习近平总书记发表重要讲话强调，共同富裕是社会主义的本质要求，是中国式现代化的重要特征，要坚持以人民为中心的发展思想，在高质量发展中促进共同富裕。会议提出多项的办法，促进共同富裕。我们处在一个历史进程之中，正在做一件非常伟大的事情。中国已经消除了绝对贫困，2012 年将近一个亿的绝对贫困，现在已经降到了零。这是一个非常了不起的成绩，我们解决了一亿人的问题。我们现在面临着一个更艰巨的挑战。月人均可支配收入低于 1 000 元的，现在还有 3.1 亿人，有 22.5%；低于 1 500 元的是 37%，这是一个很大的比例。我们解决了总人口的 7% 的绝对贫困问题，现在要解决的是总人口的 22.5% 或者是 37% 的相对贫困问题来实现共同富裕，任务非常艰巨。

前面我讲第一个问题时提出，先明确目标，然后再探索具体路径。在这些探索的路径中，我们要特别提及重视投资儿童发展，尤其是早期发展，它是实现共同富裕的重要途径。主要的依据是早期发展有充分的神经学、医学的基础。在大脑发育的早期阶段，不同收入家庭的孩子大脑灰质体积可能会有不同。诺贝尔奖经济学得主詹姆斯·赫克曼教授提出，要从根源上消除贫困，早期的预分配比后期的弥补和再分配更符合成本效益。因为能力本身会产生能力，越早投入干预，产生的能力就越能延续。他对美国的各个儿童发展项目做了计量分析，证明早期的投入回报是最高的。

我国有大量的农村儿童还生活在不利的家庭和社会环境中。相比城镇，我们有 47% 的儿童生活在乡村，并且其中还有较大数量的儿童生活在不利的家庭环境中，如留守儿童、单亲家庭、父母教育水平低、看护人患有精神疾病等，而不利的社会环境，就是相对贫困，尤其在山区较多。实际测量的数据也显示，脱贫地区 0~3 岁儿童发展迟缓率的比例较高，尤其是脱贫地区的农村儿童和城市儿童仍然是有很大的差距的。

我简要概括一下基金会开展的社会试验，举例来说，早期孕期干预、36 个月儿童辅导、指导他人学习如何看护照顾孩子，再如，如何在村里为 3~6 岁孩子办好幼儿园，如何提高义务教育阶段的教育质量，如何在中等职业学校开展实验项目等。我们关注的重点是两个线，一个是营养与健康，另一个是教育。关于大规模儿童发展试验的可行性，国外有不少研究。美国从 60 年代开始研究相关政策，也开展了社会试验，其中一个就是开端计划，即开端计划（head start）和早期开端计划（early head start）。巴西有快乐儿童计划，也是儿童早期发展的干预计划。这些计划的干预经过评估后得出的结果不太一样。在《幼儿教育的经济学》中，赫克曼教授提到了社会对早期干预的两个常见的质疑。一是制度方面的问题不解决，光是早期的干预，解决不了个体一生的发展。如美国社会是分裂的，黑人、少数族裔受到歧视，那么单纯的儿童干预解决不了教育和发展的问题。二是试验都是由高知识、高技能的人做的，如果普及时的人员没有那样的责任心和技术水平，效果不会达到应有的水平。中国发展研究基金会从 2006 年开始做调查，2007 年做学生营养改善的干预试验，我们可以回答这个问题：儿童早期干预在什么情况下可以是有效的？

学生营养改善于 2006 年开始，我们在两个县开始试点，帮他们建食堂，为义务教育学生提供热的午餐。2021 年我们又做了评估：国家现在实施的农村义务教育学生营养改善计划覆盖的学生超过 4 000 万人，2021 年国家的财政出资是 260 亿元，取得了非常好的效果。经过追踪研究，我们发现受益儿童身高的增长，以 2012 年脱贫地区男生的身高以及全国的平均身高为参照，对比受益儿童 2016

年和 2020 年的身高数据，可以看到进步非常显著。农村孩子的身体、体质发生了明显的改善。这个项目在大规模实施过程中受得了政府的重视。在进行实施的过程中，政府有能力在十几万的学校中保证财务安全、食品安全，并达到这样的效果，这也是我们的制度优势。

另一个值得一提的是我们设立的山村幼儿园，为农村儿童提供村一级的学前教育服务。我国现在学前教育的普及率已经达到了 86%，但是城乡差距仍然明显。目前，城市中的学前教育普及率已达 98%，而农村只有 60%，或者多一点。城里一个公办幼儿园，孩子人均财政补助最少 1 万元，好一点的幼儿园甚至可能达到 2 万元，但是，农村孩子却得不到任何的财政的补助。所以我们利用小学空闲的教室，聘用农村青年，对他们进行培训，同时采取国家的统一的课程，并且进行本地乡土化的开发，所取得的成绩是很明显的。现在大概有 20 万的孩子参与项目。

2009～2022 年，全国三十多个县实施这一项目，效果评估显示，孩子的亲社会行为、心理弹性各方面都远好于没有接受过学前教育的孩子。此外，山村幼儿园的孩子升入高中的比例为 81%，而没有接受过学前教育的是 25%。2009 年在青海乐都开展的试点是最早的项目试点，那里的孩子已经经过了中考，今年是他们进入高考的时候。根据高中入学的情况可以推算上过学前教育的孩子未来接受高等教育的机会是没有上过的孩子的 3 倍，我们也会持续跟进。

针对山村幼教老师群体，我们做过调查分析，她们也是一个特别值得关心、特别值得尊重的群体。另外一个项目是面向 0～3 岁的孩子家庭进行入户家访养育指导。由于家长们，特别是老一辈的爷爷奶奶，不懂得怎么来照顾孩子、怎么和孩子互动，导致孩子大脑发育的关键时期缺少亲情的爱护和有效的刺激，这容易让孩子发展过程中产生一些严重问题，儿童的发展异常比例都比较高。我们经过入户养育指导，取得了非常好的效果。我们称这个模式为入户指导，而服务人员是育英辅导员。她们都是农村妇女，经过集体备课，用我们借鉴国际经验编制的教材进行辅导干预，产生了很好的效果。赫克曼教授对甘肃华池试点的数据做了评估，结果已经发表。评估显示，84%的经过早期养育干预的孩子评估效果好于对照组的孩子。现在这个项目已经在 10 个省 12 个县实施。现在，我们把这些项目集中在贵州毕节试验区，建设一个儿童发展综合示范区。我们希望把从孕期到十八岁的全覆盖干预变成一项政策，最后能够惠及更多的儿童。

美国的问题，其中有制度的因素。中国在制度上应该有保障。只要有科学的指导，农村青年的作用就能发挥出来。我们的试验项目证明，赫克曼教授评估中指出的制度和实施人员的两个问题在中国是可以解决的。

我们希望在共同富裕的道路上，把儿童早期发展作为一项重要的战略措施去实施。这是我的分享，谢谢大家！

新发展阶段的共同富裕及其实现路径[①②]

张守文

大家上午好，非常高兴，参加第五届中国经济学家高端论坛。今天，我演讲的题目是"新发展阶段的共同富裕及其实现路径"。共同富裕是广受关注的话题，大家从不同角度做了很多的探讨，我着重从四个方面展开。

第一，如何理解和界定新发展阶段的共同富裕问题。

大家都知道共同富裕是人类长期以来的理想，中华人民共和国成立以来，我们国家曾经多次提出共同富裕的目标。现在，国家正在推进的共同富裕目标实现，那么，他有什么样的特点，如何理解其必要性和重要性呢？我们认为，当前国家正在推进的共同富裕有着特定的时空背景。从时间维度看，我们正处于一个新的历史发展时期，正处于一个新的发展阶段；从空间维度看，我们是在拥有 14

---

① 报告人简介：张守文，北京大学法学院教授、博士生导师，中国法学会经济法学研究会会长、教育部长江学者特聘教授、第三批国家"万人计划"哲学社会科学领军人才、最高人民检察院专家咨询委员。主要从事经济法理论、财税法、信息法、社会法等领域的研究。在《中国社会科学》《中国法学》《法学研究》等期刊上发表论文 100 余篇，主编马克思主义理论研究和建设工程重点教材《经济法学》，出版《市场经济与新经济法》《当代中国经济法理论的新视域》等专著多部。获得教育部第五届中国高校人文社会科学研究优秀成果奖一等奖、首届中国法学优秀成果奖三等奖、钱端升法学优秀成果奖二等奖、北京市哲学社会科学优秀成果二等奖等。被评为中国当代法学名家、全国十大杰出中青年法学家，获得国务院政府特殊津贴。

② 本报告文字整理人：浙江财经大学博士研究生俞静婧。

亿人口的东方大国空间上推进共同富裕。基于这样的时空背景，我们必须要注意四个方面。

首先，基于社会主要矛盾的变化，确立共同富裕的目标。社会主要矛盾的变化非常重要地体现在发展的不充分、不平衡方面，因此，我们应该针对这些问题而不断提升主体的发展能力、优化发展结构、弥补发展差距，只有这样，我们才能兼顾各方面需求，不断地推进共同富裕。

其次，基于实现社会主义现代化的目标，建设社会主义现代化强国。我们应根据这个目标，进一步明晰共同富裕的价值和方向。从社会主义角度看，全民共同富裕是社会主义的本质要求；从现代化角度看，全面现代化不仅是技术、制度层面的现代化，更重要的是人的现代化。所以，共同富裕是全面现代化的应有之义。

再次，基于当前国家提出重要的发展命题，即"三新一高"的发展命题，我们应该从落实新发展理念和构建新发展格局的要求出发，实现高质量发展中推进共同富裕。在此背景下，从发展思想到发展理念，从发展目标到发展手段，从发展格局到发展质量，从发展价值到发展政策等各个方面，我们要围绕各个层面的发展问题来探究共同富裕。

最后，基于四个全面战略布局，系统推进共同富裕。共同富裕是一个长期的，复杂的系统工程，因此，一定要有系统、辩证的思维。从四个全面的战略布局来看，可以更好地理解其重要性和必要性。促进共同富裕是党的宗旨的全面体现，共同富裕作为发展目标是国家现代化目标的重要内容，而全面推进改革和法治则是实现共同富裕的重要路径和手段。所以，概括上述四个方面内容，我们需要从社会主要矛盾，现代化建设目标，高质量发展需要，四个全面战略布局的角度，全面认识在新发展阶段推进共同富裕的必要性、重要性及其实现路径。

第二，如何通过落实发展战略推动共同富裕。

我们国家有很多发展战略，共同富裕也有很多不同的层面，特别是涉及物质层面和精神层面。要实现共同富裕要先在物质层面实现共同富裕，这也是经济层面。我们要回归经济发展战略，建设现代化经济体系，这是我国非常重要的经济发展战略，这样的经济体系是由六个子体系所构成的，每个子体系对于推进共同富裕目标具有非常重要的意义，所以，它们是密切关联的。

接下来，通过几个具体例子谈一下如何构建各个子体系，如何通过这几个子体系的建设来推进共同富裕。

加强城乡区域发展体系建设，推进共同富裕。我国城乡二元结构问题非常突出，因此，必须持续推进城镇化和农业现代化，要全面实施乡村振兴战略。通过实施发展战略，不断缩小城乡发展差异，为城乡共同富裕奠定重要基础。当前，不仅城乡二元结构问题突出，区域发展也非常不平衡，区域发展差距过大会直接影响到区际共同富裕，我们要持续推进协调发展战略的落实，把差异化和均等化有机结合起来，这样才能为各个地区居民创造公平竞争、公平发展的机会，为共同富裕创造一个平等的空间和制度条件。所以说，加强城乡区域发展体系的建设是非常重要的。

加强收入分配体系建设，消除社会分配中的各种不合理差异，更多关注实质公平，保障社会公众利益和基本需求的实现，通过这样的方式来实现共同富裕。必须要看到，我们的共同富裕是共同的但又是有差别的富裕，既要反对两极分化，又要反对平均主义，要把共享发展和其他各类发展动力结合起来，只有构建一个体现效率，又能促进公平的收入分配体系，才能够持续推进共同富裕，才能够在今天这个时代背景下更好促进经济双循环，促进社会公平和团结，保持社会稳定和发展，可以看到，建设这样的分配体系具有重要意义。实现共同富裕是一个长期的、动态的过程，要把差异化和均等化这两个方面结合起来，我们既要承认和保持适度地分配差异，又要针对造成分配差距的成因，尽量在制度上保障等量、等质付出能够获得等额的回报，这是一个美好社会的发展方向，也是我们努力的目标。

加强现代市场体系建设，这是整个现代化经济体系建设中非常重要的一个环节，也是这几年我国特别重视的一个方面。在统一、开放、竞争、有序的现代市场体系下，我们要营造良好的营商环境，确保商品和要素的自由流动，要使市场主体有更多的创造财富的机会，也就是说，要给大家机会，并且机会要均等，不断地提升致富的能力和水平。同时，还要有效规制影响企业自主经营的各类行为，维护公平竞争的秩序。所以，这几年国家在反垄断方面推进了一系列重要工作，提高资源配置的公平性，通过兼顾自由和秩序两个方面，为实现共同富裕奠定非常重要的基础。

加强现代产业体系建设，只有构建现代产业体系，才能更好地推动各类产业转型升级，并且使这些产业在转型升级过程中，在财富创造和全球产业竞争过程中，不断地趋于前沿地位。在今天这样一个特定的时期，在逆全球化不断扩展的时期，在全球经济受新冠肺炎疫情严重影响下，这无疑是非常重要的。在当前形势下，我们需要不断地去提升产业竞争实力，把现代技术革命成果有机融入产业转型升级过程中，这样才能不断地提升市场主体创新能力，建设创新型国家，从而不断提升经济整体的质量，持续提升共同富裕的水平。上述是在建设现代经济体系过程中需要关注的几个重要的子体系，它们对于促进共同富裕是非常重要的，因此，我们要落实这样的经济发展战略。

第三，如何通过深化改革来促进共同富裕。

改革是非常重要的。刚才我们谈到了四个全面布局，特别谈到要通过深化改革和全面依法治国来推进共同富裕。接下来，我们看看在深化改革方面如何做。在促进共同富裕的过程中，非常重要的一个方面是要建设现代经济体系。现代经济体系离不开现代经济体制，现代经济体制要处理好政府和市场的关系。所以，党的十八届三中全会作出了非常重要的判断，强调要处理好政府和市场的关系。同样，我们要辩证地从两个方面来看问题：一方面，推进市场化改革，这个方面还要大踏步地推进，包括要素市场化改革，建立全国统一大市场等，这个方面还需要做很多工作；另一方面，要深化包括财税、金融、发展规划、产业、价格、竞争等多个方面的体制改革，要把体制改革跟市场化改革两个方面结合起来，才能更好解决影响共同富裕的一系列体制和机制问题。

第一个方面，要素市场化改革，包括土地要素、资本要素、劳动力要素、技术信息要素等各个重要要素。那么，在这些领域，如何推进要素市场化，要素资源配置方式改革，如何在要素市场化改革中提升人们共同富裕水平。我们以土地要素配置为例，当前正在推进的农村土地入市有助于保障农村权益和实现农民增收。资本要素市场化改革则有助于企业平等地获取金融资源，有助于企业在自身良性发展中不断地积累财富，创造财富。另外，数字经济的发展使我们充分认识到技术、数据要素市场化的重要意义，现在我们也正在推进这些方面的市场化改革，这有助于在数字经济时代推进整体富裕，为共同富裕夯实基础。

第二个方面，财政体制改革。我国 1994 年开始实行分税制改革，下一步，需要进一步完善共享型分税制，需要通过有效地转移支付来实现发达地区和欠发达地区的利益共享，通过推动区域均衡协调发展来促进共同富裕目标。我们不仅要解决每一个个体的共同富裕问题，还要解决区域之间的差别问题，实现区域之间的共同富裕。因此，推进财政体制改革，同时完善一系列配套措施，适当有规划地引领产业结构的调整和转移，促进资源有效配置和欠发达地区的共同富裕。

第三个方面，税收体制改革。下一步要适当下放税收的立法权，构建良好的地方税收体系，从而使市场主体的税收负担更加合理；推动减费降税，使市场主体在健康发展中创造和积累更多的财富；持续推进公平税负、简化税制的目标，降低纳税人负担，从而更好地实现创造财富、分配财富和积累财富，普遍提升共同富裕的水平。

第四个方面，金融体制改革。下一步要切实保障金融服务于实体经济，构建普惠的金融服务体系，不断增强金融服务的可及性，扩大金融服务的覆盖面。这对于夯实共同富裕的金融基础是非常重要的。同时，也要加强调控和监管，不断防范和化解各类金融风险，保持金融稳定发展，有力保障国民财富积累。

总之，无论市场化改革还是各类体制改革，我们的目标都是要推进包容性发展，促进经济整体增长，增加个体收入，积累社会财富，不断推进共同富裕。

第四，无论是现代化经济体系建设，还是前面所讲的改革，都要通过全面依法治国来实现保障，所以，共同富裕很重要的一点就是推进全面法治。

提升促进共同富裕制度化和法治化水平，激励和保障全体人民不仅要勤劳致富，创新致富，还要合法致富，要构建有利于各类主体竞相发展的发展导向型法治体系。就共同富裕的法治制度来说，应该以富国利民为新的目标，兼顾价值、效率与公平，融入秩序、安全与发展，只有这样，才能更好地实现分配正义和发展正义。与此同时，依法保护各类主体的产权，鼓励创新创业，规范分配秩序，合理确定国民负担，促进包容性增长。所以，我们应该长期坚持放水养鱼，藏富于民的发展导向，这是共同富裕的基本制度保障。

目前，分配问题非常突出，如分配差距过大、分配不公、分配结构失衡，已严重影响到共同富裕进程，所以，下一步制度建设中，我们应在这些方面更多地发力，推进建设橄榄型分配结构。同时，在个人收入初次分配、再分配以及三次分配方面，要更好地发挥经济法和社会法的调节功能。具体来说，初次分配重在提高劳动力在整体收入中的比重，再分配则要解决好转移支付问题，解决好所得税、财产税的作用问题，解决好社会保障体系的作用问题。在三次分配方面，应该鼓励企业和相关的群体自愿、有效地回报社会。在法制化建设过程中，有些制度是非常重要的，如财政、税收等，我们需要进一步夯实和建设。减税降费应该推到直接税领域，如所得税，是不是可以进一步降低税率，现在基本税率是25%，是不是可以降到15%，这样不只是有利于解决新冠肺炎疫情带来的经济问题，而且对我国经济社会的长远发展也是大有益处的，既有助于推动共同富裕，也有助于涵养税源，还有助于促进相关领域的国际竞争。另外，还有待进一步修改个人所得税法，要讨论是如何降低劳动所得税负，提升资本所得税负，这样有助于促进共同富裕。在分配结构方面，要进一步解决居民收入占比问题。现在个人所得税的边际税率比较高，下一步是否有必要统一调为35%？这样的话，也有助于解决当前面临的很多问题。

总之，在新发展阶段，能否扎实推进共同富裕是事关党的执政基础和国家长治久安，它将直接关系到社会主义现代化强国建设和中华民族伟大复兴。所以说，共同富裕是一个长期的、复杂的系统工程。我们要针对突出矛盾和主要问题，全面落实国家发展战略，并通过全面深化改革来促进共同富裕，全面依法治国来保障共同富裕。

这是推进共同富裕目标一条非常基本、重要的路径。由于时间原因，我就讲这么多，谢谢大家！

乡村振兴：共同富裕的必由之路[①②]

盛世豪

大家好！感谢浙江财经大学给我这次学习的机会。前面五位专家的演讲让我对共同富裕以及我国现代化的新发展有了很多的启发和了解。今天我要演讲的内容有关城乡收入和城乡差距问题，集中讲一下乡村振兴与共同富裕，主要聚焦于城乡收入方面。现在要探讨两个问题：一是从宏观视角、全国视角来看，推进共同富裕最艰巨、最繁重的任务在农村；二是结合浙江实际来讲，新一轮乡村振兴重点应该放在哪里，怎样通过乡村振兴来推动浙江高质量发展建设共同富裕示范区。

习近平总书记在 2021 年的脱贫攻坚表彰大会上指出"促进共同富裕，最艰巨最繁重的任务仍然在农村"[③]。我们消除了绝对贫困，补齐了全面建成小康社会的最大短板，这是我们迈向共同富裕最坚实的一步。绝对脱困是靠脱贫摘帽完成的，但这不是终点。要解决发展不平衡、不充分问题，缩小城乡之间、区域之间发展差

---

① 报告人简介：盛世豪，经济学博士，研究员，浙江省委宣传部副部长，浙江省社会科学界联合会主席，兼任浙江省政府咨询委员会委员。曾任中共浙江省委党校（浙江行政学院）教育长，浙江省人民政府研究室副主任，绍兴市副市长，浙江省政协副秘书长、研究室主任。主要研究方向为区域经济学、产业经济学、创新战略和区域发展战略，多项成果获省哲学社会科学优秀成果奖和省科技进步奖。

② 本报告文字整理人：浙江财经大学博士研究生韩冠哲。

③ 在全国脱贫攻坚总结表彰大会上的讲话 [N]. 新华网. 2021 年 2 月 25 日。

距，实现人的全面发展和全体人民共同富裕仍然任重道远。

从宏观角度来看，我们先考察一下中华人民共和国成立以来，城乡差距问题及其对共同富裕的影响。前面有一位专家提到，现在造成收入差距最重要的因素就是城乡居民收入差距。如果将收入差距基尼系数以100%为参照，城乡收入差距基尼系数大约是40%，区域差距20%左右，剩下的40%是由其他各种因素造成的。如果以基尼系数为视角来研究新中国成立以来的城乡收入差距，我们可以将其分为四个阶段。

第一个阶段是1952～1978年。基尼系数先升后降，即前期上升，后期下降。但是，总的来看，那时城乡收入差距对基尼系数影响程度要小于现在。1952年的基尼系数是0.255，后来因为施行重工业优先发展战略，这导致了城乡收入差距的扩大，并导致收入分配的进一步分化。1958年，基尼系数上升到0.377，1952～1958年，基尼系数从0.255一直上升到0.377。此后，又逐渐下降，到1965年降至0.318。一直到1978年，基尼系数基本维持在0.31左右。

从1952～1978年，城乡收入差距扩大，主要由两方面导致：一方面，中华人民共和国成立初期，国家施行重工业优先发展战略，优先发展城市，由此导致了农村收入相比城市收入偏低，农副产品价格也比较低，城乡收入差距逐渐拉大；另一方面，根据学界研究，1952～1978年，整个国家经济年均增长率是6.7%，但居民人均收入年均增长率还低于2%。两者之间存在比较大的差距，收入增速明显低于经济增长速度，这是第一个阶段的特点。

第二个阶段是1979～1984年。在这个阶段，城乡收入差距、基尼系数总体呈现持续缩小的趋势。某种意义上，城乡收入差距的缩小带动了基尼系数的缩小。1978 年城乡收入差距是 2.57 倍，到 1983 年缩小到 1.82 倍，这是什么概念？这个数据比现在的浙江省城乡收入差距还要小（浙江省 2021 年城乡收入差距是 1.94 倍），浙江是全国 31 个省（区、市）城乡收入差距中最小的，1983 年全国城乡收入差距比现在的浙江实际情况还要小得多。那么，究竟是什么原因导致当初城乡收入差距这么小？这主要得益于改革开放。改革开放起步于农村，解放了农村劳动生产力，很多农民从农业走向企业，乡镇企业、民营企业大量发展，所以，农民收入得到明显的提高。

1978~1984 年，农民实际收入年均增长 16.5%，这是中华人民共和国成立以来农民人均收入年均增长最快的几年。在此期间，城镇居民收入年均增长速度 8.12%。可以看到，农民年均收入增长速度超过城市居民年均收入增长速度 1 倍多。这一因素导致了城乡收入差距以及基尼系数都不断缩小。

第三个阶段是 1985~2008 年。基尼系数开始扩大，城乡收入差距也是持续增大。在这个时期，不只是城乡收入差距增大，区域差距及行业差距也不断扩大。在改革开放前，城乡收入差距大，但是行业差距不大。这是因为那时我国执行计划经济，各行各业的工资都是在统一的计划经济标准下制定的，但是 1985 年开始，行业差距逐渐拉大。到 2008 年，全国基尼系数 0.49，比现在还高。2008 年城乡收入差距是 3.1 倍，相比 1985 年的 1.86 倍，产生了非常明显上升趋势。到底什么因素导致这样的现象？这跟市场化快速发展有关。在日益加快的市场化背景下，20 世纪 80 年代初期，我们主要针对农村进行改革。1985 年以后，开始对城市进行改革，所以，城市居民收入水平不断提高。到 90 年代后，城市居民收入增长，不仅是因为改革，还有一个重要因素，那就是，除按劳分配外，其他要素开始参与分配，例如，股票市场开始发展，很多资本要素、知识要素、技术要素不断参与到分配过程中。相比之下，农村土地要素、房地产要素、资本要素等基本上没有参与分配。所以，城乡居民收入增长速度的差距持续增大。此外，随着市场化进程不断加快，地方政府很多行为倾向于重经济轻民生，重资本轻劳动，特别是 20 世纪 90 年代前后，农村劳动力大量过剩，各个地方为发展经济大量引进外资，重资本轻劳动。这导致了城乡收入差距不断扩大，由此而带动基尼系数的进一步拉大。

第四个阶段是 2009 年至今。总的来说，这个阶段城乡收入差距比较稳定，并且不断缩小。但是，基尼系数则是平稳中有波动，出现从高位下降的趋势，但是 2018 年以来，又出现走高趋势。2018 年基尼系数达到 0.49 的最高点，2019 年下降到 0.465，现今是 0.486，基本是比较稳定的。2009 年后，最值得令人喜悦的是农民收入持续上涨，农民收入增长速度超过了城镇居民收入增速。这一现象又是跟 20 世纪 80 年代初期比较接近，80 年代初期农民收入增长主要是因为农村改革走在了前面，特别是实行家庭联产承包责任制，2008 年以后农民收入持续增长也是跟中央政策息息相关的。

纵观四个阶段的城乡收入差距和基尼系数，可以发现，最初城乡收入差距比较大，基尼系数却比较低。现在，城乡收入差距开始缩小，农民收入增速不断加快，基尼系数也从高位开始下降。我们可以很清楚看到，在整个中国经济发展过程中，城乡居民收入差距、基尼系数都有一定变化。2009 年以后，基尼系数持续下降主要得益于城乡收入比的缩小，农村居民收入增速加快。2000 年以后，中央出台了一系列惠农政策。2003 年执行城乡统筹发展政策；2007 年农村实行最低生活保障制度；2007～2013 年农村低保福利发展迅速，农村五保户等最低收入人群生活得到了基本保障；2009 年后农村逐步推出养老保险计划，特别是农村新型合作医疗制度开始推广；2010 年以后新农合覆盖的农村人口已将近 98%，此后，城乡收入比明显地降了一个台阶；2015 年农村基本养老保险已实现全覆盖，参加人口近 4 亿；2017 年中央拨付 800 多亿元扶贫资金，主要用于农村。

总体而言，特别是改革开放 40 多年以来，相比改革开放前，城乡居民实际收入差距不断缩小。40 多年来，城镇居民收入增长速度维持 7.4% 左右，而农村居民收入增速保持 7.3% 左右，两者增速比较接近。2008 年以来，农村居民收入增长速度反超城市居民，由此导致基尼系数降低。可以发现，无论是基尼系数下降还是共同富裕发展，实际上都跟城乡收入差距变化是有着比较紧密的关系。这也就是为什么中央以及专家经常指出"共同富裕重点在农村，关键也在农村"。在某种意义上，区域差距主要还是城乡差距。

最繁重最艰巨的任务为什么在农村？截至 2021 年，中国解决了绝对贫困问题，但是消除绝对贫困并不意味着我们解决了相对贫困问题。关于相对贫困，国际上有一个基本共识，即人均可支配收入低于整体成员人均可支配收入中位数的 50% 以下的人群。我们现在主要的相对贫困人群集中在农村，2019 年全国居民收入的中位数是 2.65 万元，中位数的 50% 是 1.33 万元左右。2020 年全国居民收入的中位数是 2.75 万元，中位数的 50% 大约是 1.38 万元。根据国家统计局提供的农村居民收入五等分以及城镇居民收入五等分来看，农村居民 20% 的低收入组在 2020 年人均可支配收入是 4 681 元，中间偏下的20%农村居民的人均可支配收入是10 391元，这两个部分加起来占全部农村人口的40%。这样的农村人口有2亿多，占了全部人口的15%左右。从现在来看，这一群体是相对贫困人口，当然，也有少数城镇人口人均可支配收入低于1.38万元，但是在城镇，20%的低收入人群实际收入已经超过了1.38万元[①]。

前面提到的农村两个20%部分，根据中央统一部署，到2035年共同富裕要取得实质性的成效，要基本实现现代化。蔡昉教授也讲到，到2035年共同富裕要取得实质性成效，相对贫困全体生活要取得极大改善。所以说，今后13年，我们共同富裕的重点、难点，实际上就是改善农村人口的生活水平，再进行一次类似于党的十八大以来脱贫攻坚这样的艰巨任务，较大程度提升中低收入群体的收入水平及其生活水平。

浙江总体情况也是如此，所以说，浙江高质量发展建设共同富裕示范区的重点、难点和焦点也都是在农村。我们可以将它概括为三句话，焦点是持续稳定提高农村居民收入。农村居民收入不提高，城乡收入比就无法下降，对基尼系数40%贡献份额的难题就难以得到解决。重点是增强农村公共服务供给，难点在于提升农村人力资源分配。为什么这么讲？首先看农村收入结构，根据统计部门口径，我们可以将收入分成四个部分，工资性收入、经营性收入、财产性收入和转移性收入。从这四个方面来看，城乡收入差距最大的部分是财产净收入。浙江的城镇财产净收入比农村财产净收入超过9倍，全国超过了11倍，尽管其他收入也有差距，但不够明显。

---

① 资料来源：国家统计局。

这又是为什么？农村主要依靠劳动收入，资本所得几乎没有。主要原因是农民收入来源比较窄，农民土地资本没有参与分配，如土地。大家都清楚认识到，政府征用土地后将土地分配给企业或房地产商形成了政府的收入，而农民所得很少。其他资本也是如此，例如，在农村里资本参与所得到的红利、利息等也是很少。前面也有专家提到，我国现今收入分配中存在一个不合理的情况，那就是对资本收入征税严重低于劳动所得征税。

农民收入主要来自劳动所得，资本所得比较少，这样又扩大了城乡收入差距。要解决这个问题，我们就要解决"如何实现农村各类要素价值体现"问题，从而使农村土地以及其他各类要素能够真正成为农民的收入来源。以农村宅基地为例，为保护农民的利益，宅基地不能入市，但是这也制约了农民收入的增长。宅基地不能入市，使小产权房，如杭州下沙周边农民房价无法上涨，现今通过其他一些途径，如长期出租等，使价格略微提高，但在同一个地段，商品房和农民房之间价格是不一致。如何平衡二者之间的关系？这个问题值得进一步研究。

有人认为，农村宅基地不入市是为了保护农民，这也是一部分学者的观点，他们认为，宅基地一旦入市后，农民就失去了房子，无法回到过去，这样的话，如何保障他们最低生活水平。甚至，还有观点认为，这是中国没有产生贫民窟的一个很重要原因。如今的浙江正在探索新路径，部分地区尝试将除了农村宅基地、土地要素以外的其他要素的价值都体现出来。例如，丽水的两山银行，使生态要素价值得以体现，通过一定的方式把分散在农民每家每户的水库、林地等资源集中起来，农民以股份制的形式参与其中，而后再进行招商。调研发现，这种方式的确是一个很好的方式，银行一般不会接受林地抵押，但在这个过程中，政府其实在后面起到了信用抵押作用，这种方式可集中林地、水库等资源，再进行统一招商引资，农民以股份方式参与其中，这种方式可以保证农民获得可持续的收入。这个方式使得农村各类要素的价值得到体现。另外一个问题是，我们要推动农村的精神富裕，这也是施行新一轮乡村振兴战略过程中必须要解决的问题。

研究城乡居民生活消费支出差别，可以看到，城乡居民生活消费支出最大的差距包括两个部分：一方面是服装支出，从这个角度来看，城市更时尚，所以服装消费方面支出更多；另一方面是教育与文化娱乐支出，这一部分支出差距非常大。但是，我国已着手缩小这一部分差距。在教育与文化娱乐差距中，我进行了进一步分析，将其分为两类，教育支出与文化娱乐支出。教育支出差距较小，但是文化娱乐支出方面城乡差距较大。2018 年城乡文化娱乐支出比达到 3.24，也就是说，城市文化娱乐支出是农村的 3.24 倍。到 2019 年略有缩小，但缩小幅度较为轻微，这一方面说明了，农村居民跟城市居民生活习惯有较大差距；另一方面也折射出农村公共文化建设不足。

2022 年，浙江省提出"建设 15 分钟公众公共文化圈"，打通公共文化服务的"最后一公里"，但是，很难找到一个合理的地点，让农民居民在 15 分钟之内找到一个文化设施。这几年，我在省委宣传部分管农村文化礼堂建设工作，截至 2022 年底，浙江省两万个行政村，每个村都建有一个文化礼堂。我们认为，农村文化礼堂应建设成为农村的公共文化空间，让老百姓可以在文化礼堂中充分进行休闲娱乐活动。

在新一轮乡村振兴背景下，城乡居民物质上、收入上差距相对缩小。在浙江，丽水和杭州是区域差距最大的两个区域，但是人均收入差距要低于 GDP 的差距，而文化产品消费差距则要高于收入差距。基于此原因，我认为，乡村振兴战略应该把农村精神富裕建设，农村文化设施建设，特别是公共文化建设放在重要位置。

对于农村新一轮的发展来讲，如何进一步完善农村职业教育体系是一个重要问题。根据城乡 15 岁以上家庭成员受教育程度，城镇受教育程度在初中及以下人口占比 57%，而农村占比则高达 78%。这是非常大的差距。教育水平越高群体中，农村占比就越少。受教育水平差距也导致了农业劳动生产率低下，这也是导致农村居民创业就业能力较差，收入水平较低的重要原因。

我认为发展农业农村，就要把对农村教育投入、农村人力资本投入放在更加重要的位置。总的来说，新一轮乡村振兴最主要突破口就是以上几个方面。另外还有两个重要的方面：农村组织建设和农村集体经济建设，因为时间原因，就不再详细介绍了。这些方面，嘉兴取得了比较好的成果，嘉兴每个村集体经济都达到 100 万元以上，因此当地的农村公共服务，包括养老院建设等都取得了比较好的成绩。相比之下，温州、衢州农村集体经济相对薄弱，村一级的公同富裕工作面临更大的困难。还有一点是加强农村其他公共服务建设，时间原因，就不展开了。

我就讲这些，不一定对，请各位批评指正，谢谢大家！

共同富裕需要制度创新[①②]

李 实

首先我要感谢浙江财经大学的邀请参加这次论坛，非常荣幸有这样一个机会向大家做汇报。我今天要讲的题目是：共同富裕需要制度创新。围绕这样一个主题，我主要讲三个问题：一是实现共同富裕的目标；二是实现共同富裕面临的主要挑战；三是推进共同富裕需要制度政策创新。

就第一个问题"实现共同富裕的目标"而言，中央已经有了一个比较周密的设计，中央提出到 2035 年全体人民的共同富裕要取得更为明显的实质性进展，2035 年是一个时间节点。第二个时间节点是 2050 年，到 2050 年要基本实现共同富裕。我们知道基本实现共同富裕不等于全面实现共同富裕，如果要全面实现共同富裕，可能需要更长时间。把全面实现共同富裕作为中国共产党第二个百年的

---

① 报告人简介：李实，浙江大学文科资深教授，博士生导师，浙江大学共享与发展研究院院长，北京师范大学中国收入分配研究院院长，人的发展经济学研究中心主任，中国劳动学会副会长，国家发展和改革委员会"十四五"国家发展规划专家委员会委员，国务院扶贫领导小组专家咨询委员会委员，国家人力资源和社会保障部专家咨询委员会委员，中国经济体制改革研究会学术委员会委员，中国（海南）发展与改革研究院学术委员会委员。长期从事发展经济学与劳动经济学研究，研究成果 4 次获得孙冶方经济科学奖，全国扶贫攻坚创新奖，第六届、第七届教育部高等学校科学研究优秀成果奖（人文社会科学）二等奖，第八届中国经济理论创新奖，中国农村发展奖，张培刚发展经济学奖，联合国人类发展奖等。

② 本报告文字整理人：浙江财经大学博士研究生党程远。

一项主要任务，这也就是说我们有三个阶段的目标。第一个阶段就是要在实现共同富裕方面取得明显的实质性进展；第二个阶段就是基本实现共同富裕；第三个阶段要全面实现共同富裕。应该说，中央已经确定了这样一些发展目标，这些目标更多是定性而非定量的。共同富裕作为一个长期的目标，同时我们要设计出实现共同富裕的路径，这就需要将一些定性目标换算为定量目标。作为定量目标，我们是这样考虑的，即在 2035 年，中央提出我们的人均 GDP 要达到中等发达国家水平，所谓中等发达国家当然不是发达国家的中等水平，中等发达国家是这样一些国家，虽然都是高素质国家，但发展程度还没有达到发达国家的水平，因此被称作中等发达国家。如果到 2035 年，我们在富裕程度上要达到中等发达国家水平，我们就需要知道中等发达国家到 2035 年的人均 GDP 会处在一个什么样的水平。

根据我们的研究，中等发达国家到 2035 年人均 GDP 平均水平约为 52 000 美元，最低水平大概接近 40 000 美元，也就是说，如果我们要赶上这些中等发达国家，到 2035 年，我们人均 GDP 要接近 40 000 美元。若要实现这样一个目标，在很大程度上需要我们有一个比较高的发展速度，所以高质量发展是实现共同富裕的一个基础和基本条件。到 2035 年，如果要达到人均 GDP 40 000 美元的水平，我们要保持一个比较高的经济增长率。根据测算，每年人均 GDP 的名义增长率应为 10% 左右，实际增长率可能为 7% ~ 8%，当然，这只是就富裕程度而言所设定的一个定量指标。

那么，到 2050 年，我们的人均 GDP 应该达到何种水平？中央提出到 21 世纪中期，我们要实现建成社会主义现代化强国，意味着我们在整体发展水平上要达到发达国家水平，包括我们的收入水平，即我们的人均 GDP 要能够达到发达国家水平，因此需要测算到 2050 年发达国家人均 GDP 究竟处在一个什么样水平上。根据我们的测算，到 2050 年，发达国家如果能够保持过去 30 年的经济增长速度，那么其人均 GDP 的平均水平约为 14 万美元，最低水平约为 8 万美元。因此，如果我们要赶上发达国家，到 2050 年人均 GDP 应达到 8 万美元。那么，我们需要多高的经济增长速度？根据测算，我们每年的名义增长率大概为 7%，即每年保持 7% 的经济增长率，到 2050 年我们人均 GDP 可达 8 万美元，能够进入发达国家门槛，以上都是我们测算出来的关于共同富裕程度的一些定量目标或指标。

我们都知道共同富裕不仅仅强调富裕，还强调共享，所以，还需要设定若干共享方面的目标。目前，这个问题的研究确实还存在着一定难度。大家都知道，现在测量收入差距、测量财富差距往往将基尼系数作为一个很重要的指标。我国现在基尼系数大概为 0.47，有专家提出，到 2035 年基尼系数能否下降至 0.4 以下，还有部分专家认为 0.4 可能不够，应考虑能否下降至 0.35 左右。当然，目标具有参考意义，但我认为仅看这些客观的收入差距指标是不够的，更重要的还是要考虑到整个社会大众对于我们收入分配过程和收入分配结果的认同性，如果整个社会对于我们的收入分配结果有更多的认同性，即使客观收入差距指标偏高，我认为也不重要，所以最重要的还是要得到整个社会的认同，以上内容为我们实现共同富裕的目标。

第二个问题是实现共同富裕面临的主要挑战。我想从两个方面来讲这个问题：一是我们的富裕程度；二是我们的共享程度。从富裕程度来说，我们现在和世界上其他国家相比，在一个全球的背景下，我们的富裕程度基本处于全球平均水平，且一些指标略高于全球的平均水平，但从总体上来说，还是处在全球的平均水平上。例如，我国人均 GDP 水平在 197 个国家和经济体当中排名第 81 位，因此，我们不属于收入最高的前 40% 的国家；人类发展指数 HDI，这是由联合国推出的衡量一个国家发展程度的指数。根据该指数，2019 年，我国在 189 个国家和经济体当中排名第 85 位，也不属于人类发展指数最高的前 40% 的国家。如果再观察一些其他关于人均的指标，我们基本上处在全球的平均水平而非全球领先水平，离较发达国家还有很大的距离，这说明我们富裕程度不高。相对我刚才所提到的 2035 年、2050 年富裕程度指标，当下离这些指标还有很大的距离，因此，我们还需要发展，尤其需要高质量发展，通过高质量发展来实现共同富裕。

如果观察关于共享程度的相关指标，其结果无法令人乐观，例如，我们的基尼系数为 0.47，应该说是高于全球的平均水平。另外，我们的工资差距在不同人群之间、不同学历之间、不同行业之间、不同职业之间仍在不断扩大。再者，我们的财产差距也在急剧扩大。就财产差距而言，21 世纪初期基尼系数为 0.5 左右，现在的基尼系数接近 0.7，也就说，在过去 20 年中，财产差距出现急剧扩大的过程，而且财产差距还会进一步扩大，原因在于我们缺少调节财产分配的政策手段，如我们所期待的尽快出台的财产税和房产税。由于受各方因素的影响，财产税和房产税试点范围没有得到进一步落实，所以，财产差距还会进一步扩大，而财产差距的扩大又会导致收入差距的进一步扩大，这是因为财产会带来财产性收入，而财产性收入分配比其他收入分配更加不均等。高收入人群的财产比较多，会得到更多的财产性收入，且城乡之间财产收入差距巨大，在城市居民收入当中，大概超过 10% 的比例是来自财产性收入，在农村，这一比例不到 2%，所以城乡之间的差距非常大。

第三个问题是推进共同富裕。我们希望能够不断扩大中等收入人群的规模、提高中等收入人群比重，但是现实情况确实并不令人乐观。根据我们调查数据显示，在 2021 年，全国中等收入人群占比大概为 34%，该比例离我们中等收入人群过半的目标仍相差很远。当然，如果我们能够保持比较高的经济增长速度，同时缩小社会差距，在未来 10 年，中等收入人群的规模还会进一步扩大，能否达到 50% 的目标很大程度上取决于经济增长、居民收入增长以及收入差距的进一步缩小。

此外，如果将视角转向当下低收入人群，也就是说，中等收入人群规模不足意味着社会中的主导人群实际上是低收入人群，低收入人群近 9 亿，这是一个非常庞大的群体，而且低收入人群中有很大一部分收入是比较低的，即月收入不足 500 元的人群接近 1 亿，月收入不足 1 000 元的人群接近 3 亿，月收入不足 2 000 元的人群超过 6 亿。所以说，如何让低收入人群收入尽快提高，对我们而言，这是一个巨大的挑战，这也是推进共同富裕中的一个难题，最迫切要解决的一个问题。

面对了如此之多的挑战，我们设定了实现共同富裕的目标，如何顺利实现这些目标，这就需要寻求能够有效可行的路径。在路径选择的过程中，首先需要进行制度和政策方面的创新，通过加大改革力度推进共同富裕。

在制度创新方面，我认为以下六个方面尤为重要。第一个方面，要构建初次分配、再分配、三次分配协调配套的基础性制度安排。这是 2021 年 8 月 17 日中央财经委员会第十次会议提出的改革任务，即把初始分配、再分配和三次分配置于一个总体的基础性制度框架下进行考虑，分别进行相关收入分配制度改革，从而进一步调节我们收入分配并缩小收入差距。

第二个方面，进行农村土地制度改革以促进农村农民的共同富裕。众所周知，当下正在大力推进乡村振兴和农村农民的共同富裕，如何使乡村振兴、农村共同富裕得到有效推进，很大程度上取决于土地制度改革。当下农村发展中，土地制度是一个重要的资源因素，大量土地及闲置资源没有得到充分激活和利用，农民不能从中获得更多收益，尤其是无法获得财产性收入。所以，从该意义上讲，如果要让农民收入获得尽快稳定的增长，就需要进行土地制度改革。

第三个方面，户籍制度改革。户籍制度改革导致了城乡收入差距及劳动力市场的分割。很多的农村劳动力生活在城市、就业在城市，但是不能享受城市居民的社会保障待遇，不能具有与城市居民相同的政治社会权利，他们始终处于弱势地位，不利于城乡融合发展和大量农村劳动力的市民化。该问题背后的一个重要根源就是户籍制，以及在户籍制度上所附加的大量公共服务、社会保障等方面的歧视性制度安排，通过户籍制度改革来消除对非户籍人口在就业收入，公共服务社会保障方面的歧视性待遇，从而使得农村农民能够实现共同富裕。

第四个方面，制度性创新是财政制度的改革。我们都知道，目前正在推进基本公共服务均等化，虽然推进历时很长，但是实际进展还不够好，基本公共服务在城乡之间、地区之间、人群之间有很大差距，差距背后是公共资源分享的问题，也就是说，很多地区的弱势人群没有享受到均等的公共资源，并造成了基本公共服务不均等的问题。所以，我们应通过财政制度改革来推进基本公共服务均等化。

第五个方面，制度创新是要通过税收体制改革合理调节过高收入，鼓励高收入人群和企业更多地回报社会，这也是中央财经委员会第十次会议所提出的任务要求。通过税收、转移支付、社会保障来调节我国收入水平，来缩小收入差距，这与我国税收体制改革有着很大的关系，包括如何进一步降低间接税率比重、增加直接税率比重，让直接税特别是累进的直接税能够在调节收入分配中发挥更大的作用。另外，还要改革个人所得税，让个人所得税能够覆盖所有高收入人群，使税收发挥更大的调节收入分配的作用。

第六个方面，制度创新是要构建发展与共享的兼容模式。我们都知道实现共同富裕面临着两大艰巨任务：一是要发展，因为我们富裕程度不够，还需要进一步发展；二是要实现更大程度的共享，因为我们共享水平不高，但是同时追求发展和共享两个目标，必须要有一个很好的制度保障和制度创新，要建立一种发展共享的兼容模式，通过发展实现共享，通过共享促进发展。在此方面有很多机制和制度需要进一步探索，建立一个全民共享的发展模式。这也是我们理论研究方面正面临的一个重要任务。有了这些方面的制度创新，同时，我们的研究能够将制度创新提升到理论层面，并进行进一步总结，就可以创造具有中国特色的共同富裕理论。

时间原因，今天就讲到这儿，谢谢大家。

从开放式改革到数字化改革的逻辑与原则[①②]

兰建平

　　大家好！非常荣幸参加中国经济学家高端论坛。今天，我分享的题目是"从开放式改革到数字化改革的逻辑与原则"。

　　中国能走到今天，得益于四个非常重要的字"改革开放"。如果放置在 50~100 年的历史段来看，可以称之为开放式改革，开放式改革历经 40 多年后，我们将进入了一个非常新的阶段、新的时代、新的使命。

　　以往的开放式改革是有导向的。那导向在哪里呢？我们如何从世界民族之林的边缘地区走到核心地区、走到新时代。那时导向在哪里？我们都知道，我们有全球经济规则，如 WTO。那时，中国要从计划经济走向市场经济，中国最大的变化就是加入 WTO。改革开放是我们国家从计划经济走向市场经济，从封闭经济走向开放经济

　　① 报告人简介：兰建平，浙江省发展规划研究院副院长，博士，研究员，享受国务院政府特殊津贴，历任浙江省工业经济研究所所长、浙江省工业和信息化研究院院长。兼任中组部干部教育培训浙江大学基地外聘教授、浙江省委讲师团成员、浙江省政协应用型智库专家、浙江卫视特约评论员、浙商发展研究院高级研究员等。长期从事工业经济、数字经济等领域的理论和政策研究工作，先后承担国家、省委省政府研究课题近 50 项，获省部级科技进步奖 9 项。参与浙江省委省政府数字经济"一号工程"方案起草。作为浙江省委党的十九大精神宣讲员，其宣讲内容入选央视《焦点访谈》节目并接受专访；作为浙江省中青年领域的研究专家，曾应邀在中共浙江省委专题学习会作转型升级专题报告，获得了时任省委主要领导的充分肯定。

　　② 本报告文字整理人：浙江财经大学博士研究生张亚楠。

最典型的标志。中国能有今天，无论是全民收入水平提升，还是制度供给优化，还是今天正在讨论的共同富裕，主要都得益于开放式改革带来的巨大成就。前面多位教授都已经充分说明了这一点，另外，还有很多文献、很多专家观点都在支持这一点。2022 年是我第三次参加中国经济学家高端论坛，希望明年还可以再跟大家分享这些观点。

一路走来，中国能有今天，开放式改革为国家、社会和中华民族伟大复兴所作出的贡献，我们再怎么讲都不为过。正是因为开放式改革，通过学习借鉴，和国际经验比较，无论技术领域，还是制度方面，我们慢慢走向世界民族之林的舞台中央。今天，我们一直强调道路自信、理论自信、制度自信、文化自信，那么，放到浙江省的框架内，我们今天正在忙些什么，做些什么？

"数字化改革"，我想绝对是个高频词。如果从经济发展的角度来做个梳理，能够看到党的十五大、党的十六大，再到党的十七大和党的十八大，我们可以作出归纳，最核心的三个字就是"信息化"。从工业化到信息化，从两化融合到两化深度融合，非常重要的一条主线就是制度变革，尤其非常显著的国家顶层设计。从技术角度来看，就是数字化。刚才江小涓教授的演讲也强调了这一观点。在经济发展过程中，生产力也好，生产关系也好，一个非常重要的内容就是数字化改革。研究浙江高质量发展建设共同富裕示范区，我想引用习近平总书记重要讲话："共同富裕，是马克思主义的一个基本目标，也是自古以来我国人民的一个基本理想。"[①] 事实

① 在省部级主要领导干部学习贯彻党的十八届五中全会精神专题研讨班上的讲话（2016 年 1 月 18 日）［N］. 人民日报，2016 – 05 – 10.

上，学界未曾专门定义共同富裕，这恰恰是我们今天想通过中国经济学家高端论坛等活动来形成最大的共识。从开放式改革到数字化改革，这只是我个人认为的一种全新视角，现在大咖教授云集，我们可以一起来思考开放式改革的成功之处？我梳理了一下，如果说开放式改革是中国现代化进程的 1.0 版，那么，今天的数字化改革要结合浙江高质量发展建设共同富裕展开阐述，我们力争开创 2.0 版，一个区域性样本。下一步的期待是什么？在未来中国，开放式改革到数字化改革，也就是说，以制度变革为主导逐步走向以技术创新为主导，增强开放的硬核技术。

我们曾经投了一篇稿子，修改了很多次，仍然提这个观点，从 1.0 版到 2.0 版，从生产关系主导到生产力主导。改革开放成功的关键是坚持了四项基本原则，那么，数字化改革也有四项基本原则，数字化改革没有一个固定的模式，那么，究竟哪四项基本原则？

首先，要坚持最小最大统一原则，强调系统的经济性。我们要持续采集数据，如何才能做到像核酸检测一样，数据采集最小，但是使用实现最大化。其次，必须坚持熵减原则，强调系统的稳定性。例如，现在杭州 48 小时核酸检测要花费 25 亿元，但是单检和分组检完全不一样。再次，坚持渐近迭代式原则，强调系统升级常态化。从数字化改革"152"体系构架迭代升级到"1612"体系构架。在我们向省政府汇报工作时，曾提到加强数字文化重点在哪里？数字文化意味着什么？当时，我们提出一个想法，工业文明对应工业化时代，我们强调两化融合、两化深度融合。但是，2021 年世界联网大会上，大家畅谈"数字文明新时代"。对此，我们认为"新两化"是两化的迭代发展，是文化数字化和数字文化化，从以往以经济为中心转向以人为中心。最后，坚持整体安全原则，强调技术理性与制度理性，实现技术理性和制度理性的有机统一。

前面讲到，数字化改革应该坚持四项基本原则。目前，我们也写过文章，浙江新闻客户端一共发了 14 期，阅读量达 23 万次。我们也经常向大家请教，从改革 1.0 版到 2.0 版的思路对不对？这样的想法行不行？这样区域创新实践能不能上升到国家层面？其实，这些原则早就有了，存在于计量经济学以及系统论理论研究中。刚才盛世豪部长关注的农村教育问题、乡村振兴问题、农村各类要素价值体现问题，这些问题对共同富裕都非常重要。刚才江小涓教授的观点和盛世豪部长的发言都特别有意义和价值，值得我做进一步的领悟。

由于时间关系，安全问题就简单说了说。从产业角度来看，整个经济安全，浙江省做得非常好。尽管有些产业确实处在风口浪尖，但是浙江经济创新模式是有硬核实力的，这点大家有目共睹。由于时间原因，其他内容先不讲了，我们希望处在一个怎样的时代？在一个数字化改革迈向新文明的时代。在一个新文明的时代，我认为就是从两化融合升级到两化深度融合，再升级到新两化融合发展的迭代。从以 GDP 导向转向以人的全面发展为导向，这恰恰是共同富裕的要求，我们将通过数字化赋能来实现高质量发展建设共同富裕区。

这是我今天的发言，谢谢大家！

共同富裕统计视角的几个问题[1][2]

李金昌

前面很多专家学者都做了很好的发言，对共同富裕面临的挑战及其发展路径等进行了很好的阐释，我是从统计学角度对共同富裕几个问题做一些思考。我们知道，到 2035 年全体人民共同富裕迈出坚实步伐（在这一年浙江省共同富裕要基本实现），到 2050 年全体人民共同富裕在中国基本实现，这已经是一个很明确的目标。那么，共同富裕到底有什么标准？如何来评价和判断它们是否实现？如何来监测共同富裕进程？这就需要从统计的角度加以探讨。直奔主题，我主要阐述以下三个主要问题。

第一个问题是要科学设置中等收入统计标准和群体规模。

促进共同富裕的一个关键词就是"扩中提低"，"中"就是中等

① 报告人简介：李金昌，浙江财经大学教授、博士生导师，现任浙江财经大学党委书记，中宣部文化名家暨"四个一批"人才，中组部"万人计划"哲学社会科学领军人才，国务院政府特殊津贴专家，教育部新世纪优秀人才，浙江省首届"五个一批"人才，浙江省"151 人才工程"第一层次人才；原国内贸易部有突出贡献专家，全国优秀教师，全国优秀统计教师。担任国家统计专家咨询委员会委员，中国统计学会副会长，中国统计教育学会副会长兼经济统计教育分会会长，教育部经济学教学指导委员会副主任委员，国家社科基金统计学科评审组专家，全国统计教材编审委员会委员兼经济社会统计组组长，《统计研究》等期刊编委，浙江省商贸流通业标准化技术委员会主任委员，浙江省科技发展咨询委员会委员。长期从事经济统计学理论方法与应用，政府统计改革，社会经济抽样技术，现实社会经济问题统计研究等工作。10 余项科研成果获得国家级、省部级二、三等奖。

② 本报告文字整理人：浙江财经大学博士研究生余卫。

收入群体，"低"就是低收入群体，所以我们要把低收入群体变成中等收入群体来实现"扩中提低"。实践表明，合理的收入分配结构是"中等收入群体所占比重最大，低收入和高收入群体比重依次下降"的结构，但是收入分配又不是两边对称的，而是右偏分布的，橄榄型收入分布就表现出高收入一侧会细一点、长一点，而低收入一侧会钝一点、厚一点。问题的关键是，在统计学意义上，什么样的收入属于中等收入？怎样的中等收入群体规模是合理的规模？我认为这个问题是很有现实意义的，否则我们就无法解释"扩中提低"怎么扩、扩到什么程度等问题。所以，我认为以下几个具体问题需要思考清楚：

首先，要合理确定中等收入家庭统计标准。刚才有专家也讲到这个问题，我们国家现在的中等收入标准是什么呢？当前，我国的统计标准是典型三口之家，如果年收入在 10 万～50 万元，就可以被归为中等收入群体。但从现实出发，这个规定至少有下面三个问题：

一是非三口之家的收入怎么换算成三口之家的收入？

二是从居民的实际生活水平来考虑，10 万～50 万元这一区间对全国来讲到底有没有包容性和说服力？因为从全国来讲，这个差距太大了，2020 年全国人均可支配收入约 3.5 万元，三口之家就是 10.5 万元，这是人均可支配收入；从分布形态来看，收入的中位数小于平均数，也就是说，人均可支配收入处在中间水平的家庭还不属于中等收入群体。如果中等收入家庭以 10 万元为一个起步，那么，又有多少家庭可以符合这个标准？前面有一个专家提到，如果按照这个标准，全国大约有 27% 的人口属于中等收入群体。这个结果对浙江省来说又是怎么样呢？

三是我们该如何动态调整中等收入标准？经济在发展，收入在提升，我们都是从现实研究中提出这些问题。前不久，我们承担了义乌市收入群体分布的抽样调查，调查分析工作中就遇到了这些问题。所以，这些问题都是现实问题，而非凭空想出来的。

针对第一个问题，我们应以人均可支配收入而不是家庭年收入作为衡量家庭实际生活水平的标准，因为实际生活水平最后要体现在个人层面，否则，三口之家、两口之家或四口之家甚至以后有三孩的五口之家，我们如何用家庭收入衡量其生活水平呢？只有用人均可支配收入，只要人均可支配收入符合中等收入标准，那么，该家庭就属于中等收入家庭，这样就可规避家庭人数多少的问题。针对第二个问题，10 万～50 万元这一区间是否合理？关键还是要看10 万元的收入能否支撑三口之家较好的生活水平，这里还存在城乡差别和区域差别。同时，我们还要看家庭收入分位数中间 50% 的情况，中间 50% 实际上就是 1/4 分位数到 3/4 分位数，我们需要清楚这 50% 家庭的实际收入分布怎么样。收入分布是明显右偏的，那么，在正常情况下，中等收入标准的下限应在 1/4 分位数左右，上限则应略高于 3/4 分位数，这个是一个经验值，或者说，这是统计学意义上按照收入分布正态曲线来谈的。针对第三个问题，中等收入标准应该随总体收入水平的变化和家庭收入分布的变化而变化，不能机械化，因为 10 万～50 万元的标准已经定了一段时间了，这个标准合理与否？如何动态变化？这些问题都值得研究。

其次，要科学确定中等收入群体规模。我国提出不断扩大中等收入群体规模，这是基于目前三方面差距过大的现实背景而提出的。前面很多专家讲过，近五年城乡收入比都大于 2.5 倍，东西部地区居民收入比大于 1.6 倍，居民收入基尼系数都大于 0.46。收入差距过大，就难以形成中等收入群体的集聚效应，中等收入是要集聚而非发散，收入差距过大，就会导致发散。我们的目标是希望正态曲线往中间挤，这样的话，集中特征就更加明显。

根据以往观点，我们普遍认为城乡居民收入比应不超过 2.1 倍，东西部之间差距应不超过 1.3 倍，居民收入基尼系数应不超过 0.4。我们认为基尼系数在 0.3 ~ 0.4 是合理的，研究表明，最合理的基尼系数是 0.33，也就是 1/3。一般来说，低于 0.3 则意味着收入水平过于平均化，高于 0.4 则意味着收入差距过大。在这个基础上，我们可以确定一个比较合理的中等收入群体比重，我们认为应该是 50% ~ 65%。这个数据出来以后，我们团队又收集了很多资料，计算 OECD 报告中 2019 年 32 个基尼系数低于 0.4 的国家的中等收入群体规模占比，结果显示平均规模是 61.93%。这个数据很接近 61.8% 的黄金分割线，跟我原来的设想很接近。61.8% 是中等收入群体规模比较合适的状态，而我们提出的目标是 50% ~ 65%，恰好涵盖了这一数值，所以，在这个区间里面，也是有经验数据依据的。

最后，要把握好中等收入家庭统计标准与中等收入群体规模之间的平衡关系。中等收入家庭统计标准与中等收入群体规模是一个问题的两个方面，前者的上限与下限怎么定、上下限之间的区间有多长，这些问题直接决定后者情况。因此，要在全面摸清收入分配状况，特别是收入分配结构和收入差距的前提下，辩证地确定中等收入统计标准与中等收入群体规模。

第二个问题是科学设置共同富裕统计监测评价指标体系。

　　首先，共同富裕的统计特征是什么？我们认为包括几个方面内容。

　　一是共同富裕的重点是富裕，也就是说首先要把这"蛋糕"做大。统计学上富裕含义是什么？其统计特征是全要素生产率较高，GDP 含金量不断提升并能有效转化为居民收入，人均 GDP 和人均可支配收入达到较高的水平，劳动报酬占 GDP 比重合理，恩格尔系数、失业率等显著下降，人民获得感强。

　　二是共同富裕的难点是共同。其实就是刚才讲的三大差距要怎么缩小，其统计特征是收入分配结构更加合理，中等收入群体规模有效扩大，城乡居民收入和生活水平差距不断缩小，地区收入差距显著改善，城乡居民内部收入差距合理，公共服务优质共享。

　　三是共同富裕的关键是可持续。这一点特别重要，这个可持续的特征从统计学上看是共同富裕的指数要维持在较高水平，自然资源资产要不断增值，而且还包括个人力资本不断增长。所以可持续包括三个维度，第一，是现实的共同富裕指数比较高；第二，是人类赖以生存的自然资源资产要增值；第三，是最根本的，人力资本要不断增值。这三个方面合起来考虑，还有一个社会安全指数的问题。就这方面而言，我们是反过来考虑的。国际上有一个通用的指标是社会不安定指数，现在我们要求比较高的安全指数。只有这样，共同富裕才是可持续的。

　　四是共同富裕的核心要实现人的全面发展。从物质层面要转化为文化层面和精神层面，其统计特征是公民的科学素养、人文素养指数达到相当高的程度，文化消费支出比重较高，国民体质持续向好，个人爱好特长普遍得到自我发展，人民幸福指数高。

其次，共同富裕统计监测评价指标体系构建的原则是什么？基于以上考虑，我们认为共同富裕统计监测评价指标体系的构建应包含以下四个原则：

一要以人民为中心，紧紧抓住"富裕"和"共同"两大关键词，瞄准影响共同富裕的各种因素和各类差距。经济发展是基础，收入增长是主线，成果共享是导向。因此，指标体系既要能客观反映共同富裕这块"蛋糕"做得有多好多大，也要能如实度量共同富裕这块"蛋糕"切得有多么合理、多么公正。

二要遵从共同富裕"从低级到高级、从局部到全面、从先富到后富再到共富"的变化规律，全方位盯紧共同富裕的推进过程。共同富裕既是一种社会形态，也是一个动态发展变化的过程。因此，指标体系既要能及时展现做"蛋糕"的过程，也要能实时展示分"蛋糕"的过程。

三要充分认识共同富裕是社会主义的本质要求，全面聚焦"生活富裕富足、精神自信自强、环境宜居宜业、社会和谐和睦、公共服务普及普惠"这一美好的愿景，涵盖"五位一体"各个方面。因此，指标体系既要能系统描绘全体人民共享改革发展成果和幸福美好生活的情况，也要能深入刻画人的全面发展和社会全面进步的成效。

四要深刻理解高质量发展建设共同富裕社会的内在逻辑，把握好高质量发展与共同富裕之间的关系。高质量发展是可持续的发展，共同富裕是可持续的富裕。因此，指标体系既要能体现高质量发展的过程，也要能彰显共同富裕的成果。

最后，要构建统计监测评价指标体系框架。基于共同富裕的深刻内涵及其统计特征，我们应该构建一套紧扣"富裕""共享"和

"可持续"三个基本点，过程指标与结果指标相结合的共同富裕统计监测评价指标体系。设置好具体指标体系后，我们还应根据社会经济发展规划要求，科学确定 2035 年的目标值。

我们要按照"五位一体"总体布局来设计过程指标体系，涵盖到高质量发展的各个方面。我们认为可以从经济质效、协调发展、精神生活、美丽建设、社会和谐、公共服务等方面来统筹考虑，然后按照"少而精"的原则设计具体的二级指标、三级指标及其目标值。限于篇幅和时间，不作再详述。结果指标体系可以由共享性、富裕度、可持续性三个一级指标而组成。由于时间关系，具体指标体系比较复杂，我们就不展开了，只把共同富裕的结果指标提及一下。

构建共同富裕结果指标包含三个方面，共享性、富裕度和可持续性。共享性由地区发展差异、城乡发展差异、收入差异三个方面的二级指标构成，检验三大差距是否控制在合理的区间范围内；富裕度由富裕强度、中等收入群体，以及居民幸福感获得感安全感认同感三个方面的二级指标构成。在此，我们构建了富裕强度计算公式，把前面很多专家讲到的财政收入占比、人均 GDP 占比综合起来考虑。另外，还设置了幸福感获得感安全感认同感的主观评价指标。最后，可持续性由社会稳定状况、人力资本发展状况、自然资源状况三个方面的二级指标构成。

关于目标值的设定，到 2035 年，共同富裕应该实现到怎么样的程度？需要一个目标，我们根据各种研究也给出了我们的目标值。以浙江省为例进行测算，结果显示，到 2021 年为止，浙江省共同富裕实现程度大约达到了 80% 多，这个报告也得到了袁家军书记的肯定性批示。

第三个问题是科学设置分区域、差异的统计监测评价目标。

缩小经济社会发展的区域差异是共同富裕必须面对的一个重大问题。但是，区域差别始终是存在的，因此要分区域差异化设置共同富裕目标，不能只按一个标准来监测评价。

第一个是分区域、差异化设置共同富裕统计监测评价指标体系。全国这么大，三大差距缩小有难度，但我们不能够"一刀切"，因为共同富裕不是同时富裕，也不是同步富裕，更不是"一刀切"的富裕。这里面肯定存在各种差别，所以要分区域、差异化设置共同富裕统计监测评价指标体系，既有国家的，也有各省市区指标。各区域在设置共同富裕统计监测评价指标体系时，一方面要以全国可比的共性指标为主体，另一方面要以体现区域差异的特色指标为补充，例如有的地区可以增设生态保护方面的指标，有的可以增设农业生产方面的指标，有的可以增设科技创新方面的指标。其中，共性指标体现共同富裕的核心内涵，对全国有导向作用，特色指标体现共同富裕的丰富性和包容性，对区域有指导意义。

第二个是分区域、差异化设置共同富裕统计监测评价标准。社会经济系统是一个复杂的系统，单个指标往往说明不了问题，需要基于指标体系加以整体分析。例如，要判断某区域居民家庭的实际收入水平，只看其人均可支配收入、人均消费支出等单个指标是不全面的，还要看人均 GDP、物价指数、恩格尔系数、基尼系数、人均消费支出与人均可支配收入之比等指标，只有这样，才能客观判断其收入水平处于总体的哪个位置。例如，浙江省的 10 万元和西部地区的 10 万元所带来的生活质量是完全不一样的，所以，在全国同一个标准下，还要合理考虑地区因素。再如，2021 年浙江省家庭年收入符合 10 万 ~ 50 万元（当前的国家中等收入标准）比重已超过 70%。事实上，这一标准对浙江已没有现实指导意义，但是全国仅为 27%，两者差距是十分大的。因此，浙江省已经设定了 20 万 ~ 60 万元的区间标准，这一标准的下限和上限都比国家标准分别提高了 10 万元，那么，有多少人达到这一标准以及怎么测算又是一些问题。因此，共同富裕的统计监测评价既要有国家标准，也要有分区域（省区市）标准。

第三个是分区域、差异化设置共同富裕实现时间表。党的十九大报告提出，到 2035 年我国"人民生活更为宽裕，中等收入群体比例明显提高，城乡区域发展差距和居民生活水平差距显著缩小，基本公共服务均等化基本实现，全体人民共同富裕迈出坚实步伐"。到 2050 年"全体人民共同富裕基本实现，我国人民将享有更加幸福安康的生活"①。这说明，实现共同富裕是有计划、有目标、分层次、分阶段的。因此，我们要分区域、差异化设置共同富裕实现时间表，不能搞"一刀切"。浙江省则要求 2035 年基本实现共同富裕，浙江作为高质量发展建设共同富裕示范区要提前 15 年实现这个目标，这就是浙江省作为示范区所要做的贡献。其他省域要在什么时间完成，要设置共同指标和区域指标来进行测算。目前，我们测算出来浙江省共同富裕实现程度已经超过 80%，到 2035 年实现这一目标应该是没有问题的。

以上是我今天讲的主要内容，还有其他一些问题也值得思考：一是先富带动后富问题。先富如何带动后富？什么是先富？什么是

---

① 决胜全面建成小康社会夺取新时代中国特色社会主义伟大胜利——在中国共产党十九次全国代表大会上的报告［M］. 北京：人民出版社，2017 年 10 月 18 日。

后富？先富的标准是什么？带动的机理是什么？我们从经济学、统计学和计量经济学的角度怎么样看待这个问题？二是三次分配与共同富裕的关系问题。如何定量研究三次分配与共同富裕的关系？前面很多专家都有谈到三次分配、税收问题、财政转移支付问题、劳动力报酬占比等问题。这些问题与共同富裕之间到底有着怎么样的关系？如何进一步完善薪酬制度、税收政策、社会保障制度、慈善政策等？三是高质量发展推进共同富裕的问题。高质量发展如何推进共同富裕？什么是高质量发展？高质量发展与共同富裕是什么关系？目前有两种观点，一种观点认为是高质量发展是前提，共同富裕是结果；另一种观点认为，共同富裕是推动高质量发展的手段。两者之间到底是怎么样的逻辑关系，如何做定量研究，这些问题都值得我们开展进一步的研究。

时间关系，我很快速地讲这些内容，不一定对，供大家批评指正，谢谢！

分论坛一：乡村振兴与共同富裕

分论坛一：乡村振兴与共同富裕

论坛综述

2022 年 5 月 14 日，由浙江省社会科学界联合会、孙冶方经济科学基金会和浙江财经大学联合主办、浙江财经大学财政税务学院承办的第五届中国经济学家高端论坛"乡村振兴与共同富裕"分论坛顺利举行，论坛采取线上线下相结合方式。云南财经大学校长伏润民、复旦大学世界经济研究所所长万广华、中国农业大学国家乡村振兴研究院常务副院长李小云、华中科技大学卓越学者领军岗教授张建华、同济大学经济与管理学院副院长程名望、北京大学中国教育财政科学研究所常务副所长刘明兴及研究员魏易等专家学者、浙江万合集团董事长赵银峰、浙江财经大学财经税务副院长高琳通过视频出席；浙江财经大学校长钟晓敏、浙江万合集团董事长赵银锋、财政税务学院领导班子成员、浙江财经大学乡村振兴研究院副院长刘亚辉以及师生代表现场出席。分论坛开幕式和主旨报告环节分别由财政税务学院院长司言武及浙江财经大学学术委员会副主任李永友主持。

伏润民作了题为"乡村振兴的实现路径思考"的主题演讲。没有乡村振兴就无法巩固脱贫攻坚成果，没有乡村振兴也不可能实现真正的共同富裕。但是，相比脱贫攻坚，乡村振兴内容更全面，涉及面更广，要求更高，涉及经济、社会、生态、文化等各个方面，要求经济产业、生态宜居、美丽乡村、乡村治理等各个领域高质量发展，还包括精神文化层面的高要求。以往脱贫攻坚中，政府采取强势介入和强势动员的手段，虽然取得了一定的成效，但是面临着不可持续的困境。要落实乡村振兴战略，关键是要按照市场规律办事，让人力、资本、技术等资源要素自由流向农村。为此，要创新经济治理模式，处理好政府与市场关系，政府重在提供公共产品、引领乡村治理、完善税收政策。

万广华作了题为"基于人民幸福感的共同富裕指标体系构建及测度"的主题演讲。从人民幸福感出发，构建科学合理的指标体系对于测度和促进各地区高质量发展建设共同富裕意义重大。学界亟待探讨共同富裕的终极目标。根据古代贤者思想以及中央重要文件、会议精神，我们可以把共同富裕终极目标归结为为中国人民谋幸福。基于共同富裕和人民幸福感之间的关系，提炼"共同""富裕"和"可持续"三大成分，物质生活、精神生活、社会环境、生态环境和公共服务等五大维度。根据熵值法，构建共同富裕指标体系，以全国省市区为样本进行测度，形成共同富裕指数。研究发现，不同省份在不同维度的排名差异较大。物质维度领先的，精神生活、社会环境、生态环境维度排名相对偏后。物质维度排名靠后的，生态环境维度排名较好。各省在三大成分方面排名也是不一致，"富裕"往往和发展水平相匹配，但"共同"差别较大。南方省份可持续性方面胜于北方。

李小云作了题为"提高农民富裕程度的空间"的主题演讲。共同富裕应包括收入、储蓄、消费、预期寿命等方面内容，然而，我国这些方面的城乡差距较大。要解决这一问题，关键在于提高农民收入。第一次分配对提高农村收入和福利水平，推进共同富裕有着巨大的潜力。所以，我们应从第一次收入分配中寻求农民增收的路径。具体来说，一是要以工业化、城镇化为推力，实现经济增长的可持续性和包容性；二是要注重拓展乡村产业空间，完善农村基础设施体系，优化乡村产业结构，拓宽农民富裕路径；三是提高农业规模，推动农业产业现代化和规模化；四是以人民为中心，建立以农民为受益主体的分配机制；五是系统布局人口、经济、产业各个方面，以居住人口多、发展潜力大的乡村为主体，创新"村镇型"新模式，让村庄、乡镇、县域、中等城市直到大城市融为一体，全面建设健全基本公共服务和社会服务体系。

张建华围绕"乡村振兴百村千户的调查与思考"作了主题演讲。课题组按照随机抽样原则和分层抽样原则，在湖北、湖南、河南、江苏和四川五省选取了140多个村，1 400多农户，开展百村千户社会调查。调研旨在搜集三农发展基本数据，研究如何巩固脱贫攻坚的成果，以及样本农户的收入分配消费等状况。同时，还重点研究了农村人力资本开发、农村农民就业创业、高质量发展、美丽乡村建设和数字乡村发展等问题。调研发现，农户收入多样化，外出务工收入扮演着重要角色；农民支出状况发生较大调整，教育支出占比越来越高，但是教育资源均等化仍有待提升，尤其外出务工人员子女教育问题较为突出；农户经营以小规模为主，规模化程度仍然偏低，而针对小规模经营者补贴行为又阻碍了农业规模化发展；农村农民创业过程中，企业家，特别农村本土企业家资源稀缺；农村基本建成了基础设施和公共服务体系，脱贫攻坚成效显著。当前，我们应由表及里地思考一系列问题，包括"双线"保底、乡村产业兴旺、公共服务供给、乡村治理创新、乡村人力资源开发等问题。

程名望作了"兼顾效率与公平的乡村振兴：事实、逻辑与框架"的主题演讲。全面推进乡村振兴战略重点要处理好效率和公平之间的关系。根据人类社会发展经验和中国改革开放历史研究，中国近40年来经济社会迅速发展得益于科学化、市场化、全球化和工业化，得益于大量资源流入更高级的产业平台，乡村也不例外。乡村振兴离不开财富基础，要处理好乡村振兴与城镇化的关系，农村应以资本取代劳动，解放束缚在土地上的农村劳动力，由此提高农业农村的人均产值，同时让更多的农村劳动力流入工业化、信息化平台，创造更多社会财富，提高生活水平。此外，在劳动力转移过程中，让更多的农民接受城镇化的洗礼，让城市文明、工商业资本流入农村，从而推进乡村振兴。在这个过程中要处理好如下关系：城与乡之间关系，效率与公平之间关系，政府与市场之间关系，以及社会各方力量之间关系，生产、生态和生活之间的关系。

刘明兴和魏易作了"义务教育财政投入与乡村振兴"的主题演讲。对1万余名小学生家庭教育支出的追踪调查发现，在低收入群体中，城乡差异不是特别大，但随着家庭收入水平的增加，城乡差异逐渐拉大。农村地区教育支出差异较小，但不同家庭负担率差异较大；城镇地区教育支出水平差异较大，但不同家庭间负担率较为接近。在巩固教育资源基本均衡的基础上，我国正在全面推进义务教育均衡向更高水平迈进。当前，基础教育财政缺口主要在城市，而非农村。未来财政投入重点也在城市而非农村。但是，我们应该超越财政预算视野，从历史的角度来研究乡村振兴和教育投入之间的关系。根据历史经验，我们也可以将学习视作知识在社会层面的传播，以及沿着产业链和技术扩散而得以传播，这类社会学习的速度和效率往往显著高于学校教育。所以，要处理好社会学习和学校学习之间的关系，优化社会教育资源配置，提高社会学习绩效，由此来推进城市教育进一步反哺农村教育。

赵银锋围绕"乡村振兴路上的花田实践"作了主题演讲。结合"花田美地"项目经验，演讲者提出五个观点。一是乡村振兴需要空间但更需要时间。我国乡村亟待投建和升级各类硬件设施，但这是一项系统而又复杂的工程。"花田"项目投建经验告诉我们，必须经由时间检验才能得到村干部及广大村民支持和理解，也只有这样，才能让项目真正落地。二是乡村振兴需要硬件但更需要软件，乡村振兴绝非仅限于投建硬件设施，还需要村民思想文化、文明意识等软件支撑。而且，只有文化等软件跟上了，乡村才能更宜居，发展才能可持续。三是乡村振兴需要资金但更需要智慧，需要城市建设、环境、农业等领域的专业人才扎根乡村，服务乡村，还需要农村劳动力，特别是新型农业工人参与到乡村振兴中来。四是乡村振兴需要有觉悟、有思想的年轻人。"花田"项目初始于我们的理想和情怀，近年来，较大数量年轻人的到来促成"花田"项目达到国际标准，提升项目品位程度。五是乡村振兴要有政策保障，但需要更加精准的政策保障。国家实行乡村振兴战略后，不同条线都会形成各类政策保障，但是，我们需要更加精准的政策保障。当前，各类政策能否精准匹配并适应乡村振兴要求？还有待做进一步研究。

高琳围绕"加快建立乡村基础设施管护投入保障机制"作了主题演讲。根据国内外研究和实践，大家普遍将目光聚集于基础设施的建设阶段，而对建成后的运营与管理则关注不足。我们需要深入研究乡村公共基础设施管护机制。公共基础设施维护意义重大，关乎公共服务质量品质、经济运行效率、社会运行风险，以及财政风险等重要内容。然而，公共基础设施维护阶段存在不可见性，但维护却又要求贯穿于公共基础设施的全生命周期。基于这样的特征，可以得出，纯公共品的建造和管护与财政责任不可分离；准公共品具有排他性，排他性使其能够通过收费等机制来弥补成本损耗，因此准公共品在建造和管护两个阶段的维护主体或财政责任是可以分离的。根据这一框架，我们需要建设完善乡村设施的管护投入保障机制，核心在于实现建造和管护的一体化决策。一体化决策在财政中的体现是，要考虑项目的全部生命周期的完全成本，并在预算制度上予以实现。无疑，部门预算的编制和落地离不开法制化渠道，但是现有法律法规尚未体现这一要求，所以说，我们需要在法治层面确认公共设施的建设和维护的预算一体化，这是乡村公共基础设施得到合理管护的重要基础。

乡村振兴的实现路径思考[①]

伏润民

　　我今天要讲的题目是"乡村振兴的实现路径"。为什么选择这个题目？因为在前阶段的扶贫攻坚工作中，我们的参与度比较深。在扶贫攻坚的时候，我是以专家的身份到云南省永平县开展扶贫工作，那个地方扶贫条件相对比较好，无论是土地情况、自然资源情况，还是人员素质都还比较好。在那个地方，我从事产业工作，尽管是产业扶贫，但是通过各种渠道的间接投入、直接投入经费达到了4 000万元左右，可以说，打造出了一个现在的农村企业，这是第一个阶段。第二个阶段是我回到云南财经大学以后，扶贫点变成了马关县，马关县属于文山州，属于少数民族地区，自然条件比较恶

　　① 报告人简介：伏润民，教授、博士生导师，国家"万人计划"哲学社会科学领军人才、中宣部文化名家暨"四个一批"人才、国家"百千万人才工程"入选者并被授予"国家有突出贡献中青年专家"，并获得"全国优秀社会科学普及专家""云南省教育功勋奖""云南省高等学校教学名师"等荣誉，国务院政府特殊津贴获得者。现任云南财经大学党委副书记、校长，兼任全国高等学校设置评议委员会委员、中国财政学会理事、云南省财政学会副会长。他长期从事财政学研究与教学，在财政转移支付理论与制度实践、政府债务风险管理等领域取得突出创新成果，在《经济研究》《经济学（季刊）》《世界经济》等国内外学术期刊发表论文40余篇，出版专著或教材4部。主持教育部哲学社会科学研究重大课题攻关项目1项，国家自然科学基金4项（其中重点项目1项）及国务院、财政部等决策咨询课题30余项。研究成果获教育部高等学校科学研究优秀成果二等奖、云南省哲学社会科学优秀成果一等奖、云南省科学技术奖三等奖等省部级以上学术奖励17次。担任教育部哲学社会科学研究重大课题攻关项目、国家社科基金、国家自然科学基金项目评审鉴定专家，并为《经济研究》《管理世界》等权威期刊提供审稿服务。

劣，经济发展水平极其低下，人员素质也相对比较低。在扶贫过程当中，我感受到了中国农村发展的艰难。

结合今天论坛的主旨：乡村振兴与共同富裕。我觉得乡村振兴是一个非常重要的内容，没有乡村振兴就不可能巩固脱贫攻坚的成果，没有乡村振兴的发展也不可能实现真正的共同富裕。当然，对共同富裕的理解，不同的专家有不同的思路和不同的观点，那是另外一个层面的问题。也就是说，乡村振兴战略它是连接两个阶段的非常重要内涵，这是我对乡村振兴的一个理解。

关于乡村振兴的内涵，无论是《乡村振兴战略规划（2018—2022年）》还是《国务院关于促进乡村产业振兴的指导意见》，两者表述都与脱贫攻坚内涵有明显差异。脱贫攻坚实质上最后要做到的只是确保"两不愁三保障"，"两不愁三保障"完成的情况下，脱贫攻坚的目标基本实现了。但是，乡村振兴的内容与脱贫攻坚完全不一样。乡村振兴计划内容的第一个特点就是它的全面性，涉及经济、社会、生态、文化等一系列内容。内容上非常全面，超越了脱贫攻坚的"两不愁三保障"。第二个特点是质量要求更高，这个质量高意味着对经济产业发展水平的高要求，对生态宜居的美丽乡村环境的高要求，还有文化和精神层面建设的高要求。这样的话，就产生了第三个特点，我们所要实现的乡村振兴战略就是要实现中国农村现代化。比较典型的是日本和美国，他们的现代农村和现代城镇之间基本是融为一体，你很难发现城乡之间有一个完整彻底的分割。无论怎么说，将来中国的新型农村一定是一个美丽的农村，不会低于西方目前状态的乡村发展状态，我想这才是我们的最终目标。

结合脱贫攻坚和乡村振兴，我谈几点体会。我要讲一个问题是脱贫攻坚取得成果后的问题。我所了解到的乡村振兴具体内容实在是太多了，在广大的农村，至少在云南省的广大农村，人们完全还不知道乡村振兴战略应该怎么做。截至目前，我跑了60多个乡村，同时对1 000多户当年的建档立卡户的脱贫情况进行了解，得出几个结论。结论是针对乡村振兴真实内涵和要求，目前几乎还没有真正启动。到目前为止，云南省仅启动了人居环境改善，修厕所，把环境打造更美一点，仅仅是这些，但是，这与国家的乡村振兴战略高要求还存在巨大差距。当我们问到"为什么不按照国家要求来实施"时，当地政府回答是上面还没有详细的规划，不知道干什么；上面也没有像脱贫攻坚的时候一样配备资金，政策还没有到位，我们没办法开展工作。我和当地几位领导也曾有过交流，我们了解到，目前只是修建一些道路，怎么把路修建更好一点，环境怎么搞更好一点，多种一些树，把墙刷白些。这就是他们正在做的工作。这跟国家乡村振兴要求相差还是太远了。

总结下来，我觉得这里面可能存在两个方面的问题。第一个方面，政府强势介入和强势动员的脱贫攻坚解决"两不愁三保障"的方法，已经深入乡村干部群众当中，所以，在乡村振兴过程中，他们依然希望探索这样的模式，依然想等待这样的模式，但是，这种模式是不可持续的。在脱贫攻坚时期，政府强势投入，下大力气，以大决心来解决资金来源和保障措施等问题，最终解决了"两不愁三保障"。但是，在脱贫攻坚胜利之后，很多政策已经消失了。第二个方面，政府动员社会力量使我们通过脱贫攻坚解决了"两不愁三保障"问题，尤其在个人收入方面，农村收入方面所得到的一些优惠条件是否还可持续？这也是值得我们思考的问题。此外，目前农村扶持起来的产业，其中的一些状况是非常脆弱的。

脱贫攻坚时期，政府强势介入是如何解决"两不愁三保障"问题呢？一是政府的直接投入，政府在哪些方面的直接投入最大？异地搬迁。但是，异地搬迁后，新搬迁的地方并没有形成很好的产业技术和经济发展条件。虽然解决了老百姓的居住问题，但没有真正形成有助于经济或者产业可持续发展的条件，这是一个非常大的问题。我们调查了一个地方，该地方在全国都受到表彰。访谈该县主要领导，提到脱贫攻坚取得胜利了，当年脱贫攻坚的时候，让老百姓把撂荒的土地种植起来，每种植一亩就可以得到一些补助，增加了农民的收入来源。但是，现在脱贫攻坚已完成，专项转移支付也结束了，种地补贴就没了，农民不种地了，地就撂荒了，农村收入也就减少了。可以看到，这就是关于产业投入方面的问题，不投入就面临返贫的问题。

二是政府动员社会资源投入，这也面临着很大的问题。第一个是国营企业除了以常年预算直接经费投入外，更多采用的办法是产品让利，最突出的是电力、电信等，他们针对"两不愁三保障"建档立卡户采取让利行为。那么，这种让利行为，最后结果如何呢？到今天为止，他们依然在实施，但这也让他们产生一个疑问，我们是不是要永远这样做下去？这是国营企业方面。此外，我还调研了几百户私营企业。他们认为，在脱贫攻坚背景下，要求他们这样做，或是期望他们这样做，他们也确实真金白银地支持了农村脱贫攻坚，甚至把很多自己的资金投入其中，但是，他们认为，这只是一个脱贫攻坚阶段，他们在做事情未来是否还要继续，并没有作出承诺，或者说，政府也没有强制要求他们这样做。第二个是事业单位参与扶贫，很多高校都到云南来进行扶贫，我所在的学校也参与了扶贫，我们学校每年要预算资金 100 多万元。从脱贫攻坚开始到现在，有学校依然全额支付这个费用。于是，产生了一个名词——做公益性项目。这个公益性项目是干什么呢？主要是针对那些没有脱贫，没有其他经济来源，或者说没有办法做产业的这一部分人，他们要在规定的时间内完成脱贫目标。一是我们的预算给出了最低保障工资，达到脱贫要求。他们也就打扫卫生，维持治安。所以说，脱贫攻坚强势介入，确实在一些产业领域，尤其是农村产业发展，农村居住环境，以及农村经济社会发展上起到了很好的作用，但是，这种脱贫攻坚的成果是非常脆弱的。我们基本掌握了完全实行产业化的 1 000 户企业。根据我们自己的评价，脱贫攻坚过程中70% 的产业是很脆弱的。例如，完全依靠脱贫攻坚帮扶销售贫困地区产品，主要是通过各单位领导的社会影响力，把产品推销出去，这就不是完全依靠市场成长起来。所以说，在乡村振兴战略阶段，按现在当地政府的期待，还是走脱贫攻坚时那种政府强力介入和动员的方式，这样的话，要实现全面的高质量现代化的中国农村，城乡一体的现代化中国农村建设是非常难的。而且，如果不可能实现，那么，前期形成的脱贫攻坚成果也将消失，这样就会演变成脱贫攻坚战的周期性变化。5 年以后，我们可能要再来一次，10 年后还得再来一次。

回到今天论坛主题：乡村振兴与共同富裕，共同富裕是什么样的富裕？不同的专家有不同的理解，这不是一个简单的计算。我认为，它首先应该保住底线，在生活水平、质量水平和富裕水平等方面保住底线。这是我准备讲一讲乡村振兴战略要的一个最关键，一个最终目标，即按照市场规律，要素自动流向农村。这个要素包括人的要素，资本的要素，技术的要素等。只有让各种资源按市场规律自由流向农村，才能解决中国农村的根本性问题。如果继续采用政府强势介入与动员，最终都将陷入疲惫，实现不了乡村振兴目标。由此，有几个方面问题值得我们进一步思考。

第一个问题，农村经济发展是完全靠政府现在的组织模式还是应该探索出另外一种新的经济治理模式。现在的农村，基本上所有的事，无论治理方面，还是经济发展，全部都是依靠地方政府。从市场经济角度来看，单纯政府主导的农村经济建设是有欠缺的，尤其，我们要用市场的方式把要素引向农村。

第二个问题，要合理地区分政府作用和市场作用。在乡村经济发展过程中，政府的作用是什么？政府提供公共产品，这个公共产品和我们平时所说的一般意义的公共产品还不一样，这是纯公共产品，关系到农村发展所需的水、电、交通等公共产品，这些公共产品应该由政府来提供完成，政府直接投入，或政府引导投入，或政府租借性投入来完成。有的可能是永远免费的，有的可能将来是要付费的。如果这个问题不解决，农村基础设施无法得到很好地改善，要素向农村地区自主流动就缺乏可能性。所以说，政府的第一个作用是，根据乡村发展所需要把纯公共产品和准公共产品区分开，纯公共产品和准公共产品的差异就是有些需要付费产品是可以通过融资来解决。我们应该根据各地实际来供给这些最需要的基础设施和公共产品。所以，我觉得这是政府需要做的第一个大的方面。

政府第二大作用和所要做的就是乡村治理。只有政府参与，乡村才能形成统一的标准，乡村才能够按照一定的规范去实施，而不是完全按照自己的意愿去做。因为，在中国，人们一旦有了自主行动的意识后，会激发充分的想象力，这是我们的优势，但也会产生与乡村振兴要求差距过大等问题。所以，政府的第二作用是解决乡村发展过程中经济社会，尤其乡村产业发展过程中的基础设施、公共产品和准公共产品问题。

最后，回到我今天的演讲主题上，乡村振兴需要靠市场力量。没有市场的力量，就不可能使要素在农村之间自主流动。那么，现在的农村是什么样的状态呢？农村劳动力不足，高素质劳动力资源更是不足。当然，资金不足，技术不足就更不用谈了。脱贫攻坚采用的是强制性办法，最后打赢脱贫攻坚战。但是，要解决乡村振兴中的问题，高质量地达到乡村振兴要求，必要让市场发挥作用，让资源流向农村。那么，我们要思考资源为什么要流向农村？农村有什么？有的是土地，广袤的土地和自然的环境。但是，到今天为止，国家在宅基地、可转让土地，以及不同类型的农田和耕地方面尚未进行系统的梳理，哪些土地是可以拓展性、创新性流转的？这在政策方面没出台一个制度和要求。所以，土地要素问题不解决，没有办法吸引其他的要素流入和投入。

此外，有投资意愿的人，因为土地问题没解决，就无法实现投资农村。现在，我们都在说要走出中等收入陷阱，高收入群体越来越多，但是高收入群体的边际消费递减的，而且没有很好的投资渠道。投向农村，由城市人转化为农村人，由城市员工转变为农村的农场主。在农村，有能力的农民可以成为农场主之一，而那么能力不够的人则可以成为农场工人，但是，在这个过程当中，我们还没有设计出一套相对完整的土地转让和要素自由流动的制度体系。

也就是说，到农村去，身份、所使用土地和生产资源的条件是否具备，法律上还没有做出保障，所以大家不敢投，有钱不敢投，无论是经济效益为目的还是休闲效益为目的，任何一项政策不完善都会阻碍要素流向农村。

另外，中国的农产品税、农业特产税两次改革赋予了农村很大福利，这也是我们制度优越性的体现。但是，现在农村发展遇到困难，劳动力不足、土地大量撂荒，生产要素要到农村去，新进去的要素将会形成新的产业，尤其是针对农村自然资源形成的自然产品，如何深加工并推向市场，这个过程中的制度设计能否延伸农特税和农产税的福利，进一步完善产业税收和投入支持政策，目前还没有形成共识。所以说，要落实乡村振兴战略，必须要在制度层面、政府层面和市场要素流动吸引力层面形成深层次的、顶层的法律保障体系，且不受制于简单的行政问责，化解大家的戒备心理、观望性难题。只有这样，乡村振兴才能够真正实现乡村政府振兴。

只有充分利用乡村土地要素，进而激活乡村的各类资源要素，才能把老百姓的收益和乡村振兴有效结合起来，乡村振兴就可以实现其目标。所以，今天我所讲的这个题目就是乡村振兴实现路径的一些思考，我认为必须要转变，从原来脱贫攻坚时期的政府强势介入、动员转变为政府有效有限介入，政府功能主要限定在我们刚才说的农村发展基本公共品和基础设施投入方面，以创新乡村治理为基础，通过市场要素的自主流动来实现乡村振兴的目标。

我今天就讲到这儿，谢谢大家！

基于人民幸福感的共同富裕
指标体系构建及测度①

万广华

各位专家、各位朋友，大家好！非常感谢浙江财经大学的邀请。刚刚听了伏润民老师的报告，收获很大。根据伏润民老师的报告，我想到了两个我正在考虑的研究，也是我一直在到处询问与学习的内容。一是扶贫攻坚的效果究竟如何，这方面的研究成果还比较少；二是怎样去开展乡村振兴问题。伏润民老师讲了一些很具体的挑战与现象，我很希望伏润民老师的书面报告能被纳入中央的视野。过去的十五六年以来，我们一直认为"三农"问题必须要在城市得到解决。目前，已经有数亿的农民工进入城市，第一产业占比也已低于 7%，如何继续推进中国经济发展是需要认真思考的一个问题。当然，我今天的演讲主题不是乡村振兴，具体内容，就不作

① 报告人简介：万广华，复旦大学特聘教授、博士生导师，现任教育部人文社科研究重点基地复旦大学世界经济研究所所长。曾在悉尼大学等海外高校、联合国等国际组织、亚洲开发银行等多边开发机构和智库工作多年。他主要从事经济增长与收入分配、城市化和农村发展、数字金融研究，在《中国社会科学》《经济研究》及 SSCI、SCI 杂志发表论文近 100 篇，出版中英文专著 10 余部。主持出版的智库报告《绿色城市化》和《亚洲减贫 "奇迹"》在政策界引起很大反响。主持联合国 "中国、印度、南非、巴西与世界经济发展" 项目、亚洲开发银行 "千年发展目标监测评估" 项目、国家自然科学基金重点项目等多个重大项目。研究成果获教育部高等学校科学研究优秀成果二等奖、上海市哲学社会科学优秀成果一等奖、张培刚发展经济学优秀成果奖等省部级以上学术奖励，并担任《经济研究》等 20 多个国内外重要经济学期刊的编委或客座主编。根据 RePEC 对全球经济学家的最新排名，万广华教授是全球排名前 8%、亚洲前 4% 的经济学家。

展开了，但是，我也想借此机会向大家做个宣传，最近发表了一篇关于共同富裕的城镇化效应研究论文，主题就是关于如何通过城市发展来解决农村贫困问题。然后，还有一篇即将发表的论文，主题是关于中国户籍制度改革对消费的影响，感兴趣的朋友可以关注。中国乡村振兴与民族振兴是紧密相关的。

今天，我要讲的是一个带有技术性但又比较重要的问题：如何构建共同富裕的指标。这是我与一位合作者共同完成的。一共分五个部分，第一是引言，第二是指标体系，第三是应用指标体系以及根据中国数据测算得出的结果，第四是讨论我们所构建的指标体系跟主观幸福感的关联，第五是研究结论。

引言中包含三个主要的观点，具体来说，共同富裕包括三个方面。第一方面它与我们国家目前存在的主要社会矛盾紧密相连，我们主要社会矛盾第一方面是不平衡，不平衡与"共同"紧密相关。第二方面是不充分，不充分则与"富裕"相关。"富裕"有两层意义：第一层意义是绝对方面的意义，我国虽然刚刚跨过中等收入陷阱，但是人均收入还是偏低的，在绝对意义上，特别相对于发达国家，我们的距离还是挺远的，共同富裕是与中国目前面临的主要社会矛盾紧密相关的；第二层意义是共同富裕与双循环紧密相关。我们知道，共同富裕是 2021 年 5 月 20 日提出来的，双循环也是那个时候提出来的。如果不推进共同富裕的话，双循环无法实现，因为双循环最重要战略基点之一就是要提升国内的需求，也就是要提升消费率，而要提升消费率，不改善收入分配几乎是没有多大可能性的。第三方面是共同富裕跟百年未有之大变局也是紧密相关的。从长期来看，本质上就是增长率的问题。中国要真正成为世界强国，需要在将来若干年保持 5% 的增长率，而要保持 5% 的增长率就需要推进双循环，而要推进双循环就必须要推进共同富裕。这就是我的观点，没有时间去详细解读，但是感兴趣的朋友们可以去看看我们在《国际经济评论》上发表的以及后续将要发表的文章。

首先，共同富裕不只是一个理念的问题，更是一个现实的、迫切需要解决的大问题。在这样的背景下，我们需要构建指标，为何要构建指标呢？大家也可以提出很多原理，但是从我的角度来看，首先，因为我们国家的经济增长在下行，从 2008 年以后几乎是一直在下行，除了 2009 年的"4 万亿"把增长率稍微往上推了一下之外，一直处于线性下行状态，下行趋势能不能停止或者平缓下来，目前还是有很大的争议。今年能不能保五，在前面讲的百年未有之大变局下，在未来长期能不能保五，其实是我最近一直在思考的。所以，现在增长已经从两位数以上掉到了 9%、8%、7% 和 6%，现在已经到了考虑能不能保五的问题，这是一方面。

其次，不均衡是一个慢变量，要改变收入分配是一个很困难的事情。全球所有国家长期以来都面临怎样解决收入分配的问题。它是比较困难的，这是一个面广而变化慢的过程，所以，我们增长在下行，改变不均衡是一个漫长的过程，这决定了共同富裕是一个长期的任务。这样来说，中国要分阶段、分步骤推进共同富裕，这个时候，我们就要从几个方面来考虑，构建共同富裕的指标。一是监测、比较共同富裕的进程，比较不同时段、不同省市共同富裕的推进程度；二是政策评估，刚刚伏润民老师提到政府和市场关系等问题。那么，政府出台的政策效果究竟怎么样，不管是事前还是事后评估都需要用到共同富裕指标；三是问题和学术界关联更加紧密，哪些因素决定了共同富裕，共同富裕又会带来哪些影响，这又需要一套指标。不管从研究角度、政策角度，或是从宏观的大角度包括百年未有之大变局背景，我们都需要构建一套具有科学性、一致性和可行性的指标体系。

现有的研究写了很多，包括今天的会议也是聚焦共同富裕的，但是很多研究都是描述性的、定性的，相对来说，定量研究比较少。一方面，这是因为共同富裕指标体系的构建比较滞后，已有文献讨论了定义、内涵、路径、目标，但真正去构建并用来测算的研究成果还是比较少的。目前多数文献还是局限于就"共同富裕"来讨论"共同富裕"，我们还没很好地思考为什么推进共同富裕的研究，即共同富裕的终极目标是什么。举个例子，我比较熟悉的收入分配问题，大家可能会认为研究收入分配，就是把不同个体或者不同地区的收入或 GDP 差异算出来，但是，事实上，问题并不是那么简单，我们所要构建的指标体系远远要比这样的思考复杂。关于收入分配，大家都知道有基尼系数，还有泰尔系数等很多指标，但是每一个不均衡指标背后都是有一个社会福利函数，它不仅仅是看两两之间的差别，这提醒我们构建不均衡指标的时候，学者们要考虑的是社会福利最大化问题，怎样来均衡效率和公平关系问题，以及增长与分配问题。在构建共同富裕指标的时候，我们不能只就共同富裕来构建共同富裕的指标，而要考虑一个终极目标，就是我们为什么要推进共同富裕，不同的目标自然而然地对应的指标体系也不同。就像我们的收入分配指标一样，不同的社会福利函数会导致不同的不均衡指标。如果我们有不同的共同富裕终极指标，就会导致不同的共同富裕指数。另一方面，不同的目标就会带来不同的研究发现，也会保持不同的政策和政策的结果，根据新中国70年来的发展经验，已经表明了设定目标的重要性，改革开放前公平做得比较好，改革开放后前一段时间效率做得比较好，但是效率的提升又带来了很多问题，包括我们国家收入分配差距扩大问题，所以，不同的目标带来不同的发展方向和政策举措，包括最近两年来，我们出台的一些政策，追求公平能不能忽略效率，抑或兼顾效率，这些都会带来不同的结果，所以，在构建共同富裕指标时，目标函数是非常重要的。

我们把终极目标定义在幸福感上，为什么要这样做？第一个原因是哲学家亚里士多德说过，幸福是人生真正的意义所在，人类存在的根本目标是追求幸福。第二个原因是针对推进共同富裕，中央出台了一个意见文件，这个文件明确提到推进共同富裕的终极目标是为人民谋幸福。习近平总书记等国家领导人也在很多场合一再强调要把全体人民的共同富裕作为为人民谋幸福的着力点。第三个原因是从中国共产党的百年奋斗史来看，我们也能看到，不管是解决"共同"问题还是"富裕"问题，最后都要归结为中国人民谋幸福。在这样的背景下，基于文献梳理，我们做了几件事情，在我们撰写的文章中构建了一个指标体系，这个指标体系是以人民幸福感为目标函数的，这边要提醒大家注意的是目前还没有做到非常严谨，没能推导出一个理论模型，但是在模型构建过程中，我们充分注意到每个指标与幸福之间的关系，从五个维度、三个成分来考察指标体系，后面会详细来讲。

指标体系构建后，第二部分就是估算各个省（区、市）的共同富裕指数，有些省（区、市）的数据不够充分而被去除了。最后，我们还要验证一下共同富裕指数的目标是为了增进幸福感，那么，指数和幸福感有关系吗？所以，我们要验证一下，现在构建的指标体系究竟是不是跟追求幸福的目标函数相一致。其实，指标体系用一个图就可以展示出来，最终终极目标是为人民谋幸福，有五大维度、三大成分，每个维度都有具体的二级指标，当然也可以做三级指标。第一方面是共同富裕，第二方面是五大维度，第三方面就是具体指标了。

构建了这样的指标，另外一个比较重要的问题就是加总，我们没有用主成分分析法，因为主成分分析法是要失去一些信息，这是它的局限性，我们用熵值法代替，熵值法现在用得越来越多。我们选取了富裕方面的指标，富裕是反应增长状态，这与效率相关。自从推出共同富裕后，我们一直在强调增长的重要性，增长是共同富裕或幸福的基础，没有增长就没有"蛋糕"，没有"蛋糕"就分不了"蛋糕"。关于增长指标，我们也提出了几个方面。一是"吃穿住行"，用基本的收入、消费和住房来表示。二是精神生活，这方面的测量是比较困难，我们挑了居民参加文化活动的频率、疾病发生率，因为身体不好的话，精神状态也不好，也不会开心幸福。三是生态测量，相对来说比较好办，主要是污染问题，污水问题和垃圾处理。四是社会环境，主要包括两个方面：第一方面为社会治安，安全是最重要的；第二方面为社会公平感，这是国际上通用的，主要是社会环境与社会公平，我们也有这方面的数据。五是公共服务，相对来说比较成熟，教育、医疗、社会保障，我们都可以选择相关指标来做。

一般来说，大家对富裕指标都比较熟悉，那么"共同"的指标该怎么选。共同指标与公平相关，反映收入分配与发展成果分享的问题。在选择"共同"指标时候，我们要从两个角度去考虑，一是国家的主要社会矛盾——不平衡，这和"共同"相关，我们在阐述主要社会矛盾的时候，一再强调不平衡体现为城乡和区域差距。《中共中央 国务院关于支持浙江高质量发展建设共同富裕示范区的意见》强调"共同"问题主要表现为收入差距、城乡差距和区域差异。二是在个体层面考虑不同的差距，包括住房、文化活动、社会公平感等，城乡差距主要用城乡比，包括不同维度，如社会、消费、教育等方面。地区差距反映不同省、不同地区之间的基尼系数，这也是通过不同指标来反映。

我们不能只是看到"富裕"和"共同"。这些指标都没有考虑到，至少没有充分考虑发展可持续性问题。如果发展不能持续的话，从中长期来看，这可能有损于我们的幸福感。其实，我们在这方面已有教训，我们国家发展很快，经历了史无前例的快速增长，但是我们在环境、收入分配等方面带来的问题都会影响到我们的幸福感。过去，我们没有充分考虑可持续性，而今，在推进共同富裕的漫长过程中，我们必须要考虑可持续性问题。我们可以从不同的角度来看待可持续性，主要包括两个方面：一是环境，我们追求富裕不能牺牲环境；二是追求共同，不能出现财政上的困难。在我们的论文里，我们充分考虑了环境和财政的可持续性。一个指标是用单位 GDP 碳排放量来反映，另一个指标是以财政收支增长率的差额来反映财政的可持续性。

通过熵值法，我们把三级指标加到二级指标，这样一步步加上来，从而得到不同省（区、市）不同年份的排名，再把所有年份进行平均。首先看到的是四个直辖市，北京排在第一，得分达到

0.48，主要是公共服务维度表现比其他的三个直辖市要好很多。上海排在第二，大家都知道上海的经济发展水平是比较高的，而且上海的共享性做得也不错，包括在可持续性方面，这都是和增长相关的。天津排在第三，但是，很有意思的是天津在精神生活维度即文化和精神维度表现比前两者都要好。重庆相对要落后一点，但重庆的优势是在生态环境和社会环境维度。除了直辖市，我们再讨论一下各省、自治区的排名。首先是浙江，这是我们今天会议所在地，而且浙江是高质量发展建设共同富裕的示范区，根据我们的研究，浙江在全国得分是比较高的，得分甚至高于重庆和天津，主要是在公共服务、物质生活和生态环境上得分较高。后面就是福建、辽宁和江苏，都是经济发展比较好的地区。比较意外的是广东，得分排到了第七位，可能与预期有所差距。但是，广东排在第七位是有原因的，熟悉广东和其他中国各省（区、市）差距的学者都知道，广东内部城乡和地区差距较大，在"共同"维度失分较多，所以广东排到了第七，但还是比较靠前的。如果再往下看，排到中上的是北方的内蒙古、吉林、黑龙江和山东这些工业、产业发展基础较好的北方省份。排在中下的省，他们有一个特征，就是都强调强省会战略，如湖北、四川、广西、湖南、河南。靠后的就是甘肃和宁夏，一直以来都发展比较落后。在文章里，我们还做了分维度排名，并分析了随着时间推进而发生变化的原因，不管是省、市还是自治区排名都会有变化。我们还可以看到不同成分的排名，包括发展性即富裕方面，共同方面也就是共享性，还有可持续性方面排名及其变化，因为时间原因，我不再展开讨论了。

最后来讲共同富裕与主观幸福感关系。我们也构建了指标，那么它究竟能不能跟主观幸福感紧密相关，我们根据"推进共同富裕能不能增强中国人民的幸福指数"，做了一个很简单的模型，用幸福指数来构建共同富裕指标并进行模型估算。模型估算使用的是中国综合社会调查（CGSS）数据，我们做了一系列的估算，OLS基准模型、异方差工具变量处理内生性，有序probit模型来做稳健性，当然要考虑省（区、市）和年份的双向固定效应。那么，结果是什么呢？首先是总体指数与幸福感，论文中展示的 R^2 比较高，所以说，我们的模型还是比较可靠的。另外，probit模型和刚才提及的基准模型都表示，共同富裕是能够带来幸福感的，而且都是显著的。但是，很有意思的是，共同富裕能够降低非常不幸福的概率，降低比较不幸福的概率，也能够降低"说不上幸福不幸福"的概率，但能增加比较幸福的概率，大幅度增加非常幸福的概率。从这个角度来看指标还是比较可靠的。结果意味着中国从五个维度出发，同时兼顾发展性、共享性和可持续性是能够提高人民的幸福感的。

除了总的指数，这三大成分与幸福感关系怎么样，我们也做了一个模型估算。真正对幸福感形成影响的是"共同"和"富裕"这两个成分，可持续性的成分虽然有影响，但是不显著的。为什么不显著？我们认为，多数人在短期内可能感受不到单位GDP碳排放和财政压力，相当一部分人可能感受不到，但是从政府、社会角度来看，可持续性是比较重要的。尽管在个体立场来看，它在统计上不是特别显著。

我们做一个简单的小结。从整体排名来看，各个省（区、市）的共同富裕是与经济发展水平是高度相关的，广东是一个例外。不同省（区、市）在不同维度的排名差异是比较大的。物质维度领先的，在精神生活、社会环境、生态环境维度排名往往就比较偏后。物质维度排名较差的，在生态环境维度排名往往就比较好。各省（区、市）在三大成分上的排名也是不一致的，"富裕"肯定是和发展水平匹配的，但"共同"差别比较大，如江苏和广东在"共同"方面失分较多，浙江在两个方面相对较好。在可持续性方面，南方胜于北方，这可能是和财力密切相关。大家需要关注一个问题，我们国家该如何兼顾不同的成分？最后，还想介绍一下我们花了较长时间所做的一项研究。根据我们构建的共同富裕指标，如果这个指标是合情合理的，就可以推断，中国大致在什么时候能够实现共同富裕，需要什么样的条件。根据共富裕指数，以中等发达国家的GDP水平和北欧"共同"程度为参照，如果把共同富裕当成1即100%的话。2010年我们达到了15%，2015年达到了21.6%，如果用2010～2015年的速度来看，共同富裕的增长率是7.4%，如果将来仍以7.4%速度推进，需要22年达到世界共同富裕水平，也就是到2037年。但是，可以思考一下，我们还能不能以2010～2015年的发展状态把包括共同和富裕两个方面的中国社会经济发展往前推。此外，中央提出是要在2050年实现共同富裕，我们需要总体增长6.5%，这样可以推算出来，共同富裕指数每年增长不会超过0.75%，这就要求我们未来若干年GDP每年增长不少于5.75%。最后，我留给大家一个问题，5.75%是我们努力的目标，关乎到国家解决主要社会矛盾，关乎到双循环，关乎到中华民族伟大复兴，那么，我们究竟能不能保证5.75%增长率，从而在2050年实现中国的共同富裕？

这是我今天讲的内容，谢谢大家。

提高农民富裕程度的空间①

李小云

大家好！非常感谢浙江财经大学的邀请。我认为，共同富裕包含收入、储蓄、消费、预期寿命四个方面内。在我们国家，目前这四方面的城乡差距都较大。共同富裕是通向幸福的一个重要条件。前面几位嘉宾对这四个方面都已经作了非常细致的讲解，今天我跟大家分享的主题是"提高农民富裕程度的空间"。

在共同富裕的框架中，目前讨论较多的是二次分配与三次分配，特别是二次分配。但是，从乡村实践来说，考虑到农民收入、福利以及整体生活水平的各个方面，第一次分配对实现共同富裕有巨大的探索潜力。根据统计局提供的数据，虽然存在地区间差异，但总的来说，农民工资性收入比重基本上维持在35%～40%，而增长率又呈下降趋势，农业经营性收入增长率也是下降的，而资产性收入保持在低位稳定。实际上，特别在贫困地区，农民的收入增长主要

① 报告人简介：李小云，中国农业大学文科资深教授、博士生导师，现任中国农业大学国家乡村振兴研究院常务副院长，中国农业大学国际发展与全球农业学院/南南农业合作学院名誉院长。曾任国务院扶贫开发领导小组专家咨询委员会委员、英国经济社会理事会/英国国际发展部专家委员会委员、英国国际发展部新兴国家计划专家委员会委员、经合组织发展援助委员会中国研究小组组长等职务，并兼任教育部社科委员会委员、中国农村发展学会副会长、中国生态文明研究与促进会理事、中国城镇化促进会理事、中国农业经济学会理事等学术职务。主要从事贫困研究、农村发展研究、性别与发展研究、国际发展与非洲发展研究等，发表中英文学术论文200余篇，出版《发展援助的未来》《贫困的终结》《公益的元问题》等20多部专著。

依靠转移性支付收入。目前，我国有5亿多的农村人口，3亿多人口直接从事农业生产，无论从财政供给角度，还是抗风险角度，这种增长都是不可持续的。因此，要解决共同富裕中农民收入问题，我们还得从第一次分配中寻求增长路径。

第一个方面是城市化。目前，我国农业GDP占比7%、农业人口23%，美国这两个数据分别是0.84%和2%。从这个角度来看，要为如此大规模的乡村人口提供公共服务是非常困难的，特别在村庄分布较为分散的条件下。例如，我们目前在云南20个村庄开展卫生厕所革命项目，为每个村庄搭建排水设施需要600万~800万元，最少的也需要三百多万元。所以说，城镇化显得特别重要，尤其是以县城为载体的城镇化。持续推进城镇化可以使农业GDP占比与农业人口占比更加协调。虽然这个观点存在争议，但我个人还是主张通过现代化来推进乡村发展与乡村振兴。中国还处于现代化过程中，城乡差距依然较大，共同富裕问题还是要通过经济增长和发展来解决。当然，经济增长必须是可持续的、包容的。这是我要强调的第一个方面，即工业化、城市化是实现共同富裕的推力。

第二个方面是要拓宽农民富裕的路径，就要注重拓展乡村产业空间。乡村已不仅是一个种植业的空间，乡村的价值正在提升。所以说，拓展乡村产业空间不仅可以提升农村人口收入，还能改善农村基础设施。乡村发展与农民致富需要政府财政、社会资本的共同合作。以英国2020年数据为例，考虑到英国对于乡村的定义与我们不同，这里以英国比较小的乡镇作为对比，它们的农业、林业、渔业产值比重为3%，房地产16%，包括教育健康在内的公共服务20%，虽然其中也有逆城市化问题，但可以看出，乡村产业已经不完全是农业，而是呈城乡融合发展的格局。这也是我在云南 20 个村庄的重点工作之一，拓展项目产业空间，形成一产二产三产融合。

第三个方面是推动农业现代化。刚才我所提及的新型城镇化是指部分农村人口脱离农业，农村产业多元化，这里的重点是提高农业规模，推动农业现代化。我国农业人口规模高于中低收入国家水平，但农业生产增长值较低。2019 年我国农业生产增长值不到 6 000 美元，美国 90 000 多美元，德国 40 000 多美元，我国农业劳动生产率与发达国家相比还是存在着较大的差距。除了科学技术，另外一个很重要的原因就是规模问题，所以说，提高规模是推动农业现代化一个非常重要的方面。我曾去过浙江的一个农场，村里老百姓从事更高收入的其他产业，而将空闲的土地流转出去。因此，推动规模一定要让农业的比较利益下降，如果大家都以农业为主，那么土地就流转不了，农业生产规模就无法提升，所以非农产业一定要在其中发挥作用。我曾去过杭州的一个村庄，其中有几十家企业，在企业工作的老头老太太一个月能挣 7 000 ~ 8 000 元，而在农业方面，如一亩地种水稻，加上补贴也就 2 000 元，在这种情况下老百姓不愿意种地，那就可以让愿意种地的人去种。只有通过这个办法才能在中国实现规模经济，如果不通过城镇化、产业多元化，农业生产无法实现规模化，农业生产力也无法提升。此外，还有一个重要问题，即农业现代化中的土地生产率问题。我们前几天发起的中美对话中，美国玉米的平均产量是每公顷 11 000 千克左右，中国 6 000 千克左右，两者差距将近 50%，我们和美国的技术差距是比较大的。

第四个方面是在乡村如何建立起以农民为主体的受益机制。我们所讨论的产业、现代化以及产业多元化，实际上都涉及一个关键问题，即乡村没有能人、没有致富带头人，当然，这是由我们的教育体系与经济发展模式决定的。在这个方面，中西方是一样的，在中美对话中，对方也提到，美国人同样不愿意去农村、不愿意从事农业，该州的农民年收入为 50 000 ~ 70 000 美元。所以，这不仅仅是收入问题，而是现代化的一个必然趋势，村里找不到能人、企业家、大学生，甚至连农学专业的学生也找不到，这是我们现代化面临的一个非常棘手的问题。因此，乡村的农业、产业必须要由政府来扶持，它不能完全依靠市场来解决问题。我们需要通过城乡融合发展，把乡村的产业、基础设施、公共服务建设好，让人力资本更好地流入乡村。前天中美对话中，对方州长提到，他们最大的问题是美国互联网市场不发达、医疗服务商业化导致分散的农户难以达到市场效率，也无法很好地获得医疗服务。从这个角度讲，人才问题是非常普遍的，所以，最近几年，我们和腾讯联合开展"乡村CEO"培养项目。农民将土地流转后，身份从资源拥有者转变为农业从业者。在这过程中，老板获利较多，而农民较少。所以，我们希望在乡村建立起以农民为受益主体的组织机制。我们正在 20 个村开展这类实验，高薪聘请管理者运营农村合作社，目前效果非常好。

第五个方面是乡村建设。首先，我非常同意前面学者的观点，乡村建设不仅是建设硬件基础设施。我们也曾在湖北恩施 1 个村庄和云南的 20 个村庄开展网线设施建设。其次，并不是所有的村庄都需要这样做。因为随着城镇化、工业化的推进，乡村数量会逐渐减少，所以，乡村建设第一件事情是系统布局人口、经济、产业等各个方面。其实，可以以居住人口比较多、发展潜力大的乡村为主体，构建"村镇型"结构，通过新型城镇化和城乡融合使村镇、乡镇、县域、中等城市到大城市融为一个整体。目前，我们城镇化是断裂的，城乡差距非常大，这不利于人口集聚、人才吸引、产业布局，如北京的城乡结合部。所以说，建设硬件基础设施仅仅是乡村建设的一个方面，我们需要同时考虑产业，产业体系一旦能很好地对接市场，即使北大清华华科人才不愿回流，也能吸引到高中、中专、大专毕业的人才，乡村项目才能建设起来。除了基础设施和产业，还必须要有配套的基本公共服务和社会服务，如幼儿园、养老院、便利店、咖啡店等。现在我们的村庄也在构建这样的服务体系。同时，我们还要构建村庄运营机制，在基础设施建设完成后，还需要一个合适的制度体系去维系它。

这些就是我分享给大家的观点，谢谢！

乡村振兴百村千户的调查与思考①

张建华

大家好！听到前面各位老师分享最新的一些成果很有启发，下面给大家这个谈一下我们最近做的一项工作。2021年年底，我们做了一个大型的调研，内容涉及乡村振兴和共同富裕这两个大问题，主要设计了一个百村千户的调查。今天我首先把这项研究的选题意义和大致情况介绍一下；其次，介绍我们调研的一些基本情况；最后，就研究和调研发现的问题谈一下自己的想法。

为什么我们要做这么一个调研？众所周知，2021年中国成功实现了第一个百年奋斗目标，全面建成小康社会，其中特别重要的一大成就是脱贫攻坚取得了决定性的胜利。鉴于此，党中央进一步提出，下一个阶段就是要实现共同富裕目标，完成社会主义现代化强国建设的使命。其中，最重要的一个难点就是如何实现乡村振兴，如何补上这个短板，应该说，共同富裕的重点难点和痛点仍是农业和农村现代化。如果不能够迅速地解决这一短板，我们共同富裕问

---

① 报告人简介：张建华，华中科技大学卓越学者领军岗教授，博士生导师，国家"万人计划"哲学社会科学领军人才、中宣部文化名家暨"四个一批"人才、国务院政府特殊津贴获得者。现任华中科技大学经济学院院长、张培刚发展研究院院长、湖北省人文社会科学重点研究基地创新发展研究中心主任、张培刚发展经济学研究基金会副理事长。兼任教育部经济学教学指导委员会委员、湖北省经济学会副会长、湖北省外国经济学说研究会副会长、中华外国经济学说研究会理事、湖北省人民政府咨询委员、武汉市人民政府咨询委员、中国国际扶贫基金会咨询专家。

题恐怕还要打个问号。刚才，万广华教授介绍了测度共同富裕指标体系的构想，其中"共同"就涉及如何缩小三大差距，分别是城乡之间，区域之间和群体之间的收入差距。在这些差距中，有一个非常重要的方面就是城乡间差距。从长期来看，农业、农村和农民问题应该说是我们整个经济发展中最薄弱的环节，同时，这也是我们经济社会发展的一个基本面。尤其在国际国内形势发生巨大变化的情况下，我们更能感受到"三农"为整个经济发展和稳定所发挥的压舱石作用。所以，2022年中央一号文件又特别强调要接续全面推进乡村振兴，确保农业稳产增产、农民稳步增收、农村稳定安宁。当下，我们如何把巩固脱贫攻坚成果和进一步推进乡村振兴有机衔接？如何去寻找乡村振兴中的痛点和难点？它们的突破口又在哪里？前面几位专家阐述了观察情况，并提出了非常好的思考。目前，我们的确还是有很多困惑，而且还没有找到解决他们的关键点和机制。

我们的调查尝试着从微观的、现实的角度去做一些更好的了解，更好地把握当前主抓的基本工作实际情况，特别守住两条底线，扎实推进乡村产业发展，稳步推进乡村建设以及乡村治理等方面，我们还需要解决哪些问题，这些都是我们调研所关注的内容。所以，我们设计的一些基本的问题就是为了评估真实状况是怎么样的。如守底线问题、脱贫人口当前状况，小农经济和现代农业的衔接、三产融合或者说农业产业兴旺情况，以及美丽乡村建设、数字乡村建设、乡村基础设施建设等方面，还有哪些环节或细节问题值得注意。总之，我们重点考量如何在基础层面上解决一些现实问题。这次调研旨在了解总体状况，调研涉及五个省：湖北、湖南、河南、江苏和四川。从这些省的选择来看，大家可能会注意到，我们主要是为了考虑不同区域的代表性。在当前形势下，样本选择还是受到了很多制约，如新冠肺炎疫情的影响。尽管如此，我们还是从东中西不同区域做了一些考虑。

在这些省中，我们按照随机抽样原则和分层原则，选取了140多个村，最终涉及的样本包括1 400多家户。从分布来看，主要集中在长江流域带以及京广沿线这一"十字架"及其周围的连片区域。我们所涉及的地区，收入分布差异较大，包括收入较高的地区，如江苏，也包括收入较低的区域。还有一些省内部，例如湖北，样本收入分布应该是比较均匀。此外，还包含了一些贫困摘帽的地区，也涉及湖北江汉平原和相对比较发达的东部地区。所以，从样本选择来看，应该说具有比较强的代表性。调查内容主要涉及这样一些方面，搜集"三农"发展基本面的数据，如何巩固脱贫攻坚的成果，以及当前收入分配消费状况等。同时，我们重点关心了一系列问题，如农村人力资本就业创业、高质量发展、乡村建设（包括基础设施建设、村容村貌整治）和数字乡村发展，这便是我们此次调研的大概内容。

从调查对象来看，我们调研集中在春节前后。受访家庭中，男性户主占多数，家庭结构中四人和五人情况较多，也有大家庭，即三代同堂的现象。同时，我们也调查受访者的年龄结构、受教育程度、健康状况以及农户耕地面积，平均的耕地面积约是3.71亩，这也代表了中国的平均水平。在收入状况调查中，包含曾经建档立卡的贫困户群体，整体收入和国家统计数字基本相当，因此本次调查反应了比较真实的情况。在务工方面，大概3/5的农户有外出务工的家庭成员，他们通常集聚在沿海地区，在有外出务工成员的农户中，打工收入占总收入来源比重约 2/3，而农业收入仅占 1/5 左右。当然，国家补助也起到了比较大的作用，此外，还有一些非农经营收入，也占到 11%。根据我们的调查数据，同时以国家统计局发布的历年数据为对照，发现大的趋势是基本吻合的。从国家统计局提供的统计数据来看，农业经营所占比重是越来越小，还不到 50%。当然，就我们实际看到情况来说，这一块的比重并没有那么高。这可能是因为统计部分所使用的数据年份截至 2016 年，农业收入实际上还在慢慢收缩，而其他收入，特别是工资性收入成为主体。从这个意义来看，未来农民如果要进一步致富，还不能指望农业本身。所以，我也从我们的实证调研角度进一步验证了万广华教授刚才提出的观点，日益加快的城镇化也往往伴随着农业产业的兴旺发展。

我们主要的发现有：从总体来看，样本农户收入是多样化的，尤其外出务工收入起到了很重要的作用；农民支出状况已发生了较大的调整，并不像原来那样的食品支出占了大部分，我们还发现，教育支出占比重越来越高；从脱贫攻坚成效来看，总体是比较吻合的。我们也看了一下湖北的样本，因为其贫困县也有不少，所以能够让我们基本了解脱贫攻坚的大概状况；从农村总体发展来看，农户经营仍以小规模为主，规模化程度还是比较低，但伴随生产规模扩大，总体成本有下降的趋势，不过仍有阻碍因素；在新兴主体方面，较小农户获得了更多的补贴，从这个意义上来看，这样是不太有利于规模化经营的进一步发展，所以，我们也会就此做一些政策分析；从农民生活状况来看，消费借贷环境等方面总体趋于平稳，但仍会发现还有一些值得关注的问题；另外，我们关注了一些特殊话题，下一步乡村振兴中，我们要着重要考虑一些问题，例如，靠谁振兴、为谁来振兴，此外还有农村人口分布状况及教育状况。以教育为例，总体农村教育水平是偏低，而且还存在着代际之间教育不平等现象，农民工随迁子女入学保障还存在比较大的障碍，农村小学及学前教育也应得到高度关注；从农民创业情况来看，因未来发展需要，农业要兴旺发达必须要有人，这就需要农民企业家等人，我们特别关注了这一群体。该群体总量还是比较小的，即使有的话，农民企业家创办小微企业也是以第三产业为主，而且其资金来源主要靠自有资金或是通过社会关系网络借贷。从关键字来看，值得关注的还有销售；当然，还包括其他一些环节。从未来农业发展来看，如何重塑生产体系，以建立农业产业现代化体系等问题需要我们从创业角度给予相应的关注。

我们特别关注高质量发展，包括农田基础设施改善问题、农业机械化应用问题、农业技术推广使用问题、农产品地理标志性品牌建设问题，还有乡村旅游和农业产业有机结合发展问题。这里面还有许多值得挖掘的故事，由于时间关系，就不再详细介绍了。

在乡村建设方面，政府确实发挥了非常重要的作用，包括道路建设"村村通"，还有一些大型的基础设施建设问题，以及物流网、信息服务、村容村貌整治、厕所革命、农村垃圾处理等方面，应该说都取得了一定成效。但是，很多方面仍停留在表层面，例如，以垃圾回收为例，虽然从表面看，农村集中处理垃圾，但是分类还很成问题。参与访谈工作的学生们发现地方上基本没做到垃圾分类。当然，农村没做到，城市实际上也存在着很大的问题。所以说，我们乡村建设任重而道远。此外就是在数字乡村建设，应该说，现在互联网使用程度明显提高，包括移动支付、智能手机的使用都较为普遍。但是，我们也发现，这些互联网产品直接服务于乡村发展方面还是不够的。如从平台和 App 使用来看，抖音和百度经常用到，虽然百度可以查询种植、价格和政策等信息。但是，根据受访者反馈，主要渠道还是局限于官方渠道，非正式渠道主要有抖音，另外，农村信息通也用得较多。可见，下一步乡村振兴工作，还有很多值得关注的问题。

接下来，我跟大家分享一下我们调查后的思考，后续还会有一些深入研究，未来，我们还会持续推进这一调研工作。从这次调研来看，乡村振兴乃是新时期农业农村现代化的一个重要战略抓手，那么，究竟着重抓一些什么问题呢？

一是"双线"保底。这是我们当前正面临的一个很大的现实任务，如粮食安全问题，再如如何严防大规模返贫的问题，这些也是历年中央一号文件中特别强调的问题。这些问题直接关系到我们前面的成果巩固，也涉及能不能打开未来乡村振兴新篇章的起点问题。那么，未来怎么开新篇呢？其实，很重要一点还是，这不仅是一个表面面貌改善的问题，或者说只是一个脱贫的问题，更重要的还是产业兴旺。例如，我们如何结合每个乡村的地方特色，结合资源禀赋条件，发展特色产业，打造合适的生产经营体系，建立现代化的农业农村产业体系，这在未来是值得重点关注的问题。但是，产业兴旺需要多方力量支持，特别需要企业家，尤其农民企业家，需要资本下乡和融入乡村，这背后还需要一个比较好的制度体系来支撑。另外，需要把现代元素更多地融入农村发展中，这也需要技术进步以及人才的支撑，这些都是我们关心的问题。因为从目前实际来讲，能够在农业农村发展当中起着主导作用的人才还是远远不够的，很难适应现代化要求。如何改变农村的人才现状，这是需要我们尽快破题的。

另外，就上述乡村建设各个方面，我们还需要由表及里地做一番反思和谋划，例如，农村和城镇化的有机结合，以及两者之间的良性对接；如何把数字乡村、美丽乡村、文化乡村的内涵更好地体现在当前乡村建设中。

二是乡村治理会涉及公共服务均等化等问题。目前，城乡一体化的短板就是公共服务，包括养老、医疗、教育等项目，还包括配套的治理体系及制度体系，最后还涉及政府的作用问题。我们该如何评估政府政策，如何发挥其真正作用，这里面还有很多故事，例如，多年来的支农惠农政策体现了国家对"三农"的重视。可是，这些政策效果究竟如何？是否发挥了持久的作用？针对农业农村的未来发展，我们如何才能构建一个具有造血功能的政策体系，支持市场在资源配置中的重要作用。针对这些问题，我们还是需要开展一些评估，这也是我们研究者的一个使命。此外，我们该如何认识政府恰当的作用。当然，政府不是做得越多越好，而是做应该做的事情，然后，让农村农业发展进入现代化轨道。总之，找到乡村振兴的内生动力机制，这是非常关键的。

由于时间关系，今天的报告就到这里，谢谢大家！

兼顾效率与公平的乡村振兴：
事实、逻辑与框架[①]

程名望

非常感谢浙江财经大学的邀请。刚才我看到了我的老师万广华教授，还有我师长辈学者伏润民校长和张建华院长，他们都是我老师辈的学者。下面，作为学生辈的我给大家做一个演讲汇报，谈谈我的看法。

今天，我演讲的题目叫"兼顾效率与公平的乡村振兴"。为什么起这么一个题目呢？因为我是一个典型的鲁西南、黄河边出来的孩子。我经历了农村、也经历了城市，很多时候感性地思考一个问题：中国到底应该把资源往城市倾斜，继续推进城镇化？还是资源回流农村，把农村建设得更好，实现乡村振兴？这个问题我一直在思考。无论是乡村还是城市，都属于这个民族，这个国家。我们较

① 报告人简介：程名望，教授、博士生导师，教育部"长江学者奖励计划"特聘教授。现任同济大学经济与管理学院副院长，兼任上海市农村经济学会理事、上海市公共管理学会理事。主要从事农业经济学、劳动经济学和发展经济学研究，在《经济研究》《管理世界》China Economic Review 等国内外重要期刊发表论文 70 余篇，入选 2018 年《经济学家》"学者影响力总被引前 50 人"。主持教育部哲学社会科学研究重大课题攻关项目1 项、国家自然科学基金面上项目 4 项。研究成果获教育部高等学校科学研究优秀成果奖一等奖、上海市哲学社会科学优秀成果一等奖、中国农村发展奖（杜润生奖）等省部级以上学术奖励 9 项。在《人民日报》《解放日报》《中国日报》《中国社会科学报》等媒体发表理论文章 30 余篇，并为《中国社会科学》《经济研究》《管理世界》等权威期刊提供审稿服务。

多考虑效率更高，财富更多，更加国富民强。简单来说，在一般均衡视角下，就是社会总财富最大化。乡村振兴是否存在一定的规律？在一个大周期和规律中，我们该如何思考这一问题。我有以下几点看法。

第一点，农业与乡村：历史与宿命。农业非常重要，这一点是毋庸置疑的。因为农业非常基础，和我们的生活息息相关，涉及国家的粮食安全问题。但从资本经营的角度出发，用当下潮流的语言来说，农业又"out"了。为什么这样说呢，因为世界经济发展具有一定规律性。仅看公元 0～2000 年整个世界的经济增长率，我们很清晰地发现人类存在两个里程碑：一个是 1820 年工业革命，另一个是 1972 年石油危机。这两个里程碑将人类社会[1]一分为三。

第一个阶段是 1820 年之前，我称为人类发展 1.0 时代。这一阶段是典型的农业社会，农业就是主导产业，农业就是最核心的产业，农业几乎就是人类全部财富的来源。这一阶段又被称为"淡水经济"。所以那时在中国有句古语，叫"得黄河者得天下"，因为那时黄河边上的地区一片繁荣景象。

第二个阶段是从 1820 年之后，人类社会就进入 2.0 时代，也就是工业社会。这一时期又被称为"咸水经济""得海洋者得天下"。黄河边上的地区衰落了，海洋周围的地区兴起了。人类社会在这一时期创造了惊人的财富。

第三个阶段是 1972 年石油危机之后，人类社会进入 3.0 时代，也就是我们常说的后工业社会。对于这一时期，人们一直在寻找

---

① 这里的"人类社会"指从公元 0～2000 年。

"把手"到底是什么？究竟是知识经济、信息经济，还是互联网经济等。毫无疑问，从当下经济运行来看，更多的是来自互联网。所以，当今是"得互联网者得天下"时代。也就是说，互联网成为当下最大的风口。我们举一个管理学上的通俗例子：在风口上，猪也会飞起来？那"猪"是什么代名词——又笨又懒。关键是要抓住这个浪潮和趋势。其实，一个国家也是这样。

人类社会1.0时代，农业作为的主导产业，它非常基础，但它已经不是财富的风口，我们必须要思考这一清晰的逻辑。农业是贫穷产业，诺奖得主舒尔茨在《改造传统农业》一书从受自然环境影响大、生产周期长以及边际投入递减等方面进行了论证。这三点非常经典，由于时间关系，我就不展开论述了。

《改造传统农业》这本书背后传递了一个观点"一个国家，没有农业肯定不行；但是一个国家只有农业，肯定不能国强民富"。简单来说，靠农业不可能实现民富国强。其中的原因就是效率问题。刚才主持人李永友教授提到，美国的农业生产率大概是中国的18倍，德国大概是我们的7.7倍，日本大概是我们的2倍。从国际比较来看，我国农业生产率比较低，也就是说同样的资源投入，我们的产出没有别的国家高。从世界各国来看"三农"对经济发展的作用，无论规模方面还是效率方面，可以发现，我国农业整体竞争力依旧非常弱。同时，我们还要看到一条基本规律，在一个国家经济结构中，农业的占比是持续下降的。谁都遏制不住这一基本规律，如果非要人为地遏制下降趋势，这个难度非常大，要很大的决心，同时要付出非常沉重的成本。

第二点，中国轨迹：过去、现在与未来。刚才我讲了人类社会发展的根本逻辑，现在我要讲中国的最根本逻辑。中国发展也是有周期的，30 年一个周期，30 年一轮回。我经常想，中国经济发展也是有几个里程碑的，1978 年是一个里程碑，2009 年又是一个里程碑。其中，1949 ~ 1978 年，差不多有 30 年的周期，我习惯称为中国社会发展 1.0；1978 ~ 2009 年，又一个 30 年，我把它称为中国发展 2.0；2010 ~ 2040 年，这 30 年我把它称为中国社会发展 3.0。我们可以看到，中国社会财富真正地迸发，让我们丰衣足食，无疑是改革开放之后。那我们就要思考，1978 年之后，为什么我们国家富强了？为什么我们丰衣足食了？为什么我们安居乐业了？中国究竟做对了什么？我想，这是最根本的中国经验，也是我们需要思考的问题。

究其原因，中国民富国强最根本的经验是什么？最根本的模式是什么？我们到底做对了什么？这些年，我一直在思考中国到底做对了什么，让我们如此快速地崛起。我认为有四个方面我们做对了，那就是科学化、市场化、全球化和工业化。其实，中国农业的衰落正是从改革开放开始的，大量的资源从农村转移到城市。大量农业劳动力外出打工，农村出现空心化现象，很大学者就把它归因于城镇化和改革开放。

那么，之前的农村难道是振兴的农村吗？或者说，改革开放之前的农村是我们想要的农村吗？如果顺应这个逻辑，那就等于询问"振兴之后的乡村该是什么样的?"以我小时候为例，那时候农村人丁兴旺，原野一望无际，庄稼没有撂荒，但是过得多么艰辛、多么贫穷啊。我想，那不是振兴了的乡村，也不是我们想要的乡村，更不应是中国要走的路。就像刚才万广华老师所讲的，我们乡村振兴最根本的目标是让人们获得幸福。幸福是要有财富的，没有财富不可能是真正的幸福，贫穷不会有真正的幸福，这是经济学最基本的假设。这个时候我就想，振兴后的乡村到底该是什么样子的。同时，我们还要考虑怎样协调它和城镇化间关系。

第三点，中国的城镇化是不是走到尽头了？是不是过度了？当一部分人从城市往农村流动，一部分资源从工业流向农业的时候，一定要思考清楚这个问题。这个问题也是我想谈的第三点。从人类社会发展的基本规律来看，中国城镇化没有走到头。2020年我国城镇化率大概是65%，根据城市经济学基本规律，我们正处在"S"型最关键的加速阶段。可以说，我国城镇化正处在非常关键的时刻。一般来说，城镇化率有三个标准：70%、80%和90%。按照这些标准，我国城镇化还是没有完成。所以说，"城镇化过度了"这一说法是不当的。从资源配置视角来看，我仍然觉得农村资源、农村人口不是太少了，而是太多了。有人可能会说，农村可以人人种地。其实，这就是刚才李老师所讲的规模经济问题。如果继续实施小农经济，那是没有未来的，因为小农经济是低效的。把几个人束缚在小块土地上，中国农业还能有什么未来呢？中国农民怎么可能富裕呢？我们也不可能再走乡镇企业道路，乡镇企业是物质稀缺年代的产物。当下的市场竞争环境中，乡镇企业产品基本上不可能会有市场，没有任何竞争力。这些问题都是我们在乡村振兴中应该思考的一些大逻辑问题。如果没有大型机械设备，没有规模经济，我们种10亩地，可能真的需要5个劳动力。但如果我们利用大的设备，假设种500亩，10个劳动力也许就够，那一亩地就只要0.02个劳动力。所以，农村发展更多取决于整体土地资源，它的经营模式。就当下的小农经济模式，我相信劳动力确实是稀缺的。但是，我们如果有较好的土地流转方式并实现规模经营，我相信，农村劳动力不是太少了，而是太多了。

以资本取代劳动，可以解放农村劳动力，这样的话，高素质劳动力就可以流转到其他平台——工业平台、互联网平台。例如，他可以送快递，那是 3.0 平台，属于互联网平台经济范畴。同样的资源在不同的平台中创造财富的效率是不一样的，这一点毫无疑问。我举个简单例子，当年我祖父在农村天天起早贪黑，但还是那么穷，这到底是为什么？因为 1.0 平台上太低，无论怎样挣扎挥洒汗水，创造的财富依旧有限的。当他出来打工，在 2.0 平台上，每年就可以挣几千块钱了。同样一个人，人力资本尚未得到任何提高，但所创造的财富多了，自己也富裕了。在不同的平台上配置资源，人们给国家创造的财富是不一样的。我们应该让更多的资源在更高的平台上翩翩起舞。这一观点，我跟陆铭教授比较一致。

城市到底是"尖"的，或是互联网使地球更加"平"了呢？我也在研究这个问题。互联网平台会不会影响城市"尖"，也就是说，互联网会不会影响到城市集聚？从最后实证结果来看，无论是中国省（区、市）县（市、区）数据，还是世界层面的数据，都不支持这一结论。互联网虽然让世界变"平"，但城市依旧是"尖"的，人口依旧往城市聚焦，这就是主流。

无论是乡村振兴，还是城镇化，它目的是什么？前面有专家为我们展示了云南的一些图片，非常漂亮。我们也曾考察美国欧洲的一些农村，也是非常漂亮，跟城市几乎没有差距。以我的老家新农村建设为例。他们把村庄都拆了，然后统一建设成小别墅，外观非常漂亮。但是入屋一看，跟以前的农村没有任何差别，满屋乱七八糟，尘土飞扬。所以，我认为，真正的乡村、文明的乡村，一定是要经历过城镇化的洗礼！没有经历城镇化洗礼的乡村永远是乡村。西方很多农村都经历了城镇化洗礼，农民知道城市文明、知道城市生活，所以城乡间鸿沟没有了，城乡一体化了。我们的农民从来没到城市打过工，他怎么会知道城市文明呢？所以，我的观点是让更多的人到城市打工，打工的年限越久越好。因为他们接受了现代城市文明，如果再回到农村，就可以像市民一样生活。所以说，真正振兴的乡村，必须要经历城镇化的洗礼。但是，城镇化目的不是让全部农民一定都定居在城市，我是不接受这一观点，我觉得更多的是洗礼，全民的洗礼。

城镇化与乡村的不失衡其实就是城镇化和乡村振兴的协同问题，具体表现为两个方面：一是人与自然之间的协调发展；二是人和人之间的协调发展以及城乡之间的协调发展。对中国来说，这一问题非常重要。只谈城镇化或者只谈乡村振兴都是一个硬币两个方面的某一面，没办法解释中国经济增长，也没办法实现中国财富的继续迸发，更没法实现一般均衡和帕累托最优。在这三方面的协调中，更重要的是城乡之间的协调发展。城镇和乡村之间既是冲突的，也是协同的。如果冲突的面大了，对中国经济来说可能是灾难性的。因为这是资源配置的再一次扭曲，也就是资源误配。我们将资源放在效率比较低的平台上，由此而造成整个社会财富的损失，整体的全要素生产率肯定是下降的。如果能比较好地实现城乡协同，把城乡之间的要素对流、要素互换做好了，这就可能兼顾好硬币的两面。从而，可以建立较好的统一大市场，促进中国全要素生产率的提高。我觉得这是乡村振兴非常重要的点。

关于乡村振兴，我觉得还要进一步思考几个问题。那就是，乡村何时不兴？为什么不兴？又为何要振兴？有没有振兴过，效果如何？目前真的需要乡村振兴吗？真的能振兴吗？振兴的条件是什么？振兴的标准又是什么？这就需要我们更为深入地了解"三农"问题。而且，很多研究乡村振兴的学者也是"三农"学者，我是农民出身，也是"三农"学者。从感情来说，肯定希望乡村振兴，我不希望我的故乡消失，不希望我的故居消失，不希望我的村落消失。但仅从感情上谈问题是不够的，这就意味着，很多农业专家呼吁可能是一种"卢卡斯陷阱"。也就是说，从他们的利益出发，他们研究某项内容，这项内容就一定要很重要。我认为，如果我们以这种态度来做研究可能就是趋于利益的，而不是趋于对科学规律的探讨。我真的是这样想的，今天也非常坦率地交流。

我非常关注的几个问题：一是乡村发展有没有规律？我想来想去，觉得村落消失、回不去的故乡是个大概率事件。短期有波动，长期不均衡，这一事实谁都拦不住。二是村落一定会消失，农村实现规模经营，这是任何人无法阻挡的。那如何实现乡村振兴？我跟前面几位老师的观点是一样的，那就是怎样留住乡村真正的精英。现在我想让华中科大的、浙财的、同济的、复旦的大量毕业生回到农村去，这是不切实际的，也不会有人真正地回去，因为大家都相信城市会让生活变得更美好。除非城乡鸿沟彻底消失，城乡没有差异，那个时候的人才能真正地流动起来，这一点现在做不到。让更多的人才回去，难度是非常大的，让更多的资本回去，难度也是非常大，所以，更多还是要依靠农村乡绅。三是乡村该如何振兴？我有几点思考：要把握传统文化，要把村落文化打造出来；要相信村民智慧，培育乡村精英；要开通城乡通道，实现城乡双向流动；要保障公共产品，突出政府作用；要加强制度保障，确立产权制度。由于时间关系，我就不过多展开叙述了。

最后，想说一下，我上述讨论所遵从的理论框架，即"2×2×2×3×3"理论框架。这也是我跟一位老师在申请重要课题时讨论所得框架。

第一个"2"是城乡协调发展。也就是说，离开城市谈乡村，是没有出路的。我个人认为，乡村振兴更多的功夫在室外，更多的是一种拉动效应、一种滴落效应。只要国家富强了，只要城市发达了，大家挣更多的钱，资本可以回流到乡村，大家可以建设自己家乡。乡村振兴离不开城市发展。

第二个"2"是兼顾效率与公平。如果说农民很苦、农民很穷、农村很危险，这是一个公平问题，我们要让农民富起来。但是，如果农民富了，这样带来整个效率问题会不会对中国经济效率产生较大的影响？这就涉及中国现在到底是分好"蛋糕"还是做大"蛋糕"的问题。毫无疑问，中国还是个发展中国家，我们人均GDP跟世界强国差距还是很大。中国现在涉及的目标，毫无疑问仍是民族振兴，也就是要实现第二个百年奋斗目标。我们的路还很远。公平很重要，但效率更重要。

第三个"2"是厘清政府与市场的关系。那就是说，在乡村振兴过程中，我们依靠"看不见的手"，还是依靠"看得见的手"。如果依靠"看得见的手"高瞻远瞩，就历史经验来看，很多时候最后还是"一地鸡毛"。所以，我觉得乡村振兴应要建立市场机制，要完善它，而不是赶走它。

第一个"3"是建立有效汇聚"全社会力量"的开放、兼容、匹配的协调机制。也就是说，要众志成城，利用中国大国经济的特点。要动员全社会的力量，建立开放、兼容、匹配的协调机制，全国一盘棋，一起来做乡村振兴，我觉得只有这样才能把这个事办成。乡村振兴是大事，投入太大，涉及人群太大太多。

第二个"3"就是阐明生产、生态、生活三大功能性发展路径。我们都知道了乡村振兴的框架，关键是下面怎样做的问题了。战略有了，战术层面其实是没有的，没有一个真正切实可行的方案。具体到下面的执行力，我个人认为很多地方就是蛮干。有些地方拆了以后就建，这种蛮干，这种执行力有些时候是不行的。我觉得乡村振兴，明显不缺战略——战略非常清晰，也不缺执行力——下面的人执行力非常强，缺的就是战术——一个可行的方案。这也是我们做调研后的一点个人感想，不一定都是对的。

今天，我简单坦率地跟大家汇报一下。非常荣幸，非常高兴能在会上遇见我的几位老师。作为学生，在老师们面前都是知无不言言无不尽，就是不一定都对。最后，因为现在上海还在跟新冠肺炎疫情作斗争，我还要下去指挥战斗。现在也到吃饭时间了，我要去给学生送饭了，所以，我就没法参加后续的提问环节，在此表达歉意。今天我的汇报就结束了，谢谢大家。

义务教育财政投入与乡村振兴[①]

刘明兴　魏　易

第一部分：魏易研究员发言，重点介绍我国义务教育财政投入概况。

教育公平是实现共同富裕的必经途径，而义务教育的均衡发展是教育公平的一个重要体现。近年来，国家出台了一系列政策措施来建立健全义务教育的经费保障机制，优化完善义务教育的资源配置，不断提高经费保障水平，加快补齐短板和弱项，着力推进义务教育的均衡发展。在各级政府的共同努力下，我国在 2020 年底已有约 96% 的县实现了县域义务教育的基本均衡发展。

从 20 世纪 90 年代到 2020 年，国家财政从 1993 年的 876 亿元增加到了 2019 年的 4 万亿元，国家财政经费占 GDP 总值从 21 世纪期初的 2.4%，到 2012 年实现了 4% 的目标，并在此后一直保持在

---

①　报告人简介：刘明兴，教授、博士生导师，现任北京大学中国教育财政科学研究所常务副所长。主要从事发展经济学和公共财政学研究。在《中国社会科学》《经济研究》《社会学研究》《政治学研究》*American Political Science Review* 等期刊发表一百余篇学术论文。

魏易：北京大学中国教育财政科学研究所研究员，主要从事教育经济学、教育财政与教育政策的交叉领域研究，目前聚焦于基础教育阶段的研究。在 *China Economic Review*、*International Journal of Educational Development* 等国内外重要期刊发表数十篇论文，出版《中国教育财政家庭报告》。主持国家社科基金等纵向课题和部委委托课题多项。从 2017 年至今，作为项目负责人负责组织中国教育财政家庭调查，该调查是国内首个旨在收集家庭子女教育选择和支出相关信息的全国性家庭调查，为教育财政的学科发展和政策研究提供了高质量的数据支持。

4%以上。此外，在教育经费的财政总额中，超过50%的教育经费财政支出用于义务教育，这是财政保障的重中之重。2005年至今，教育财政领域重大政策与制度进展主要体现在以下几个方面：首先，中央财政责任的迅速扩大；其次，针对法律法规体系以及教育财政体制机制，政府在基本制度方面做了非常大的努力；最后，关键性的政策进展——实现了4%的目标（国家财政性教育经费占GDP比例连续九年"不低于4%"）。从2005～2019年，除了直辖市和东部沿海发达地区之外，东北、内蒙古、西北以及少数民族区域的生均财政补助支出（尤其小学）明显提高。其中，西北地区主要因为人口较少，而导致其生均会比较高。此外，直辖市、东部沿海地区、三区三州以及云南少数民族地区的人均教职工工资福利也得到提高。那么，我们会自然地想到一个问题：教育财政投入在城乡之间和不同家庭收入水平的学生群体之间如何分配？通过对1.23万名小学生的跟踪调查，我们发现，首先，在低收入群体中，城乡差异不是特别大，但随着家庭收入水平的增加，城乡差异逐渐拉大。尽管农村地区内部教育支出差异较小，但对不同家庭来说，负担率（每个孩子教育支出占家庭总支出）差异较大，其中低收入组的负担率为7.8%，高收入组为2%；而城镇地区尽管教育支出水平差异大，但对每个家庭来说的负担率则较为相近，均在5%～6%左右。其次，基于生均教育事业性经费视角，无论哪个收入分位数家庭，从其子女所在的学校来看，都是农村地区更高，但整体差距并不是很大，基本维持在1.5万～1.8万人。这也表明公共财政重视和倾斜使得贫困地区的农村学校的教育经费得到了极大改善。接着，调查也发现乡村地区面临着生源减少以及教师流动加大的问题。从2000～2019年，我国小学生在校生由1.3亿人下降到1.06亿人，而农村小学生占全国小学生的比例也从开始的65%下降到后来的24%。此外，乡村小学专任教师从2000年的63%下降到2019年的29%，城区和镇区小学专任教师占比则从2000年的16%和21%上升到2019年的34%和7%。然后，从新增的教师来看，无论是乡村和城区，应届毕业生占比在上升，但师范生占比都在下降。最后，中小学教师结构性短缺问题也一直存在。随着城镇化、人口流动和新的生育政策，教师临时性和结构性缺编的问题不仅出现在偏远农村和中西部地区，也出现在城镇和东部地区。

在"十三五"期间，相对于各级各类教育，义务教育生均投入的增长速度普遍放缓，而农村和城市一般公共预算教育经费比值从2013年后缓慢下降，这表明城乡差距有所扩大。当然，在2017年，初步达成县域内教育资源基本均衡目标，国家又进一步提出了"促进义务教育优质均衡发展"目标，即在巩固基本均衡的基础上，推进义务教育均衡向更高水平迈进。在这一过程中，地方政府在推动城镇化建设和改善义务教育办学质量方面发挥了重要作用，具有较大潜力和积极性。为了进一步提升义务教育财政投入的积极性，我们需要在"十四五"期间着力解决城镇学校规模、班级人数过多等矛盾，推进义务教育优质均衡发展。

第二部分：刘明兴教授阐述"义务教育财政投入与乡村振兴"主题。

总体而言，如果从财政性教育经费这一口径出发，那么我国在农村教育投资上取得了较大的成就，这源于各级公共财政共同努力。纵观全国，浙江省在缩小城乡教育投入差距方面是位于前列的。同时，在打造共同富裕示范区的目标下，浙江将会为进一步缩小城乡教育投入差距提出更高的目标，这也值得各个地方学习。当然，现阶段也面临许多问题，例如，基础教育阶段的教育财政缺口主要在城市，而非在农村。此外，教育财政投入比的缺口还是非常大，压力较大，因而可以预见在未来的财政投入重点还是城市而非农村。尽管如此，但在缩小城乡生均投入方面还是取得了很大的成就。当然，相应的教育质量差距并没有缩小，学生不仅往城市流动，教师也往城市流动。不过，相比几十年以前，城乡教育之间的这种物理性差距已得到了大幅度缩小。基于学界开发的指标体系，城市和农村之间的差距依然很大。未来，教育财政投入缺口是主要解决城镇问题。

那么，农村教育应该怎么办呢？如何更好地提高教育质量来实现共同富裕的目标呢？回到东部地区的历史，回到 20 世纪七八十年代的历史，可以发现，学习可以被看作是知识在社会层面的传播，以及沿着产业链和技术扩散而得以传播，这类学习的速度和效率，均超过了学校教育的效率，甚至是大幅度超过。这段历史给了我们很大的启发，可以让我们把乡村振兴背景下的教育视野放得更宽，不再局限于校园。在过去的时间里，中国农村地区教育产生了许多奇迹，这也值得我们的反思，因为他们并不十分依赖于财政预算投入。然而，如今在研究教育时，往往过度依赖预算内这一个渠道来支撑农村教育的投入，我们在探讨农村教育绩效时，也更多局限于预算内资金的使用。所以说，农村学校要继续提高绩效，较多学者聚焦于教师工资体制改革和公用经费体制改革等方面，着重讨论如何进一步地增强学校的自主权，具体来说，我们在什么维度上可以重新平衡预算内投入和家庭的投入之间关系。

然而，目前研究视角还不够宽泛。可以试想，如果从家庭教育开支反哺学校投入，例如增加 1 000 亿元，那么，这将是一个非常大的数目，但是，相对于全中国目前财政性教育经费开支，这仍旧是一个非常小的份额。因此，当我们讨论农村教育绩效的时候，还不能够简单地回到1993 年，因为那个时候学校的一些经费，教师补贴经费等自主权都下放到了基层，这有助于缓解农村教育投入的压力，也有助于提升部分农村学校的绩效。如今，我们应当回到更长时间的江浙历史中，重新理解在新一轮乡村振兴当中，社会学习和学校学习之间关系，优化社会教育资源配置，提高社会学习绩效，由此来推进城市教育进一步反哺农村教育。对于以后的研究，我们更要回到历史之中，不再局限于财政的预算，要从历史上重新汲取经验，以更宽广的视野去理解乡村振兴和教育投入的关系。

这是我今天的分享，谢谢大家！

乡村振兴路上的花田实践①

赵银锋

各位专家大家好！很高兴也很荣幸受母校邀请来参加这个活动，刚才发言的都是教授、博导等学术界大咖。我是乡村振兴的实践者，带着一群农民在乡村做一些自己认为有情怀的事。今天要讲的主题是"乡村振兴路上的花田实践"，主要从我 10 年左右的实践来谈谈乡村振兴的一些想法。首先，我想简单介绍一下"花田美地"这一项目，项目坐落在我们的温泉之乡，也是中国的萤石之乡、全球绿色城市浙江金华武义县王宅镇，项目占地 6 000 亩，到目前为止总投资大概 5 亿元，通过七年多的实践，项目取得了一定的成效，无论是旅游业方面，还是农业方面，都有了明显的效果。项目也多次被中央电视台、浙江卫视等主流媒体报道，每年游客数量也在增长，现在项目也还在边建设边开发。通过七年多的实践，我们想通过今天的平台跟各位分享几个观点，不当之处，还请大家批评。

---

① 报告人简介：赵银锋，浙江万合集团董事长，武义县人大代表，武义县企业联合会、武义县企业家协会副会长，浙商经济发展理事会主席团副主席，浙江省民营经济研究中心副主席。他于 1994 ~ 1998 年在浙江财经大学国际税收专业学习，1998 ~ 2004 年供职于杭州市财税局，2013 年创办嘉兴市万合商业房地产开发有限公司，2019 年成立浙江万合集团。万合集团是一家以房产建设为主业的多元化、综合性集团企业，下辖 30 余家子公司，涵盖房产建筑、文化旅游、现代农业、酒店管理及高端教育五大业务板块。集团总部设在金华，扎根武义，深耕浙中、浙北，布局长三角，年平均利税超 2 亿元。

第一个观点，我认为乡村振兴很迫切，需要空间但更需要时间。这里有三个主题词，迫切、空间和时间。为什么迫切？我们开展"花田美地"这一个项目的动机和初心可以追溯到11年前的经历，那段时间，我们比较密集地去了日本和欧美一些比较发达的国家，尤其去了这些国家的农村地区，很直观地感受到，他们的乡村实在太好了，发达国家城市跟我们的城市差不多，甚至我们的城市已经超越他们的城市，但乡村仍然远不如发达国家的乡村。中国拥有非常广袤的农村腹地，有这么多的农民，在这种情况下，我觉得中国企业家很有必要去改变这种现状。所以，十年前，我们就走上了这条路，正好与近几年我国的乡村振兴战略布局的想法不谋而合。我想，中国要实现乡村振兴，实现第二个百年奋斗目标，乡村必定是主战场。参照从国际一般水平，这是我们国家现在最大的短板，所以乡村振兴很迫切。也正因为有这些短板，所以我们的发展空间很大。现在，我们的乡村尤其是欠发达地区的乡村比较落后，基础设施、医疗教育等方面的落后之处是显而易见的。大家都能感受到，但凡去过这些乡村的人都会很明显感受到乡村和城市就是两个世界，这就是我们的城乡差异，也是我们乡村振兴的工作者理应体会到的空间差异。

但是，乡村振兴需要时间。乡村振兴是一项非常系统、非常复杂的工程，需要时间。尤其，值得强调的是，多年来，乡村老百姓内心已逐渐形成了一种认知，乡村是比较落后的，绝大部分人都已经认命了。我们的项目在2015年落地的时候，周边老百姓是不理解的，也无法想象，导致不接受。项目前期，我们需要6 000亩土地，涉及了10个村庄，项目落地过程遇到了很多阻力。虽然当地政府给了非常大的支持，但是村干部和广大农民对项目存有很大误解及阻挠情绪。因为项目定位很高，干部和村民不能理解我们为什么拿这么多钱投到他们这么落后的地方，误以为这是掠夺者，是来抢地盘，所以项目初期遇到了很大的困难。让村干部和村民理解并接受，这是一个漫长的转变过程，需要以时间换空间。幸运的是，通过这些年慢慢地实践，周边老百姓的接受程度有所提高，因为大家发现，这么默默无闻的小地方真的会吸引这么多人，这个项目让他们真真切切地感受到了收获，给他们的生活带来了实实在在的收益。我们项目所在地是王宅镇的要巨村和马府下村。过去，没多少人知道这两个村。现在，花田项目让很多人都知道了，在整体建成后，下一步我们要考虑让他成为长三角地区比较有特色的旅游目的地，这样就会有更多的人知道这个地方。这是我想分享的第一个观点，乡村振兴很迫切，需要空间但更需要时间。

第二个观点，我认为乡村振兴需要硬件但更需要软件。国家从战略层面提出了乡村振兴，多数人一般的理解是乡村振兴就是要把路造得更好，房子要建得更好，配套的基础设施要做得更好。对我们来说，想做好硬件投建工作是一定能做得到的。但是，从长远来看，乡村振兴绝不简单是硬件投入，它更需要软件，乡村振兴需要应有的软件支撑，如说人的思想，文明的意识等。历史上，中国很多文明来自乡村，在那个时候，乡村和城市的文化差异比较小，但是，随着时代发展到今天，我们很可能丢掉了很多东西，如很多民俗文化和礼仪。目前，很多留在乡村的人都非常淳朴，但部分人同时也可能格局不大，往往会出现因蝇头小利而争得鸡飞狗跳的情况。所以，进一步推进乡村振兴战略，我们更需要注意"软件"的东西，因为只有这些"软件"的文化意识跟上了，乡村才会更宜居，才能更长远地发展。重视软件建设并不是说可以忽略硬件投建，硬件建设更多地需要发挥政府作用，通过金融等手段让资本介入乡村建设中，把它做好做大，但是软件很重要，软件必须要跟上。也就是说，如果仅仅造了一堆建筑和房子，我们还是无法达到乡村振兴的目的。

第三个观点，我认为乡村振兴需要资金但更需要智慧。中国乡村腹地很大，牵涉的人口很多，要实现乡村振兴，国家需要持续投入很多资金。没有资金保障，乡村振兴显然是不可行的。但是，现阶段，除了资金以外，乡村振兴更需要智慧。智慧概念包括两个方面，第一个方面是需要有智慧人，服务于乡村振兴。例如，我们今天的论坛，这么多专家学者讨论和研究乡村振兴这一议题，并提出了一系列理论观点和目标，我们需要这样的智慧。我们需要城市建设、环境、农业等领域有智慧、有知识的人，扎根到乡村，服务乡村振兴。我们经常说，今年为乡村投入100万元，造了一座桥或修了一条路，短期效果可能是明显的，但从长远来看，这样做并没有带来产业，那么，它的效果又会是非常有限的。乡村振兴需要我们导入产业，让更多的城里人愿意赴农村地区，但是中国乡村差异非常大，包括沿海、内陆、山区、湖区等，而且农村与农村之间差距很大，每个村庄实际情况也不同，不可能"千村一面"，这就需要有智慧的人参与建设。智慧概念的第二个方面还是人，在城市化的进程中，城市是人们自然选择的结果。事实就是这样，农村地区的人口大量涌入城市。在武义县，我们还在另外一个村开展了一个扶贫项目，"樱花谷"项目，我们种植了很多樱花，但是这个村庄劳动力很少，就算拿到了土地，却没有人来参与种植工作。这个村庄的适龄劳动力都外溢了。哪怕樱花树种好了，但却无人养护，我们还需要从很远的地方引入工人。当下的乡村建设正面临这样状况。

第四个观点，我认为乡村振兴需要人，更需要有觉悟、有思想的年轻人。开玩笑地说，乡村振兴可能真的需要再来一次"上山下乡"。"上山下乡"是个很难评判的、很复杂的历史事件，但是，那段时间的乡村是非常有活力的，因为很多的知识青年到了乡村，留下了很多特殊的东西。现在，我们提出了乡村振兴，那么，谁去做呢？我们需要有思想有知识有觉悟的年轻人。结合我们做的"花田美地"项目，当时，我们是带着自己的理想和情怀去做的，后来当地请了一些专长于农业、建筑的人，但是，工作在户外又是在农村，生活条件和工作条件都非常差，没有年轻人愿意去做。经过多年打造，我们的项目慢慢地吸引了一批年轻人，有来自上海、杭州、海南、甘肃等地，还有部分本来就是武义的，也有外地来的年轻人还第一次来到武义。他们是"花田"的希望是"花田"的未来，因为他们的到来，"花田"才有可能成为符合国际标准，有品位的项目。项目要发展，就要在市场中站稳脚，还是需要这样受过教育，有文化、有思想的年轻人。我也经常跟这群年轻人沟通，希望更多的人踏踏实实地扎根在这里。到今天，我们"花田"项目年轻团队已有雏形，我们也更有信心了。借今天的机会，我们也呼吁更多的年轻人不妨到乡村来，做一些更能体现自身价值的事情，乡村振兴大有可为。

第五个观点，我认为乡村振兴要有政策保障，但需要有更加精准的保障。如在教育方面，财政部就已安排了两千多亿元的财政保障资金。乡村振兴成为国家战略后，不同的条线上都会有很多的政策保障，但是政策保障需要更加精准。从"花田"项目经验来看，很多时候，我们想做的事情政策不允许或者沟通成本很大，这就会较大程度地影响到项目的推进速度。这不是地方政府的问题，而是政策的问题，尤其，土地资源利用方面的问题比较明显。在乡村，几乎所有项目都是要脚踏实地地在土地上得以推进，但是我们对利用土地资源和土地要素却有着非常严格的规定。那么，这些规定能不能很好地匹配并适应我们的乡村振兴？是不是够精准呢？这是一个很重要的课题，需要政府部门、学者根据实际情况来开展研究，并推动政策改革。

我只是一个带着农民做事的人，没能像各位专家那样严谨地展示数据和理论，不对的地方，还请大家批评指正，也欢迎大家来武义、来我们的"花田"项目参观指导，谢谢大家。

加快建立乡村基础设施管护投入保障机制①

高　琳

　　振兴乡村离不开基础设施建设。目前在国内外的理论与实践中，大家普遍将目光聚集于基础设施的建设阶段，而对建成后的运营与管理则关注不足。在农村有一句常见的标语：要想富，先修路。这是从建设的角度来说明路的重要性，而从维护的角度，我们可将其补充为：路不好，很难富；路要好，得管护。路是各类公共基础设施中非常重要的一类，其特性和面临的问题也具有代表性，所以我们将路作为切入点，展开对乡村公共基础设施管护机制的分析。

　　首先，公共基础设施为何需要管护？

　　那么支撑它的理由有很多，主要包括：其一，关乎公共服务的质量品质。公共服务品质的高低，与管护机制直接相关，而公共服务的品质高低是衡量各个群体享受共同富裕的重要维度。其二，影响经济运行效率。以公路质量为例，如果路况不佳，则私家车或运

　　① 报告人简介：高琳，现任浙江财经大学财政税务学院副院长、副教授、博士生导师，入选中宣部国家级人才工程，并获得教育部课程思政教学名师、浙江省"之江青年社科学者"等荣誉，兼任浙江省财政学会常务理事。他主要从事政府间财政关系、基础设施融资制度以及当代中国经济研究，成果发表在《经济研究》《管理世界》等刊物，出版专著2部，主持国家社科基金项目、省部级重点项目和各级财政部门委托项目。研究成果获省部级学术奖励一等奖2次、二等奖1次，咨政成果获财政部和省级政府部门采纳转化应用4项。他还为《经济研究》《管理世界》《经济学（季刊）》《世界经济》《财政研究》等期刊提供审稿服务。

输车等的损耗、折旧、维修频率都会上升，进而影响整个社会的经济运行效率。因此，良好的公共设施品质提升社会资本的品质，反之，落后的公共基础设施对经济发展形成掣肘。其三，降低社会运行风险。公共设施管护的缺位导致安全隐患，加大了社会运行风险。以道路窨井盖为例，近年来沉降、突起、乃至行人掉落的报道屡见不鲜，而加强管护是降低此类社会风险的重要手段。其四，减少财政风险。公共基础设施的维护有其固有特性，即越早介入，后期维护成本越少；越晚介入，其后期的应急性的、抢救性的维护成本则大大增加。在美国、德国、日本等发达国家，因受制于高昂的人力成本等问题，各届政府关于重建基础设施的政策很难通过财政预算审核，所以公共建设主要在于加强对现有设施的维护和升级改造。因此，越早介入公共基础设施的维护，可以大幅度降低后期的相关财政投入，亦即减少财政风险，维护财政的可持续性发展。

其次，公共基础设施管护有何特性？

第一，公共基础设施管护阶段存在不可见性（invisible）。与建设新项目的各阶段均较为直观地向民众展示不同，对已有项目的管护存在于日常生活的时时刻刻方方面面中，较为隐蔽，难以为民众所感知。因此相对新建项目而言，管护项目不被决策者所重视，这是国内外普遍存在的问题。第二，对公共基础设施的管护贯穿于其生命周期（life cycle），这与公共品价值实现的动态性相关。现代财政学中有一个基础的理论，公共品的功能或价值是在建成提供之后持续发挥的。公共设施功能的持续发挥离不开稳定的管护，管护让投入的资金流转化为服务流。

结合图1，以时间纬度进行分析。第一，建造阶段需要一定的资金投入。进入维护阶段后，所需资金存在周期性规律，初期所需较少，越到后期，维护的资金需求量就越上升。因为任何基础设施在使用过程中都存在损耗（折旧），而维护资金的投入，本质上就是为了弥补基础设施的损耗。所以管护的核心作用，就是让基础设施持续稳定地发挥其服务作用。

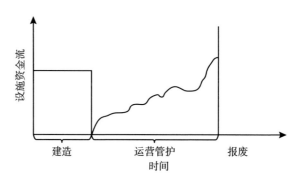

图1　公共基础设施管护的生命周期

资料来源：演讲者根据公共基础设施管护的生命周期原理绘制。

第二，研究发现，维护程度的高低与基础设施的功能发挥程度正相关。以2004年加拿大学者米尔莎（Mirza）的测算模型为例，如图2所示，可以发现，维护程度越大，基础设施随着时间推移的残留功能就越高。假如不实施任何维护（最低的线），基础设施功能很快就衰减，而且没有达到预期的使用寿命基本就损耗殆尽。而在2%的维护水平上（最高的线），那么即使到预计的生命周期——第60年，它还残留了75%的功能。因此可得，对基础设施的管护可有效延长其生命周期。

基于公共设施的以上特征，可得两个推论。第一，纯公共品的建造和管护与财政责任不可分离。因为纯公共品具有非排他性，非排他就意味着不能采取收费或其他机制来弥补成本，所以纯公共品的财政责任不可分离，政府要提供建造和管控两个阶段全部的财政保障。第二，准公共品具有排他性，排他性使其能够通过收费等机制来弥补成本损耗，因此准公共品在建造和管护两个阶段的维护主体或财政责任是可以分离的。这就意味着在准公共品的提供中可以采取比较多样化的筹资机制，如引进这个社会资本等。结合公共品价值实现的动态性，为使其功能价值在整个生命周期持续发挥出来，在基础设施建设的筹备阶段，就要一体化考虑建造和维护两个阶段的融资需求。但这一点在实践中存在困难，这恰是导致我国现阶段基础设施重建设轻维护的困局的关键。

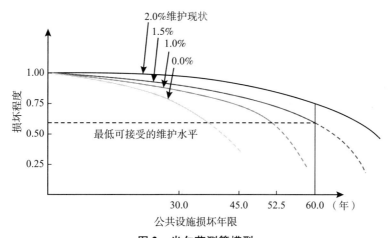

图2　米尔莎测算模型

资料来源：演讲者根据加拿大学者米尔莎的测算模型绘制。

以上关于公共基础设施的特性及作用的研究具有普适性，在此框架下可以分析乡村的公共基础设施。乡村公共基础设施中，常见的道路桥梁、农田水利设施，给排水管道、垃圾处理等，都属于小型俱乐部产品。那么乡村设施的管护投入机制究竟如何保障？核心在于，其建造和管护要一体化决策。一体化决策在财政中的体现是，要考虑项目全部生命周期的完全成本，并在预算制度上予以实现。部门预算的编制要考虑一个项目的所有可支配资金，对于准公共品，即便可以利用社会资本和私人资本，那么这个资本也应被考虑在内。在部门预算编制时，应同时考虑中长期的滚动预算，如此才能保证两阶段的资金需求被一体化统筹。部门预算的编制和落地离不开法制化渠道，而目前《乡村振兴促进法》等相关法律都尚未体现这一点。一个事实是，在法律层面，涉及资金保障时，财政部门的作用往往处于被忽视的状态。但我们要认识到，在法治层面确认公共设施建设和维护的预算一体化，是乡村公共基础设施得到合理管护的基础。

在重建设、轻维护的世界性困局下，乡村的基础设施作为俱乐部产品，如何有效去统筹安排其建设和维护的一体化决策？这一直是学术理论研究中的一个空白。本文探讨的在法治层面保障预算编制的一体化，为寻求其解决之道提供了一种可能。

分论坛二：共同富裕统计监测

分论坛二：共同富裕统计监测

论坛综述

2022 年 5 月 14 日第五届经济学家高端论坛分论坛二"共同富裕统计监测"在浙江财经大学数据科学学院隆重召开。国家统计局统计科学研究所所长闫海琪、江西财经大学讲席教授邱东、国家统计局浙江调查总队总队长张斌、浙江省统计局总统计师王美福、江西财经大学统计学院首席教授罗良清、浙江财经大学数据科学学院院长洪兴建六位专家分别在会上做了主题报告。两场报告会分别由浙江财经大学党委书记李金昌、国家统计局统计科学研究所副所长赵军利主持。

闫海琪作了"充分发挥统计监督职能作用，切实加强共同富裕检测研究"的主题演讲。根据国内外历史文献以及我国政府统计职能的演变情况，统计监督、统计监测天然地存在于统计工作中，是统计部门的重要职能。新时代以来，党和国家给予统计监督和统计监测前所未有的重视。2021 年中办、国办联合印发《关于更加有效发挥统计监督职能作用的意见》，更是为统计监督和统计监测提出了具体要求。可以看到，统计监督和统计监测已成为党和国家监督体系的有机组成，这在全世界统计理论研究和实践领域都处在前沿位置。根据中央统一部署，统计部门需会同相关部门开展高质量发展综合绩效评价，国家重大区域发展战略的统计监测，联合国可持续发展目标的统计监测。当前，开展共同富裕统计监测研究和实践工作是我们正面临的一大重要任务，需要处理好共同富裕的目标和实现路径之间关系，处理好过程和结果的关系。基于科学性和思想性相结合，统一性和简洁性相结合、静态和动态相结合等原则，我们探索构建共同富裕统计监测指标体系，主要包括富裕和共享两个方面，以物质和精神两个方面反映富裕，以公共服务普及普惠程度、发展均衡程度等方面来反映共享。

邱东作了"从统计视角看推进共同富裕的社会基础结构"的主题演讲。在推进共同富裕工作中，我们要关注共同富裕的"起点"问题。充分利用好经济社会统计指标，以系统、整体的思维把握核心问题，处理好做大"蛋糕"和分好"蛋糕"的关系，重点不在于经济体量，而在于创新创业的活力，以及提高人民的生活水平，以分好"蛋糕"来激励人们更好地参与到做大"蛋糕"工作中。此外，还要重视经济统计的常规分析，尤其要处理好成本和效益、过程和结果之间的关系问题，要客观理性地看待经济波动问题，要重视统计监测的地区性、阶段性和动态性问题。在推进共同富裕中，不仅要做好高速、高铁、高楼等硬件设施建设，还要特别重视社会基础结构等"软件"建设。相应地，统计监测和统计测评也应该包括社会基础结构等内容，并用这样的思路来完善共同富裕的统计监测和统计测评工作。

张斌围绕"充分发挥国家调查职能，深化共同富裕统计监测"作了主题演讲。面向浙江高质量发展建设共同富裕示范区，浙江调查总队充分发挥国家调查职能，推进共同富裕统计监测重点工作，成效显著，主要包括抓好居民收支数据生产，加强重点指标研究和测算，刻画分析"中等收入后备群体"特征，构建共同富裕评价指标体系，探索开展浙江共同富裕指数研究。跟踪调研共同富裕示范区进展情况，也发现了一些重点难点问题，从做大"蛋糕"角度来看，高质量发展为共同富裕提供的物质基础还不够丰厚和坚实；从分好"蛋糕"角度来看，以制度创新促进居民收入更加均衡、协调还不够有力有效，亟待以改革创新来缩小城乡间、区域间和群体间的收入差距，同时还要改革并优化四大收入结构，提高居民财产性收入比重。共同富裕统计监测方面也面临着一定的难点问题，缺乏一个综合、全面、精准的共同富裕评价指标体系；居民收入源头数据的应统尽统和样本代表性不足问题突出；重点指标测算方法有待完善；大数据等新技术、新方法的应用不足。下一步，我们将重点做好监测方法、统计服务、手段方法、人才培养等方面的创新工作。

王美福作了"'全面覆盖＋精准画像'共同富裕基础数据库建设"的主题演讲。"全面覆盖＋精准画像"共同富裕基础数据库建设将为构建共富型统计体系提供保障。国家要求对浙江共同富裕示范区建设开展全方位、全路径、全过程的统计监测，摸清重点群体底数和群体特征，为差别化收入分配激励政策提供数据支撑。浙江部署建设"全面覆盖＋精准画像"的群体数据数据库，全面覆盖浙江全域常住人口，精准地刻画出人、户和群体关联的基本信息，推进形成中等收入标准，精准识别低收入群体，更好地服务"扩中提低"政策行动。当前，浙江依托一体化智能化公共数据平台，通过数据技术多跨场景应用来搭建"1＋3"的总体架构，形成基础数据库，开展精准画像。下一阶段，浙江将在全国率先探索建立共同富裕统计监测体系，率先探索建立跨部门汇聚到人的基础数据库，率先探索建立个人数据有条件共享。但是，当前还存在着依法保护数据共享难、有效利用社会大数据比较难等挑战，有待进一步研究。

罗良清作了"共同富裕统计监测的一点思考"的主题演讲。要开展统计监测或评估，就要明确共同富裕的内涵和目标。学界关于"共同富裕是社会主义的本质要求"已达成基本共识，但还未就共同富裕内涵形成一致认识，这就有碍于形成共同富裕统计监测或评估指标体系。关于共同富裕的维度选择、维度划分和技术指标选择，学界也形成了几类代表性观点，主要包括从富裕和共享程度，从过程和结果方面，从贫困和收入差距角度进行划分，但是，这样的划分很难全面体现政治、经济、文化、社会和生态等各个领域的内容。关于指标体系设计，研究者根据各自学科背景，分别从经济学、社会学、福利学、政治学等角度来开展研究，但是缺乏一套相对完善的指标体系。接下来，学界需要对共同富裕内涵进一步达成共识；基于共同富裕分阶段目标，我们应该研究以不同的路径来推进各个阶段的目标；进一步明确共同富裕的测度标准和基本原则，确定测度边界；把握好国家重大战略之间的逻辑关系，促进各大战略协同发展，并以不同战略间协同推进的视角来研究共同富裕。

洪兴建作了"共同富裕监测评价的几点认识"的主题演讲。"共同富裕"的主体是"全民共富"，内容是"全面富裕"，前提是"共建共享"，过程是"逐步共富"。"人类发展指数"（HDI）、"全面小康监测评价"和"共同富裕监测评价""三种现象"对共同富裕监测评价有着一定的启示，但也存在局限。关于共同富裕指标体系设置，需要遵循一系列原则要求，主要有简单易行，以客观指标为主；以产出指标为主，不可将共同富裕与高质量发展混淆；共同富裕作为富裕和共享的结合体，脱离共享的纯粹富裕指标不应该纳入共同富裕指标体系中；可以构建一个基础性指标体系，再根据实际需要编制专题指标体系。关于共同富裕监测评价，可以从基础指标体系和扩展指标体系两个方面进行考虑，其中基础指标体系是核心，以基础指标体系为起点，再根据具体的研究任务，构建扩展性的指标体系。扩展指标体系是基础指标和侧重点指标的结合。关于共同富裕指数构建方法的建议，宜采用几何平均方法，因为算术平均法不合适，算术平均法是相加，某个指标的短板完全可以通过其他指标的长板来弥补和替代，这与共同富裕所体现的全面性不一致。

充分发挥统计监督职能作用，切实加强共同富裕检测研究①

闫海琪

大家好！在这里我要特别感谢李金昌书记，李金昌书记发表的两篇文章跟我这个题目都是密切相关的，第一篇是 2021 年 6 月发表的《新时代发挥统计监督职能的思考》，第二篇是 2022 年 2 月发表的《共同富裕统计监测评价探讨》。这两篇文章的关键字和我的汇报内容很多是重合的，包括统计监督还有统计监测评价，最重要的是共同富裕。李金昌书记在 2022 年 2 月这篇文章里面不仅做了方法上的研究，还结合浙江实际情况做了测算，通过过程性、结果性评价指标体系做相应的监测和分析，这篇文章影响力很大，所以首先要感谢这两篇文章。

今天，我首先讲讲统计职能演变与统计监督，其实，统计职能本身就带着统计监督的含义。其次，结合 2021 年 12 月中共中央办公厅、国务院办公厅印发的《关于更加有效发挥统计监督职能作用的意见》，谈一些自己的思考，这一文件对统计监督、统计监测也提出了一些具体的要求，特别针对我们的实际工作，该文件对统计

① 报告人简介：闫海琪，国家统计局统计科学研究所所长，兼任中国统计学会副会长、秘书长，《统计研究》主编，《调研世界》总编辑，正高级统计师。研究领域为世界经济、国际统计与比较、信息化调查和分析、宏观经济等，发表论文数十篇，研究成果获得多项省部级奖励。

监测的具体内容也做了一些要求，这对我们学习和思考是很有启发的；最后谈一谈关于共同富裕统计监测研究的一些思考。

一、统计职能演变与统计监督

大家都很清楚，在古希腊语中，统计的词根是与国家这个词相关联的。从古代社会开始，统计的核心就是人口、土地、财政、税收、军事等，这些都是和国家紧密相关的。所以，实际上，统计监督应该说是统计与生俱来的、自带的一个职能。李金昌书记对社会经济统计学的源起也有研究。配第在撰写《政治算术》时就讲要用统计图表展现统计数据。实际上，这就是说，国家治理的情况、效果、效能是能够通过统计而得到体现的。17 世纪德国的国势学派也是社会经济统计学的一个分支，从这方面来看，国家治理和监督是天然地联系在一起的，也就是说，统计监督是统计自带的一大职能。李金昌书记在 2021 年 6 月《统计研究》期刊发表的文章中也讲了一些。

下面，我说文解字地来进行讲解。清华大学教授李学勤是国务院历史学科的召集人，2019 年不幸去世，他在历史学方面有着重大影响。他对监督有一个考证，他是夏商周断代研究组的组长，所以他在历史学界的地位是很大的。监字，上半部分其实就是一个人的眼睛凸出来，下面一个器皿；督字，也是两部分组成的，上半部分是一个叔，下面是个目。"叔"字在古代还有豆的意思，豆也比较小，这意味着从细微处观察。监就是从上面观察，所以"监"和"督"都有看、查看的意思，而且如果从"监"字的意思来看，特别像英文"supervision"这个词。这个词也体现了从上往下看，所以是包含视角、身份、地位等含义。所以，它是有监督、督查、检查的意思。

下面，我再报告一下统计职能的演变情况。其实，大家都知道，统计三大职能有着不同的版本，最新的版本应该是统计调查、统计报告和统计监督，2009 年修订的《中华人民共和国统计法》就是这么表述的。当然，在早先时候也曾出现过类似的表达，我记得那时候刚参加工作，时任局长张塞就讲信息咨询监督。实际上，这是在 1988 年就提出来了。新中国成立后，国家统计局于 1952 年成立，早先还不是独立的，隶属于财经委员会下面，那个时候就已经开始了统计工作。当时 1951 年，李富春刚刚从东北调到北京任国家纪委任主任，他就在全国财经统计会议（这个会议后来也被称为第一次全国统计工作会议）说明了这个内容。因为当时主要为了服从于计划经济管理的目的，所以提出要进行计划的管理和监督，统计工作就是最有力的武器。第二年《人民日报》的文章也做了类似的阐述，通过"否定之否定"来讲解统计的重要性，就是说，没有及时地统计工作，检查、计划、执行也不能发现问题。

国家统计局成立之后，继续深化三大职能。国务院 1963 年通过《统计工作试行条例》中就讲到，主要还是从计划经济角度看问题，统计的基本任务是要全面、系统、及时地搜集、整理和分析国民经济统计资料、如实反映情况，制定政策、编制计划和监督、检查政策计划、执行计划。相比 1951 年，关于统计职能的这一论述更加深入，认识也更加全面。改革开放以来，我们进一步深化认识统计职能。李金昌书记在《新时代发挥统计监督职能的思考》一文中也提到了。时任国家统计局局长陈先在全国统计局局长会议的报告中论述了统计职能。1979 年 4 月，《人民日报》社论发表文章《关于充分发挥统计监督作用》，也强调了统计监督职能。但是，当时的统计部门并没有直接被赋予监督权利。1984 年，新中国首次颁布了《中华人民共和国统计法》，系统描述了统计的基本任务，主要体现为两大方面、四项工作，即进行统计调查、开展统计分析、提供统计资料、实行统计监督等四个方面。刚才，我们也提到了，在1988年全国统计工作会议上，张塞同志提出了三大职能。1990 年，他全面阐述了三大职能之间辩证统一的关系。当前，我们还正在继续考虑修订统计法，目前我们正在执行的应该是2009 版统计法，这一版本的统计法中规定了统计机构和统计人员可依法行使的权利，包括统计调查、统计报告和统计监督等三个方面的职权。总体来看，统计调查和统计报告职能的发挥应该还是比较充分的，相比之下，统计监督职能发挥还不够充分。以上是改革开放初期的情况。

新时代以来，习近平总书记给予统计工作前所未有的重视，党中央的重视也是前所未有。按国家统计局局长宁吉喆同志的话，党的十八大以来，中央通过相关文件共有 9 份，重点关注了我们今天在说的统计监督职能，出台了一系列的意见、办法、规定，统计系统的同志都是比较清楚的。具体来说，包括关于完善统计管理，提高数据真实性的意见，以及关于统计违法、处罚处理办法、统计督查等方面的规定，还包括后来的三大核算改革，另外还有关于推动高质量发展、生态文明等等。前后总共有 9 个文件，其中的第 9 个文件也就是2021 年 8 月中央深改委会议讨论通过，12 月中共中央办公厅、国务院办公厅正式印发的《关于更加有效发挥统计监督职能作用的意见》。这一文件体现了对统计监督和统计监测工作的一些要求。

下面，我们对这一部分做一个简单的总结。我们应该把统计监督职能提升到一个新的高度，即上升到包括党的十九届四中全会，以及党和国家监督体系的有机组成部分，这是最近几年的事情。从全球视角来讲，可以说，也只有中国能够提到这样的高度、深度和广度。所以说，在统计监督理论和方法研究领域，我们是走在世界的前沿。就这方面来看，我们国家不是跟随者，而是先行者。李金昌书记在他那篇文章里面也讲到，无论从深度、广度、高度，其他国家统计监督理论研究和实践工作都没达到我国的层次。所以说，这一领域的相关理论方法研究也是一个非常前沿，它涉及多学科的交叉融合，这是我们统计学科发展前沿地带。所以，我们需要不断加强统计监督理论研究，进而为更好地发挥统计监督职能提供坚强有力的智力支撑。另外，还要坚持四个面向，这是党的十九届五中全会提出来的，面向世界科技前沿、面向经济主战场、面向国家重大需要、面向人民生命健康。这也为我们的统计监测研究和实践指明了方向，我们要结合党和国家政策的实施、五年规划的执行，还有区域、共同富裕、专业领域等内容来开展统计监测。

二、《关于更加有效发挥统计监督职能作用的意见》的解读和思考

接下来，我报告一下学习《关于更加有效发挥统计监督职能作用的意见》的一些思考。其实，这个《意见》不到 3 300 字，但对统计监测、统计监督都有较多的考虑，主要分为三个部分：第一部分是总体要求；第二部分是主要任务；第三部分则是加强组织领导。在总体要求里，这一文件对监测或者监督也提出了一些要求，都是比较原则性的，包括科学性、及时有效、数据质量等方面的要求，这些原则对开展统计监测有着较大的指导作用。在主要任务方面，第一项、第二项任务跟统计监测密切相关，所以，我将单独拿出这块内容来进行说明。第三项就是统计监测和统计监测评价的职能，共同富裕跟这个方面密切相关。关于加强推动高质量发展的统计监督方面，文件提到运用综合评价法来开展相关监测。在加强组织领导这一方面，也有统计监测的相关要求，重点指出要加强理论方法的研究。所以说，直接相关的内容主要有两块。因为主要工作任务共有四项，而其中的两项是与统计监测相关的，所以，这个文件还是很重要的。

作为政府统计科研机构，要全面落实好《关于更加有效发挥统计监督职能作用的意见》精神，我觉得应该坚持做好三个坚持。一是坚持目标导向，要落实总体要求，刚才所说的总体要求，对统计监督也提出了一些原则性意见，包括提高数据质量、科学性等。二是要坚持问题导向，完成主要任务，这里主要任务其实有两大项：第一项统计监测职能，第二项推动高质量发展的统计监督。这两个方面的内容是跟统计监测密切相关的。三是要坚持创新引领、加强组织保障，《意见》明确提出，要积极开展统计监督理论和实践探索，为更好发挥统计监督职能作用提供支撑。

下面，简要地报告一下统计部门所开展的统计监测工作。第一个方面就是会同有关部门开展高质量发展综合绩效评价，积极推动、改进政绩考核办法，引导干部树立正确的政绩观，这是一个系统工程，是我们协同推进的一个工作。第二个方面的主要工作是涉及国家重大区域发展战略的监测。党的十八大以来，党中央先后制定并实施了京津冀协同发展、雄安新区、长江经济带、粤港澳大湾区、长三角一体化，包括黄河流域生态保护、高质量发展，以及海南自贸区等一系列国家重大区域发展战略的统计监测。推进这些战略需要发挥统计职能作用，尤其是统计监督、统计监测的职能作用。很多工作是要依靠地方统计局开展的，如京津冀协同发展，主要由北京市牵头，长三角则由上海牵头、浙江参与，长江经济带是由武汉牵头，海南自贸区就是海南省。第三个方面是联合国可持续发展目标的统计监测。大家都知道，联合国 2030 年可持续发展目标指标应该是 232 个左右，这是一个非常庞大的体系。从目前各国常规监测的情况来看，做得比较好的国家应该是 40% 左右，中国也在这 40% 之中。当前，我们还面临着完善监测指标体系等基础性工作。除了指标设定，更多的还是要进行统计设计、统计调查、统计报告，然后才能行使统计的监测，其实，这里边的内容是很多的，包括指标本土化。就是说，要紧密结合各国实际，有选择地构建这方面的指标和监测体系。

还有就是关于共同富裕的监测，这也是我们的重要职能，已经纳入了"十四五"时期现代化改革的重点督办事项。浙江已经开展这方面的工作，国家统计局也是大力支持的。

三、关于共同富裕统计监测研究的思考

下面我将汇报一下关于共同富裕统计监测研究的一些思考。刚才李金昌书记讲，我们这个工作起初重要的就是要对它的丰富内涵和基本要求做一些了解。从全球比较来看，我们的共同富裕可能需要更多体现的是中国特色。在国外，共同富裕的含义基本上类似于共享繁荣的概念，其内容没有我们丰富，所以有必要梳理一下这个脉络。在中国历史上，古人就提出了一些理想和思考，包括小康社会、大同社会等。1953 年，由毛泽东同志主持起草的《中共中央关于发展农业生产合作社的决议》就提出了共同富裕的概念，文中指出"这个富是共同的富，这个强，是共同的强，大家都有份"。邓小平同志作出了"共同富裕是社会主义的本质"这一著名论断，他将共同富裕上升本质特征这一高度来进行解读和理解。江泽民同志、胡锦涛同志都有相关的论述。江泽民同志在论述共同富裕时，最有代表性的内容是处理好效率与公平之间关系；胡锦涛同志提出了科学发展观，强调要更加注重社会公平，尤其在区域发展战略方面提出了一系列重要举措。习近平总书记对共同富裕的论著应该是最全面，也是最多的。

我们可以考察党的十八大以来的几次重要会议，一方面，中央深改委第二十一次会议对共同富裕作了专题研究，内容相当丰富。再早一些，党的十九届五中全会对扎实推动共同富裕作出重大战略部署，"十四五"时期全体人民共同富裕迈出坚实步伐。党的十九大报告提出了到 2035 年"全体人民共同富裕迈出坚实步伐"，党的十九届五中全会则是把共同富裕作为"十四五"时期的重要目标而提出，表述为 2035 年"全体人民共同富裕取得更为明显的实质性进展"。党的十九大报告提出，到 2035 年"全体人民共同富裕迈出坚实步伐"，到 21 世纪中叶"全体人民共同富裕基本实现"。由此可见，2025 年、2035 年和 2050 年左右应该有三个相应的阶段性目标。另一方面，我们需要认真学习 2021 年中央经济工作会议提出的三重压力、七大政策、五个问题。其中，第一个问题就是要处理好共同富裕的目标和实践路径之间关系。针对共同富裕的内涵，我们也做了一些梳理。从实现路径来看，主要是做大"蛋糕"和分好

"蛋糕";从实践方式来看,主要是共建和共富。这两个方面可能就是李金昌书记所说的"过程性"。当然,我们也要更多地看共同富裕的结果,要看其实现水平和实现程度,要全民共富、全面共富。不仅要富口袋,还要富脑袋;不仅要物质富裕,还要精神富裕,包括精神的自立自强,树立和践行社会主义核心价值观,还包括环境宜居程度、社会和谐程度等内容,总之要体现人的全面发展和社会的文明进步的方方面面。

总之,共同富裕是一个动态的过程,要久久为功,又要结合阶段性目标和要求来扎实推进。相应来讲,基于其丰富内涵和理论认识,构建共同富裕监测指标体系应该遵循几个方面原则。第一个原则是科学性和可行性相结合,指标要科学,要全面、真实、准确,同时,指标还应该是可测可采、可以获得的;第二个原则是统一性和简洁性相结合,大家可能会想到人类发展指数,这一指标体系有四个指标组成,特别简洁高效实用,三大维度、四个指标均得到广泛应用,所以说,指标并不在于多,而在于精准地反映客观情况;第三个原则就是静态和动态相结合,如果要体现获得感和幸福感,还需要相应的主观感受方面的内容。

目前,我们在研究一项共同富裕相关的课题,需要加强跟部门的合作,加强跟学界学者的沟通交流。前期,我们也征求浙江方面的意见。我们希望能够构建一个比较简洁而又明细的指标体系,估计20个左右的指标。指标体系主要包括两个一级指标:一是富裕;二是共享。二级指标主要是从物质和精神方面反映富裕,从公共服务普及普惠,以及均衡发展等方面来体现共享,两个方面整合起来就是共同富裕的指标体系。当然,目前还不成熟,还有待于进一步的深化。

四、个人感受

我们要继续深入学习领会习近平总书记的重要论述，也要持续开展相关工作。共同富裕统计监测是一个有机的工作体系，它不是简单地做一项课题，做一项测算，形成一个报告就完事，它应该是一个常规的、动态的、系统的工程，包括指标的选择，指标的可得不可得，不可得的指标还需要重新设计、开展调查、处理数据、形成相关报告，还要有监测分析等，最后，才能将其用在考核方面。我们既要建立考核的指标体系和考核评估办法，也要制定行动纲要。目前，行动纲要还未出台，我们也期待相关部门尽快形成具体意见。一旦推出，我们将抓紧推进后续工作。这就是我今天汇报的内容，谢谢大家！

从统计视角看推进共同富裕的社会基础结构①

邱 东

大家好！谢谢李金昌书记。刚才间海琪所长的报告，梳理工作方面下了比较深的功夫，而且，最后也讲到共同富裕监测是一个长期性的工作。我也认为，要想做好这项工作，必须要注重基础构建，尤其要从社会基础结构的角度切入，整体视角就是经济统计的视角。其实，这个视角跟间所长所提的视角是高度一致的，主要包括三个要点：

第一个要点，在推进共同富裕工作中，我们要对"态势"中的"态"，共同富裕工作的"起点"，要有一个清醒的认识。第二个要点，刚才间海琪所长也讲到了经济统计的常规分析。这值得高度重视，但是，大家对经济统计的常规分析，有时候并非很重视，总觉得经济统计非常简单。虽然这是一项常规性的工作，但是做起来还是有难度的。社会上存在很多指标的误读和误判。第三个要点，在推进共同富裕中，经济统计进行监测工作，要特别重视社会基础结

① 报告人简介：邱东，讲席教授，长江学者特聘教授，博士生导师。现任全国哲学社会科学规划项目学科评审统计学组召集人，教育部科学技术委员会管理学部委员，全国统计教材编审委员会副主任等，曾任东北财经大学校长、中央财经大学党委书记、第十届全国人大代表、中国统计学会副会长、世界银行第 8 轮 ICP 技术咨询组成员等。研究成果集中于国民经济核算、经济测度、国际比较、中国统计改革与发展、多指标综合评价方法、可持续发展、宏观调节与区域发展等领域。

构（social infrastructure）。我们对社会基础结构重视可能比较多的，但更多是物质的，而对社会软实力方面的重视还不够。经济统计在推进这一工作时所能得到的要素支持和理解不多。所以，我们要做好这个工作，需要有一个非常好的基础，也就是闾海琪所长所谈到的最后一点。

下面，我们谈谈第一个点，共同富裕的"起点"问题。关于"起点"问题，建议大家要真正理解"十四五"规划建议针对中国基本国情所指出的"两个仍然"：中国仍然处于社会主义初级阶段，中国仍然是发展中国家。这"两个仍然"非常重要。在这次会议上，浙江大学文科资深教授李实先生提出："现阶段中国仍然是一个低收入（人群）为主体的国家。"这里有一系列数据，时间关系，就不说了。

那么，我们该如何协调这两种认知？关于"世界第二大经济体"和"两个仍然"，这次会议主旨演讲也有嘉宾还提到了这些问题，事实上，这涉及推进共同富裕的国家能力和社会能力两个方面。

我们该如何判断下一步经济增长潜力？我们"对标法"思路是否可靠？这些都是需要充分考虑的。回到共同富裕这一议题。是不是有这样一种判断？中国经济效率的成绩不错，已经有充足的本钱来推进共同富裕。似乎"做蛋糕"的问题已经解决了。接下来的主要问题是怎么切？

刚才闾海琪所长也提到了"做蛋糕"和"切蛋糕"，中央精神是一个统一的整体。但是，我们的做法很多时候并不符合统一性和整体性，包括一些社会舆论。所以，我强调要充分利用经济社会统计指标，以前只有总量指标和静态结构指标，这显然是远远不够。

美国刚开始发起对华贸易战时，有人开展了静态结构指标研究，提出中美贸易差额占我国国内生产总值（GDP）总额比重很小，影响不大。这是静态结构指标的严重误判，所以要"门卫三问"：即在日常生产中，我们是谁？从哪里来？要到哪里去？这里就涉及利用经济统计指标对国情进行基本判断。很多人说中国是经济大国。但从人均量看，这个说法就不那么充分。所以，我们应该强调的是经济总量大国。但是，我们作为 GDP 总量大国，是否就是经济总量大国？这是需要画问号的。因此，我又加了两个字，经济流转总量大国。

GDP 最基本地体现了一国的"经济活跃程度"，这更多地指向"就业"，未必就是"增加值"。"增加值"是需要条件的，就是要扣干净中间的消耗。"总产出"减去"中间消耗"才等于"增加值"。但也有人说，经济统计还很难做好"减法"的。这个非常难做。中美贸易差额？美国发动贸易战的理由？刚才提到的误判，其实就是这个指标差异所致。我们认为"中间消耗"尚未扣除干净，双方对应扣除多少的"中间消耗"意见不一致，可见，"减法"是有问题的。

所以，我们要坚持"十四五"规划建议所强调的"系统观"。在开展分析时，跷跷板两头都是不可取的，高质量发展的另一面就是低质量的增长。2021 年 1 月，斯蒂格里茨跟林毅夫的对话强调，核心问题不在于经济体量的大小，而在于谁更有创新创业的活力，谁更能提高人民的生活水平。我们讲"共同富裕"时，存在一个问题，实际上新兴国家也存在这样的问题，即过度关注 GDP 总量追赶的惯性。我们建议，在资源和收益双重严重偏态分布的全球化格局下，对所有的富国和富人而言，很多看似高尚的主张都需要进行

"主体追问"，即谁的问题。例如，某个东西能提高效率，那么，究竟是谁提高了谁的效率。例如，大家都说清洁生产好，那么就要追问：谁的清洁生产？谁的清洁生活？谁的可持续发展？只有这样，在全球"做大蛋糕"之时，中国贡献了力量，中国也该得到自己应得的一份。"做蛋糕"和"切蛋糕"是同一动态过程中无法截然区分的两种组分。所以说，我们应在全球化背景下推进共同富裕。

我们一直强调要坚持开放，但必须要注意，并不是一"开放"就能带来"增长"。因为原来的开放比较简单，就像国家与国家之间存在两道墙，我们"开放"正好遇到人家也"放开"。这样两两相匹配，才能取得实效。那么，现在的问题就是匹配。所以，在下一轮的"开放"中，要提高工作水平，就要以产业统计的详细数据为基础，来开展科学分析。

下面，谈谈第二点经济统计的常规分析。我觉得，这次大会非常好，会议的一大特点就是重视对经济统计的常规分析。李金昌书记结合浙江实际，从统计角度来研讨共同富裕，做了一个高质量的报告。李实教授的报告、蔡昉教授的报告、盛世豪研究员、卢迈研究员等人的报告都以经济统计的常规分析为基础，进而得出一些认识。江小涓教授、张卓元研究员指出了常规分析的重心，指出常规分析是有生产力的、有潜能的，不应该被忽视。

在推进共同富裕中，我们要进行监测，要进行常规分析。这里有几个方面需要注意。

第一个方面，要注意从成本和效益两方面开展分析。我们都知道，按"速决战"方式去打"持久战"，一定会有额外成本。成本效益分析是不是真正到位？除了显性成本和收益外，还有隐性部分。这是属于显示度的内容。从纵向时间来看，还有短期成本、短期效益与长期成本、长期效益。所以，我们都需要从两个方面看问题。如果只看到显性效益和短期效益，忽略长期成本、隐性成本，这样在现实中就容易出现判断偏误。所以，经济测度并不是中性的，选择指标是有国家和社会主观立场的。在推进共同富裕中，我们要落实有很多措施，要分项目、分地区、分时期进行成本效益分析，要有推演。这是我们的工作。只有事后监测，或者事中及时监测是远远还不够的，还要有事先推演，加上事中和时候监测，只有这样，才能取得实效。

第二个方面，我们要对经济波动持有"平常心"。如果只看经济，也不可能总是线性进步的，而是有起有伏，"伏"很正常。要提防"失速恐惧症"。我们不能迷信"奇迹"。"奇迹"事实上就是"例外论"，我们反感"美国例外论"和"美国优先论"，当然，我们在经济增长上也不能模仿这个路数。现在网络上经常表现出中国经济增长舍我其谁的架势，这是不妥的。如果相信"世界离不开中国"，那么，硬币的另一面就是"中国离不开世界"。总之，常规分析就是根据"基层原理"（或者逻辑）生产"基础数据"，揭示"基本事实"。可以说，"三基"是经济统计的使命。

第三个方面，监测应该是阶段性的，动态性的。我们在布置工作时，要考虑基层如何应对。要有这个机制，就是动态反馈。同时我们要考虑到任务的饱和度问题。有"硬任务"也有"软任务"，怎么来匹配？社会经济结构为什么越来越需要重视？与不同类型的任务之间匹配相关。如果任务过于饱满，时间有限，基层就多干"硬任务"。多干"成果显示度"高的任务。

第四个方面，"共同富裕"可以从目标来提出。但是，刚才阎海琪所长梳理也提到，我们还可以从过程来看"共同致富"。这个思想就是"做蛋糕"和"切蛋糕"不是截然分开的，而是有机统一。"做蛋糕"时应内含了优化"切蛋糕"的内容，只有这样，才能让更多的人持续、积极地参与"做蛋糕"，并从中得到相应的一份。此外，还有哪些问题值得考虑？例如，当效率和公平之间发生矛盾，你是否愿意牺牲一定的增长速度。这些都是需要思考的问题。但是，现有的统计方法往往将对象作"定格"处理和平均处理，做线性简化处理。在数据解读中，这样的做法可能会带来误解和误读。所以，常规分析的"分析"应是广义的，包括了综合的内容，应该多维度地综合。

第五个方面，共同富裕作为"公共产品"，不同国家的需求和供给不同。小国和大国国情不同，对共同富裕的诉求也不一样。例如，有些国家的民众更注重来世，对当下的不平等却显得比较陌生，共同富裕诉求就没有那么大。有些国家的民众习惯了精英文化取向，容易接受富豪高收入和高财产，社会压力也没有那么大。但是，我们就怕发生孩子成长中出现的现象：孩子行为上要自主，承担结果时却要家长"兜底"。有孩子的家庭都知道这种孩子最麻烦的。当民众"获得感"要求与日俱增时，这种麻烦很可能会到来。

总的来说，推动共同富裕不是一件容易的事。浙江应该是做得比较好，毕竟浙江是高质量发展建设共同富裕示范区。如果放大到全国，对经济统计而言，开展经济统计常规分析也并非易事，我们得从长计议，需要打好基础。这意味着这是一场"持久战"，而非"速决战"。但是，在多数发展中国家，经常会出现一个突出的现象，无法自主把握"节奏"，因为发展机会、增长机会太难得。发达国家往往是一个强大的负外部性存在，精英国家之间也是竞争激烈。

所以，如果我们是备战"持久战"的话，就得更加重视基础结构建设。当然，我们一直很强调基础建设，如"要致富，先修路"。实际上，高楼、高速、高铁"三高"都属于物质基础结构。有了写字楼，得增加写字的人。不然，写字楼是空置的，所以更注重发展的质量和层次。然而，社会性基础结构就是属于高层次公共品。经济统计常规分析应该包括这一重要内容，这是一种"软实力"。再如，应对美国贸易战时，如果缺乏基础数据，那么，难得临时突击加班就能搞清楚到底怎么回事？所以，这属于"慢活"。它不像盖楼、铺路，有时可以加班，这种是耗时间的，要尽快提早布局。

我们做了40多年的投入产出表工作，现在编制了150多个部门的。但是，这与发达国家之间还是存在着差距，他们往往能够编制500多个部门，美国经济分析局（BEA）工作表甚至囊括了1 000多个部门。从150到500部，差距是明显的。短期突击肯定还不行，整个产业统计基础都涉及这个。但是，分类太粗的话，投入产出表就没有太大的核算意义。大家想一想，三个部门的投入产出表，能获得什么结论呢？就像在数学研究中，用一根直线模拟一条曲线和用N根直线模拟一条曲线，两者的效果自然是不一样。

刚才间海琪所长谈到了可持续发展目标。相对这一目标，现在数据口径还是有一定差距的，那么，该怎么办？谁来弥补这个口径？这些问题值得思考。"债"不只是"资金债"，有"资金债"和"工作债"之分，有些时候，我们欠下了一些"工作债"。中国是一个地理大国和人口大国，统计任务尤其繁重。由于体量差异造成的特征差异，分地区和跨地区的经济统计常规分析都是必要的，这是属于额外追加的基础性工作。

我今天就说这些，谢谢大家！

充分发挥国家调查职能，
深化共同富裕统计监测①

张　斌

尊敬的李金昌书记，各位领导、专家，各位统计界的同仁们，大家下午好。

2021年5月中央批准了在浙江开展高质量发展建设共同富裕示范区。在示范区成立一周年之际，浙江财经大学以"共同富裕统计监测"为主题举办研讨会，我觉得特别有意义，也非常荣幸受邀来向大家介绍一下国家统计局浙江调查总队在这方面开展的一些实践、探索和思考。

刚才间海琪所长和邱东校长的发言启发非常大。浙江调查总队是国家统计局派出在浙江的统计调查机构，其中一项重要的职能就是开展住户调查和居民收支统计监测，我们立足于这个职能优势，主动服务共同富裕的重大战略，强化统计调查的服务和保障，也不断提升统计监测的质量和水平。过去的一年，省委省政府领导对我

① 报告人简介：张斌，国家统计局浙江调查总队党组书记、总队长。曾任《今日浙江》杂志社社长、浙江省统计局副局长，以及浙江省统计学会会长、《统计科学与实践》杂志编委会主任。长期从事浙江经济社会发展、统计科研与实践方面的研究，主持《浙江共同富裕指数实证研究》等重大课题，撰写多篇研究文章。作为浙江省高质量发展建设共同富裕示范区领导小组成员，负责共同富裕统计调查方面的重要工作，组织编写《2021年度浙江省共同富裕统计调查分析汇编》。

们这项工作给予了充分的肯定，袁家军书记批示指出"总队围绕高质量发展建设共同富裕示范区重大任务，勇于担当、创新有为，发挥了重要的作用。"下面我借此机会，向大家介绍四个方面的情况。

第一个方面，发挥国家调查职能，推进共同富裕统计监测重点工作。这里我主要介绍一下四项重点工作。

一是全力抓好居民收支数据生产。大家知道，共同富裕需要居民收入水平及城乡区域结构均衡性发展，在浙江高质量发展建设共同富裕示范区的 56 个统计监测指标中，有 11 个指标是与居民收支调查数据有关。为了抓好居民收支数据生产，我们主要做好三方面工作：第一，抓好调查网络建设。目前全省住户调查共有样本户 24 000 多户，我们建立了各级调查员机构、调查员、住户三级调查网络，通过定期走访、跟踪提醒、入户指导，及时高效地采集每一笔收支数据。第二，抓好基层数据质量。我们建立了住户调查数据五级联审机制，村级调查员对样本户进行计算辅导和源头数据初审，县级、市级、省级、国家级等各级统计调查机构的专业人员逐级进行数据审核、汇总和发布。第三，抓好电子化记账。为了减少中间环节对数据的干扰，我们在采集方式上从传统的纸质记账向电子记账变革，可以说实现了数据生产的全过程电子化。截至目前，全省电子计账覆盖率已经达到 85%。

二是加强重点指标研究和测算。刚才李金昌书记在主持中开始就讲了，怎么样以重点指标来反映共同富裕的成效，浙江省委、省政府在示范区的方案中就把家庭年收入 10 万~50 万元、20 万~60 万元这个群体占比作为衡量"扩中"成效的一个重要指标。为了完成这个全新指标的测算（因为这个指标目前还没有现成的测算方法，所以我们总队在国家统计局的帮助指导下反复研究了这个指标的测算方法），我们按照一家三口年可支配收入在 10 万 ~ 50 万元、20 万 ~ 60 万元这个静态标准，而其他人口规模，例如，一家是两口之家或者四口之家规模的家庭，参照 OECD 国家（地区）普遍使用的"考虑家庭搭伙生活规模效应的平方根系数法"来确定上下限区间，然后筛选得到入选这一标准区间的家庭。根据这些家庭户加权后的占比，也就得到了相应中等收入群体的占比。从测算的情况来看，2019 ~ 2021 年家庭年可支配收入 10 万 ~ 50 万元的群体占比，这几年年均提高 2.5 个百分点，20 万 ~ 60 万元群体占比提高 2.85 个百分点，表明浙江中等收入群体占比稳步提高，当然这个数据只是初步测算结果。

三是刻画分析"中等收入后备群体"特征。根据袁家军书记在全省共同富裕专题会上提出要"全面覆盖 + 精准画像"的统计工作要求，我们对全省年家庭收入 15 万 ~ 20 万元这个群体进行了研究。为什么选择这个群体呢？因为这个群体是中等收入的后备群体，也就是说这部分群体最有可能通过努力，直接就跨越到中等收入群体，所以对这部分群体开展研究，也特别有意义。我们开展了全覆盖的专题调查，也进行了特征分析，主要从三个方面进行分析。首先，从家庭特征看，这部分群体主要居住在城镇，小型户、老年户占比相对较高，工资性收入是主要的收入来源，文娱旅游消费相对较少，投资理财意识相对偏弱。其次，从劳动就业特征来看，产业工人居多，制造业占比最高；职业层次不高，超 3/4 的人为普通雇员；任职于小微企业、私营企业较多；劳动报酬相对不高。最后，从素质能力特征来看，这部分群体的劳动力年龄普遍偏大，文化程度、专业技能相对偏低，高学历人才、技能人才相对较少。通过这些调查分析，我们向浙江省省委省政府积极建言献策：要重点关注制造业，特别是制造业的产业工人群体以及就业竞争力相对较弱的中老年群体的就业和增收问题，这个也为全省精准实施共同富裕"扩中"行动提供决策依据。

四是探索开展浙江共同富裕指数研究。我们选取社会发展、生活富裕、精神富足、宜居幸福四个维度，构建了4个一级指标、10个二级指标、51个三级指标在内的共同富裕评价指标体系。利用历史数据纵向分析了2012年以来浙江共同富裕的实现程度，横向对比省内11个设区市2020年的共同富裕指数，同时还和上海、江苏等兄弟省市进行对照分析，比较我们自身的短板弱项。研究结果表明浙江共同富裕指数已经从2012年的15.3分提升到2020年的44.2分（我们是把2035年设定为满分100分），所以浙江共同富裕已经有了扎实的基础。但是也面临着很多困难，例如，转型发展转型难、区域发展不平衡、精神富足程度发展不快、公共服务发展潜力等待挖掘等等这些问题。相关研究报告也得到了省委主要领导的肯定性批示。

第二个方面，我将报告一下深入调查分析，跟踪反映共同富裕示范区进展情况。

浙江调查总队一手抓数据生产，一手抓专题调研，围绕共同富裕的重点、热点问题，发挥快速调查轻骑兵的优势，组织开展了相关调研55个，报送相关信息分析155篇次，获得省领导批示57篇次，积极为示范区建设提供统计支撑和服务。从调查分析的角度来看，浙江省共同富裕示范区建设应该说开局稳健、进展顺利。

可以说，建设共同富裕示范区一周年成效显著。主要表现在六个方面：第一，经济总量继续走在全国前列；第二，高质量发展动能进一步提升；第三，收入分配格局持续优化；第四，居民消费进一步升级；第五，区域发展更加均衡协调；第六，就业形势总体稳定。相关的数据大家都可以查得到，所以我就不展开了。我这里主要想讲一下，我们在监测中发现共同富裕示范建设过程中，还遇到一些重点和难点问题。

关于共同富裕示范区建设进程中遇到的重点难点问题，跟刚才两位专家讲的角度一样，我也是从两个角度来说，一个是从做大"蛋糕"的角度，另一个是从分好"蛋糕"的角度。

从做大"蛋糕"的角度来看，高质量发展为共同富裕提供的物质基础还不够丰厚和坚实。主要有三个方面的表现。一是居民收入低于经济增长速度。2021年浙江全体居民人均可支配收入实际增速低于同期GDP增速0.3个百分点，实现居民收入与经济同步增长还面临一定的压力。大家可以看这个表，从2016年到2021年浙江居民收入实际增速都是低于GDP增速。二是人均收入占人均GDP比重降低。2021年浙江人均收入占人均GDP的比重是50.9%，比2020年的52.1%低了1.2个百分点。这也说明我们居民共享经济发展成果还不够充分，劳动报酬在初次分配中的比重可能需要提高。发达国家的比重普遍都是高于50%，部分国家甚至高于60%。三是与上海收入水平绝对差距没有减少。可以看2016～2021年的情况，2017年开始浙江的收入增速快于上海，到2021年比上海快了1.8个百分点，但是绝对值却是进一步地扩大，从2016年相差1.58万元扩大到2021年的相差2.05万元，说明浙江省人均收入增速的提高幅度还不足以弥补与上海绝对值的差距。所以刚才邱东校长讲的观点我非常赞同，我们现在还是要继续把更多的精力花在做大"蛋糕"上，如何加快居民增收、提高整体居民的收入水平仍然是很紧要的一个问题。

从分好"蛋糕"角度，以制度创新促进居民收入更加均衡、协调还不够有力有效。

第一，缩小城乡收入差距仍需要改革突破。2016～2021年，浙江省城乡居民收入的倍差在持续缩小，现在已经缩小到1.94，但是收入的绝对水平还是在持续扩大，从2016年相差2.44万元到2021年已经相差3.32万元。我们分析发现，城乡二元结构仍然是制约当前共同富裕的一个关键性因素。农村居民在就业、公共服务、社会保障等方面仍然处于劣势；农业转移人口市民化的制度供给还不够完善，难以真正调动各地吸纳农业转移人口落户的积极性，这些都需要改革赋能来破解。

第二，缩小区域收入差距也需要改革创新。2021年浙江山区26县，山区26县指浙江发展水平相对落后的26个县，他们的居民人均可支配收入与全省平均水平的绝对差是15 000多元，较上年扩大了将近1 000元，差距还在进一步拉大。应该说这几年浙江省委省政府在山区26县经济社会发展方面下了很多功夫，成效也非常明显。但是相比其他地区还存在着基础设施滞后、城镇化水平较低、产业培育发展难度大、优质公共服务供给不足、优质人才不愿来和留不住等问题。山海合作的市场化共建机制仍在点上改革探索，如何在面上整体突破还需要改革创新。

第三，缩小群体收入差距仍需要改革加力。从2021年全省居民五等分收入分组情况来看，最高收入组与最低收入组之间的收入比相比较 2020 年缩小了 0.23 个百分点。但是从各个群体的获得感、幸福感来讲仍有很大的提升空间。我们的调查发现，低收入的农户多数反应增收渠道少、收入持续稳定增长的难度很大。从农民工的调查情况看，他们多数反映感觉到自身文化程度低、职业技能缺乏，很难从事技术含量高、报酬高的工作，目前的收入水平也难以在居住地落户成家。从产业工人调查情况看，多数反映目前收入分配在行业间差距比较大，产业工人的工资总体还是偏低。从政策层面看，以家庭为单位的共富财税政策体系还没有成型，保障"一老一小"重点人群的财税扶持政策还没有健全，通过财政税收来调节二次分配的改革仍需要加力。

第四，优化四大收入结构仍需要改革推进。从工资性收入、经营性收入、财产性收入、转移性收入四大结构来分析，2016～2021 年浙江农村居民收入中财产性收入的比重一直比较低，比城镇低 10 个百分点，而且绝对值的差距也在不断地扩大，从 2016 年的 5 700 多元扩大到 2021 年的 8 600 多元。所以，财产性收入增长缓慢成为制约农民增收的一个瓶颈，因此需要一些综合性的改革，例如，如何深化农村土地制度改革以及配套的一些相关制度改革，实现宅基地、承包地、农房的收益增值，从而促进农民财产性收入持续增长是共同富裕面临的一个现实课题。

第三个方面，我来谈谈共同富裕统计监测面临的难点问题。这些也是我们在工作中碰到的一些难点问题，和大家探讨一下。

一是缺乏一个综合、全面、精准的共同富裕评价指标体系。目前，我们在工作中感觉到需要从全国层面来制定一个能够全面、精准、统一权威地刻画共同富裕推进成效，能体现中国特色和时代特征，能全面反映基层群众共同富裕获得感、幸福感、安全感、认同感的监测和评价体系。前期我们也做了一些探索和研究，刚才闫海琪所长介绍国家统计局也开展了大量的研究，这个问题我觉得值得我们一起共同关注并且不断完善。

二是居民收入源头数据的应统尽统和样本代表性不足问题。从居民收入调查的特点来看，样本户容易出现漏记、少记的现象，源头数据的应统尽统问题始终是困扰居民收入调查的难题，尤其是高收入样本户的精准监测难度比较大，主要是调查配合度相对较低，而且收入来源渠道多，增加了一些记账的难度。同时为了满足测算中等收入群体比例这些新指标的需要，目前县一级居民收支调查的样本量总体还是相对偏少，可能会造成一些代表性不足的问题，这个也需要我们进一步地研究和探讨。

三是重点指标测算方法有待完善。我们查阅了一些国内外的相关研究，计算中等收入群体主要有绝对标准和相对标准两种方法，目前浙江省是按照 10 万~50 万元、20 万~60 万元的绝对标准来确定。从目前数据分析看，2021 年浙江 10 万~50 万元群体占比已经达到 70% 以上，2025 年的目标预计是达到 80%。根据我们估计，随着居民收入水平的整体上升，这个指标可能会维持在 80% 左右波动，不会出现明显的提升，因此指标会出现不灵敏。所以如何精准地反映中等收入群体规模和占比？这个问题是需要在实践中不断研究完善。

四是大数据等新技术、新方法的应用不足。前期我们利用浙江税务局提供的纳税数据探索个人所得税大数据在住户调查中的应用，但是由于涉及个人隐私，因此要实现税务、银行、社保等部门的数据与统计调查部门真正共享还存在许多障碍，这方面浙江省统计局已经做了大量的有益探索，也还需要下一步的研究。

以上这四个问题主要是我们在实践中遇到的一些难题，希望借这个机会也集中我们专家、老师、同学们的智慧一起来研究解决。

第四个方面，也是最后一个方面，我简单汇报一下下一步深化共同富裕统计调查的思路和打算。

刚才间海琪所长也讲到了最近国家统计局非常支持浙江共同富裕示范区建设的工作，也制定了一个重点改革的行动方案。那么浙江省局和浙江调查总队以这个为契机正在全力地推进各项工作，我们考虑要以改革的思维和创新的举措来开展共同富裕统计监测。主要包括以下四个方面：

一是要做好监测方法创新。

第一，完善重点指标测算方法。我们将进一步完善家庭年可支配收入 10 万~50 万元、20 万~60 万元群体共同富裕重点评价指标测算方法，基本实现省级、市级、县级三级数据可获得、可匹配。按照国家局制定的共同富裕评价指标体系要求，积极开展共同富裕指数的测算试点，争取共同富裕指数尽早在实践中应用。第二，创新完善住户调查制度。在征得国家统计局同意的前提下，拟在住户调查制度中新增加反映家庭资产、财富等相关指标，用于科学全面评价居民的富裕程度，综合分析不同收入群体、不同财富家庭的相关情况，为"提低扩中"政策精准实施提供参考。第三，高质量做好大样本轮换。2022 年是住户调查大样本轮换年，我们要充分利用好这个契机，科学合理地抽取能全面反映共同富裕涉及住户调查样本，为全面、准确反映共同富裕成效打好基础。

二是要做好统计服务创新。

第一，推进"专项调查＋精准刻画"相结合，服务共同富裕精准决策。在专项调查方面，紧紧围绕共同富裕的政策成效、短板弱项、百姓关注期盼，已经确定了一批专题调研和重点课题的选题，将形成重要研究成果，更加精准地服务党政决策。在精准刻画方面，考虑以住户调查大样本轮换为契机，对全省 20 万户级抽样框进行一次全覆盖的调查。通过对家庭收入、人口、就业特征的全面分析，对中等收入群体基本情况进行科学精准的评估测算，对各类群体的就业人员基本情况和收入差距进行全面的分析。第二，推进"客观指标＋主观评价"相衔接，全面反映共同富裕成效。不仅要通过居民收入及其延伸的一些客观指标来动态跟踪推进成效，同时还要通过专题走访调研、问卷调查、共同富裕基层观察点等形式，让老百姓来主观评判共同富裕的真实感受，全面反映基层群众共同富裕的获得感、幸福感、安全感、认同感。第三，推进"系统思维＋整体反映"相融合，创新反映中国特色共同富裕的成果。刚才几位专家都已经讲到了，共同富裕是一个循序渐进的系统工程，是中国式现代化的重要特征。我们需要用系统的思维统筹谋划好共同富裕的评价监测，通过指标的创新和融合，全方面、全方位、全过程地反映中国特色共同富裕成果，同时又与高质量发展、现代化建设有机衔接融合。

三是推进手段方法创新。

第一，今年九月份杭州将举办 2022 年联合国大数据全球平台中国区域中心第三届大数据研讨会，届时将邀请国际国内专家一起来探讨共同富裕与居民收入监测相关的一些前瞻性课题。第二，在工作中我们还将坚持三个聚焦：第一，聚焦数字化改革，系统谋划整体智治、高效协同的一体化调查平台；第二，聚焦调查能力提升，要更大力度地探索各个调查专业大数据应用的改革方向；第三，要聚焦数据互通共享，探索社保、个税等行政记录和移动端移动支付大数据在中等收入群体规模监测中的应用。

四是做好人才培养创新工作。

因为这项工作是一个长期的工作，所以我们也在积极探索创建适应共同富裕统计调查的人才培养、科研合作机制。引导局系统干部在共同富裕统计调查中既要出工作成果，又要不断提升综合素质。我们开展了以共同富裕制度为主题的建模竞赛、优秀课题评选等。

在科研方面，我们将进一步加强与高等院校开展科研合作与交流，诚挚邀请和欢迎专家学者与我们共同开展共同富裕统计调查的实践探索和理论研究。

我就讲这些，谢谢大家，不当之处请大家批评指正。

"全面覆盖＋精准画像" 共同富裕基础数据库建设①

王美福

感谢李金昌书记邀请参加本次论坛，谢谢赵军利所长主持，感谢前面三位领导专家的分享。我今天跟大家分享的内容所涉及的视角非常小。刚刚大家都有讲到共同富裕研究比较复杂，整体上包括很多指标，但是总是缺少一些指标、缺少一些数值。我们想做更深入的研究，难度还比较大，所以，国家部署了浙江高质量发展建设共同富裕示范区任务之后，我们一直也在思考怎样更好地做好共同富裕的统计工作。我想从背景和意义、研究路径和进展、改革突破三个方面给大家作一个分享。

第一个方面，我们先谈谈相关的背景和意义。

刚才邱东老师很清楚地阐述了共同富裕和高质量发展之间的关系。发展型统计和共富型统计不是并列关系，而是互为关联的关系。发展型统计指标体系可能更多反映实物量方面的一些变化。我们现在有非常健全的跟市场主体发展经营活动相关联的一系列统计指标体系。刚才张斌总队长分享了很多有关居民收入状况的信息。

① 报告人简介：王美福，浙江省统计局总统计师、新闻发言人，高级统计师，长期从事统计工作，对浙江经济发展、统计理论与实践有一定研究，参加了省社科联《浙江民生发展报告》等重点课题研究。

如果要更细、更多层级地分析居民收入状况和财富状况难度可能就比较大了。所以，我们需要非常清楚地把握好底数情况，只有这样，研究可能会更加清晰，此外，根据管理的要求，现在也需要满足多层级的需求。现在，从国家层面、省级层面来探索研究共同富裕都是可能的，但是到市级、县级层面，研究工作可能就很难。鉴于这样的情况，我们要做一项基础工作。这项基础工作就是要构建全面覆盖、精准画像的共同富裕基础数据库。建设这一基础数据库主要原因如下。

一是国家有要求。中央文件明确要求建设这样的基础数据库。《中共中央 国务院关于支持浙江高质量发展建设共同富裕示范区的意见》提出："激发技能人才、科研人员、小微创业者、高素质农民等重点群体活力。"因此，需要对共同富裕示范区建设开展全方位、全路径、全过程的统计监测，要摸清重点群体底数和群体特征，为差别化收入分配激励政策提供数据支撑。浙江在贯彻落实中央要求的过程当中，制订了具体的实施方案，其中有一个非常重要的任务就是要围绕重点人群实施"扩中提低"的行动，就是要精准地找到中等收入群体。前面的讨论也提到，怎样算是中等收入群体，或者说，怎样的收入状态可称得上是中等收入群体？根据现有的进展，结合目前的发展基础和消费支出能力，我们也提了一个标准。但是，这一标准提出之后，也存在一些争议，因为浙江省的中等收入群体比重已经很高了，刚才张斌总队长也讲到这一测算结果超过了70%。一般来说，中等收入群体比重超过70%意味着已经形成了一个橄榄型社会，这已经是一个比较稳定的社会形态了。但是，当前收入的整体水平还是很低的，这仍是一个以低收入人群为主的社会结构。

二是浙江省有部署。浙江省提出要围绕"推动中等收入群体规模倍增，率先基本形成橄榄型社会结构"的目标，按照"扩大中等收入群体比重，增加低收入群体收入，合理调节高收入，取缔非法收入"的要求，精准把握不同类别人群，研究全面拓宽居民增收渠道，构建初次分配、再分配、三次分配协调配套的制度安排，加大普惠性人力资本投入，加强困难群体帮扶，推进公共服务优质共享等"五大路径"，率先构建"共性＋专项"的公共政策工具箱、"全面覆盖＋精准画像"的群体数据数据库，加快打造收入分配制度改革试验区。浙江省委书记袁家军同志明确提出了这些要求。自提出这项工作后，我们也做了很多分析研究，究竟如何才能够做到全面覆盖，怎样才能够精准地画出跟人、户和群体相关联的一系列基本信息。

三是现实有需求。在现实中，无论是落实习近平总书记重要讲话精神，或是从九类人群角度来看问题，还是从制定"扩中提低"行动政策过程来看，怎么样精准地确定收入状态处于可提升区间的人群，这是一个非常重要的现实需求。对于收入状态较低的群体，怎么样通过产业扶持和其他相关政策来提高他们的收入水平，由此而进一步扩大中间群体的体量，这确实是很有挑战的。当前，国家统计局建立了城乡住户调查体系，我们能够从整体来推断相关状况。但是，由于各类人群及从业人员覆盖面不全面、"扩中提低"对象群体底数不清、群体特征识别不精准、数据共享不到位等问题，想要精准把握某些人群、某些行业，以及各种群体生产经营和生活状态，就需要一些更加细化的指标，这就非常之难。

第二个方面，我将介绍一下"全面覆盖＋精准画像"共同富裕基础数据库建设研究路径和进展。

研究路径主要包括如下四个方面。

一是依托一体化智能化公共数据平台。浙江省提出"1612"整体框架结构的数字化改革。在这个框架结构下，全省形成一体化智能化的公共平台。我们现在做的主要是依托一体化智能公共数据平台，形成了数字社会、数字经济、数字政府等相关联的一系列的数字化应用场景。那么，全面覆盖究竟是怎样的覆盖呢？可以说，所有的浙江常住人口都是我们的覆盖对象，以第七次人口普查数据为基础，以身份证号码为唯一识别码，利用所有政府部门的行政记录、统计部门现有的基础数据和社会大数据，充实统计系统中关于人员劳动工资等数据信息。

二是搭建"1＋3"总体架构。通过数据技术多跨场景应用来搭建"1＋3"的总体架构。"1"指的是以普查库为基础的一体化平台人口库，"3"是指每个人和家庭的基本信息、人员从事工作的状态、收支相关联的一些信息。当然，收支直接相关的数字不一定有，但是对于和收支相关联的信息，如职业状态、从事什么行业、什么职称等，还包括住房状态、拥有的家庭基本用品，我们可以从这些角度开展多跨场景应用。

三是形成基础数据库。我们通过数据归集、清洗、转换、脱敏、计算、比对、分析数据回流使用、开发共享、动态管理、协同应用，推动部门扩充完善行政记录。

四是开展精准画像。我们把全省人口状况的基本信息进行分析并开展动态维护，然后引入人工智能、智能计算、大数据分析等模型和算法计算各类人群的分布状态、基本信息、收入状况等，开展对个体、群体、家庭群体的精准画像，精准做到人人、家家或群群都能够基本清晰。

从目前来看，多跨场景应用可以精准把握一些数字有：人口普查数据和公安人口管理数据、人力社保系统的养老保险数据、医保部门的医疗保险数据、民政部门的低收入人群和慈善等相关数据、妇联和残联等社会团体的相关信息。还有一些跟个人职业活动相关联的、许可获取的职业状态信息，包括一些财产性的信息。我们通过多跨的手段清晰归集，形成基础数据库的数据归集标准、算法标准，进而建立可操作的模型。

当前，基础数据库工作的主要进展体现在如下几个方面。

首先，基础数据库资源不断丰富。现在，工作整体进展基本符合我们的设想。29 个部门、188 类部门数据需求清单已经梳理出来，归集的数据资源总量已经有 16.3 亿条，清洗加工形成了 8 亿条。统计部门所掌握的 1 700 万人就业单位和行业信息，劳动工资统计、从业人员统计相关的数据和人口普查数据已经清晰对接。浙江省 500 多万工商个体户的信息已对接，近两年毕业大学生的基本信息、工作信息进行了归类，还有产业工人、建筑工人方面以及 70 万低收入农户的相关信息，基本上也都已经归集形成。

其次，精准画像快速推进。我们最终要实现所有人群信息都能够清晰，目前重点要突破的是九类人群，基本完成"1 + 3"重点群体（就业人员、产业工人、个体工商户、低收入农户）精准画像，启动其他 6 类群体精准画像。包括个体的身份、学历状态，以及工作状态，通过面线点的多跨路径实现精准画像，基本上能够清晰掌握其基本信息。清晰掌握这一个体的基本信息之后，其收入状态也就比较清晰了。经过这样的工作，我们在区分中等收入群体过程中就能更加主动，怎样划分，起点终点位置、区间值选取等都能找到依据。同时，对于区域内部，我们将通过根据区域消费成本来解决前面提到的问题：10万元标准究竟是高还是低的问题。对于大中城市来讲，10万元标准是低的，但是对山区县域城市或者农村地区来讲，这个标准又不算低的。通过把区域发展水平、生活成本结合起来考虑，可以更加精准地推断出中等收入状态。

再次，开发共同富裕统计监测应用场景。通过全面感知和精准画像两个主场景有机交融，形成宏观和微观相结合、定性和定量相结合、主观和客观相结合的共同富裕评价监测体系。目前根据浙江省数字化改革要求，共同富裕应用场景也得以逐步推进，马上就可以进入应用阶段。我们的共同富裕评价体系已经在"统计大脑＋应用"体系中上线。在这个体系中，我们可以开展数据查询、算法计算等工作，也可以初步构建模型。

最后，我将报告一下基础数据库工作的改革和突破。

改革和突破主要有：一是在全国率先探索建立共同富裕统计监测体系；二是在全国率先探索建立跨部门汇聚到人的基础数据库；三是在全国率先探索建立个人数据有条件共享。如果个人数据能够比较清晰地归结到一起，这样就可以为共同富裕统计监测体系提供更加厚实的基础。

当然，现实工作也存在一定的难点。从实际工作来看，确实存在比较大的难度，特别是有些数据没办法归集。刚才张斌总队长也讲到税务部门、银行有很多新数据，但是，这些数据是没办法归集，因为我们所有的改革都是依法改革。所以，我们通过归集个人暴露的一些信息，制定标准；通过相关联的一些社会活动信息和收入状态，进行建模，并通过建模来实现精准画像这个目标。这项工作我们现在还在探索过程中，主要的困难可能有两个：一是有些依法保护的数据共享难，二是有效利用社会大数据比较难。从目前来看，省里全面推市县重点做试点。那些试点地区又选择一部分人群开展试点工作，主要目的是通过试点更加精准地收集到一些经济活动相关联的信息。

今天我就讲这些，谢谢大家！

共同富裕统计监测的一点思考[①]

罗良清

谢谢赵军利所长的介绍，谢谢浙江财经大学的邀请。前面老师的报告对我的启发非常大，我受益匪浅。

我们团队一直在做贫困问题研究，特别是研究精准脱贫攻坚战方面，开展了一些重大课题和一般课题研究，也发表了一些论文。但是，后来发现了一个问题，从中央发布的一些文件来看，现在大家都不再提"相对贫困"了，但是，我们现在依然在研究这一方面的内容。虽说大家不提"相对贫困"概念，但是我们还是将农村"相对贫困"问题置于乡村振兴战略大框架内来得以解决。今天，如果要进一步扩大范围，那就应该放在共同富裕的框架内来讨论和解决。所以，人才培养，科学研究等领域，我们也转变了想法。我们团队就是要在国家的重大战略框架内来研究贫困问题。

要研究这个问题，我们就要梳理共同富裕的相关问题。关于共同富裕，第一部分是要回答"什么是共同富裕"？有什么内涵和目标？通过文献来看，可以发现，中国共产党发展历程中，各位领导

① 报告人简介：罗良清，江西财经大学统计学院首席教授、博士生导师，国务院政府特殊津贴专家，国务院扶贫办贫困退出评估核心专家，江西省"赣鄱英才 555 工程"领军人才，国家社科基金重大项目首席专家。兼任教育部高等学校经济类教学指导委员会委员、江西省统计学会副会长等，荣获江西省"五一劳动奖章"、江西省优秀共产党员、江西省教学名师等。主要研究方向为贫困测度、国民经济核算基础理论等。

人的重要论述都提到了共同富裕，特别是习近平总书记对共同富裕做了较多的重要论述，并且还在《求是》杂志上刊发了相关文章。根据这些文献资料，我们认为，共同富裕是包含经济、政治、文化、社会、生态等各个方面。那么它的内涵如何界定？不同学者看法不同。我们有必要整理代表性学者的看法。为什么要研讨这个问题呢？因为我们是研究统计的，大家都知道，统计监测或评估要设指标，那就必须非常明确其内涵。我们把学界关于共同富裕内涵进行了分类，发现有不同类别的看法。当然，不同的内涵界定都是跟相关学者背景有关。一会儿，讲到指标选择时，我们会重点介绍文献梳理情况。我们认为，从共同富裕内涵来看，有广义和狭义之别。我们就不具体展开，已有文献梳理得很清楚。

第二部分是关于共同富裕的目标，统计监测是需要有目标的。习近平总书记多次提到要充分估计共同富裕的长期性、艰巨性、复杂性，所以我们要有充分的估计。根据中央文件精神，共同富裕可以分为三个阶段目标。第一个阶段性目标是 2025 年目标，要初步建立共同富裕的体制机制，具体包括四方面内容：一是全民富裕生活迈上新台阶；二是全体人民共同富裕迈出坚实的步伐；三是共同富裕体制机制初步建立；四是共同富裕政策体系基本健全。第二个阶段性目标是 2035 年目标，也就是到 2035 年全体人民共同富裕取得更为明显的实质性进展，也包括四个内容：一是全民富裕生活达到新水平；二是全体人民共同富裕形成新格局；三是共同富裕体制机制基本确立；四是共同富裕政治体系更加完善。第三个阶段性目标是到 2050 年全体人民共同富裕基本实现，具体体现为：一是差距缩小或消失；二是各方面文明全面提升；三是人民生活富裕安康；四是综合国力和国际影响力领先。这些就是共同富裕的目标。这些目标跟我们统计的监测和评价有着密切的关系，所以，我们先将其列出来。

接下来我们要梳理共同富裕的实现路径和影响因素。根据共同富裕的内涵，我们可以列出共同富裕的实现路径，主要有：一是坚持发展是硬道理，不断提高富裕程度；二是城乡融合发展，缩小城乡差距；三是平衡地区发展，缩小地区差距；四是缩小收入差距，实现收入分配公平；五是实现基本公共服务均等化；六是建立更加完善的"提低"制度和机制；七是还有一些学者提出了关于碳转移支付方面的方法和路径。这些都是共同富裕的路径选择，有了这些可以实现共同富裕的路径，就可能达到我们前面所提的共同富裕的目标。从共同富裕实现路径来看，已不再像经济统计那样仅局限于经济方面，它包括了经济、政治、社会、文化、生态等各个方面。所以，我们后面谈及的监测指标，就可能要涉及这些内容。关于共同富裕的影响因素，有宏观层面、中观层面和微观层面等，每个层面都有相应的具体内容。因为时间原因，我们就不展开。

第三部分是主要看一下共同富裕统计监测指标的有关问题。我们分成两个方面：一是维度划分和基本指标的选择；二是共同富裕的监测指标体系。我们还是要回到学界已有研究，根据学者们对共同富裕内涵的理解及实现路径的选择，我们研究一下，他们是如何设置共同富裕的测度指标。不同学者提出不同的维度划分，一种观点如刘培林、钱滔、黄先海、董雪兵四位学者，他们认为一级指标就包括总体富裕程度和发展成果共享。这些都是具体指标，这些指标都可以以发达国家为标准来进行对比。另一种观点来自万海远、陈基平两位学者，他们将国民总体富裕和全体居民共同富裕作为一级指标，也就说，划分了两个维度。另外，陈丽君、郁建兴、徐铱娜三位学者则是用发展性维度、共享性维度和可持续性维度来表述共同富裕，并设置相应的监测指标。在统计学领域，李金昌书记从统计测度的角度提出指标，一是过程的测度，二是状态的测度。如果说要进行统计测度，共同富裕应该是经济质效并增、发展协调平衡、精神生活丰富、全域美丽建设、社会和谐和睦、公共服务优享，这些都是过程性指标；结果性指标则是围绕共享性、富裕度和可持续性等维度展开。另外，胡联、王娜、汪三贵三位学者的研究有一特点，他们属于农业经济研究领域，特别重视贫困研究，所以第一个维度是农村贫困；第二个维度是区域人均 GDP；第三个维度是收入差距，包括城乡收入差距，行业收入差距；第四个维度是从全国医疗卫生和教育来看共同富裕。

综上所述，根据共同富裕的维度选择、维度划分和技术指标选择，可以把现有文献分为三大类：第一大类从共同富裕的内涵出发，基于富裕和共享程度进行划分；第二大类根据共同富裕的进程，基于共同富裕的过程和结果进行划分；第三大类从贫困和收入差距的角度，对共同富裕的维度进行划分。但是，这样的话，关于维度划分的已有研究就很难能全面体现经济文明、政治文明、精神文明、社会文明、生态文明等各个方面，也很难覆盖国家治理体系和治理能力现代化等内容。这样的话，相对而言，这些内容就体现得比较少。

关于共同富裕监测指标体系构建的研究，我们也得梳理一下主要学者的代表性成果。胡鞍钢教授从生产力、发展机会、收入分配、发展保障、人民福祉来设定这些指标，并且按照纵向年份来预测 2030 年和 2035 年的情况。李实教授从收入、财产、基本公共服务等方面来进行相应的预测并提出目标；张金林教授是从物质富裕、精神富裕、社会共享等方面来确定指标，包括相应的逆指标和正指标。胡联教授从农村贫困、经济发展不平衡、收入不平衡、公共服务差异等维度开展构建工作，并给出一定的权数。解安教授所设计的指标体系包括就业与收入、社会福利、生活质量、健康状况、人力资本、精神生活等内容。孙学涛教授的指标体系包括富裕水平、城乡差距、区域差距等方面。

总的来看，以上学者提出的各个指标体系大致可以分为两类，一类是参照《中华人民共和国国民经济和社会发展第十四个五年规划和 2035 年远景目标纲要》等政策性文件而制定的共同富裕目标性指标体系，另一类是基于共同富裕的内涵、目标、路径等角度构建的测度共同富裕指标体系。综合来看，这些指标体系为共同富裕统计监测研究奠定了重要理论和方法论基础。但是，这些指标体系是不同学者基于不同的学科或知识背景，或者根据不同的侧重点提出的，指标体系之间的可比性不高。究其原因：一是中国共同富裕理论体系的研究尚未形成一致的认识，我们有必要深入剖析理论体系的内在一致性问题；二是对影响共同富裕的因素尚未做出深入的探讨，尤其缺失国际视角下全球影响，以及动态视角下的变化影响等方面的研究。今天，我们一开始讲共同富裕内涵的时候就提出这些问题，现有内涵都是根据领导讲话和一些重要文件提炼而成的，而没有相应的理论体系。当然，如果有的话，也是不系统、不完整的。根据学科背景，研究者分别从经济学、社会学、福利学、政治学等角度来考虑。从统计的角度来讲，我们要建立一套指标体系来监测和评估共同富裕，这就离不开相对完整的理论体系的指导。我们在这个方面确实还存在挑战。

第四部分是关于共同富裕的测度方法与结果评价的研究。关于共同富裕的测度方法，一般来讲可以分为三类：一是构造指数法，通过层次分析法、熵权法以及等权法对指标体系赋权并计算相应的指数，对共同富裕进行测度；二是计量模型法，用模型的方法来测定共同富裕在时间方面、要素方面、因素与因素方面之间的影响因素以及地区之间的影响因素，以此来研究共同富裕的有关问题；三是其他方法，如郑沃林老师就是从"人与物""人与人""人与自然"三大维度出发，分析经济收入、社会网络和生态环境对增进农民幸福感的影响，还有万海远老师基于中国特色的共同富裕函数量化方法来分析共同富裕。

关于共同富裕的结果评价，我们现在的试点省份就是浙江省。刚才浙江省统计局的领导们也讲了，他们已经做了很多工作。这里我们就借用李金昌教授和张金林教授的观点。李金昌教授提出，浙江省共同富裕过程指数与结果指数基本一致，两者均呈持续上升趋势；张金林教授得出，数字普惠金融能够推动共同富裕。此外还有几位学者，他们也获得了相应的结论。上述都是我们梳理学界关于共同富裕研究方面的文献资料，我们主要任务是学习。

接下来，结合我们自身情况来谈几点看法。一是我们的专业是统计专业；二是我们要推进学科建设和人才培养。我们大部分时间都在研究贫困问题，研究乡村振兴问题。那么，在共同富裕这一战略目标下，我们该如何做？在共同富裕统计监测方面，我们有四点思考：一是在"实现共同富裕是社会主义本质要求"的共识基础上，我们该如何对共同富裕具体内涵形成进一步的共识，如果内涵缺乏共识，那么我们所设置的指标就可能会出现不完整的情况，得到的结果也不客观、比较片面；二是基于共同富裕的分阶段目标，我们该采取何种实现路径，进而加快推进共同富裕的目标，针对这一问题，我们统计领域该如何做；三是共同富裕的测度标准或者原则是什么，测度边界在哪里，如何才能更加客观地比较各类指标体系、测度方法及其测度结果；四是如何把握国家重大战略之间的逻辑关系，促进国家战略的协同发展，如共同富裕与乡村振兴之间的逻辑关系、共同富裕与双碳政策之间的逻辑关系等，我们如何把他们放在一起开展协同研究，从而使共同富裕的研究更加完善。

好的，我就介绍到这里，不耽误大家的时间，再次谢谢大家。

共同富裕监测评价的几点认识①

洪兴建

谢谢大家，倾听前面 5 位专家精彩的报告，收获颇丰。接下来，我分享一下自己对共同富裕监测评价的几点体会。我主要从"三个现象""两个认识"和"一点应用"三个方面进行展开，其中"两个认识"是本次分享的重点，"一点应用"是在现象和认识基础上进行的扩展，还有待进一步深入研究。关于"共同富裕"的概念前面几位专家已经进行了详细的阐释，"共同富裕"的主体是"全民共富"，内容是"全面富裕"，前提是"共建共享"，过程是"逐步共富"，在这里不进行过多的论述。

首先，我主要从"人类发展指数 HDI 的变迁""全面小康监测评价"和"共同富裕监测评价"三个方面讲解"三个现象"。第一，HDI 及其发展现象。1990 年联合国开发设计出人类发展指数 HDI，主要用于衡量联合国各成员国经济社会发展水平的指标体系，包括健康长寿、知识和体面生活三个维度。自 2010 年起，在测算 HDI 之余，还测算了三类新的指数，分别为"不平等调整后的人类发展

---

① 报告人简介：洪兴建，浙江财经大学数据科学学院院长，教授，博士生导师。浙江省"万人计划"领军人才、浙江省"151 人才工程"第一层次人才，国家社科基金重大项目首席专家。荣获浙江省优秀共产党员，兼任浙江省统计学会副会长、中国商业统计学会数据科学与商业智能分会副会长等。主要研究领域为收入分配、数字经济等宏观经济统计测度。

指数"，关于不同性别的"性别发展指数"和"性别不平衡指数"，以及适合发展中国家的"多维贫困指数"。2020 年，由于新冠肺炎疫情使世界面临新的危机，又引入了"地球压力调整后的人类发展指数"，主要把碳足迹引入指数中。通过分析 HDI 的起源及其发展，可以看出 HDI 用较为通用的指标和较易获得的数据，对一个国家或地区福利水平进行较为全面的评价，方法简单，计算容易。更为重要的是 HDI 适用于不同的群体；并且后续发展的 HDI 从不同方面反映人类在不同阶段的关注问题，保留了 HDI 的简单性和清晰度，并没有动摇 HDI 的基础作用。第二，全国全面建成小康社会统计监测指标体系。这个指标体系是国家统计局科研所在 2014 年设置的，包括 13 类指数。该指标体系包括很多指标，我认为最基础的指标是国内生产总值、城乡居民人均收入和绝对贫困三个指标，习近平总书记向全世界宣布我国建成小康社会时指出，"2020 年国内生产总值和城乡居民人均收入比 2010 年翻一番，历史性地解决了绝对贫困问题"，就是运用这三个指标来说明我国建成小康社会的。国内生产总主要是从这个国富的角度，人均收入主要是从民富的这个角度来讲，解决绝对贫困的主要是从这个低收入群体的角度来衡量，所以这三个方面都兼顾到，意味着我国全面建成小康社会任务基本完成。另外，浙江省实践方面，德清县公布了县域精神富有评价指南，该指标体系非常丰富，但一些指标如（薪酬的处理）在数据采集方法等方面，我存在一些疑惑，数据采集应该通过统计部门、相关行业主管部门等正规、官方、权威的渠道获取相关数据，不能直接从行政部门获得的数据，可以采用调查问卷、实地访谈等形式获取，但应组织业内专家对相关数据进行论证，经判定真实有效后，方可使用。第三，共同富裕监测评价。浙江省委印发了《2021年度浙江省高质量发展共同富裕示范区民众获得感幸福感安全感认同感监测报告》，而湖州17个评价细则得分全部高于全省面上水平，综合得分85.13，比全省面上水平（83.38）高1.75分，在11个设区市中位列第一。对于此现象，我查找了试点是如何进行调查的，发现几乎每一个县（市、区）都张贴了这样一个公告"亲爱的市民朋友们：全省共同富裕四感监测调查已经开始，当您遇到线上线下调查或者接到电话时，请您带着对家乡身后感情积极配合回答相关问题，共同富裕示范区建设我了解、我支持、我参与、我满意、我有信心！"，我认为像这种带有主观评价的暗示并不能达到客观评价的目的。

关于共同富裕指标体系，前面学者已经讲解了很多，我主要从两个方面进行简述：一是追求全面，从二十几个指标到八十余个指标不等，如有的学者从五位一体的经济、政治、文化、社会和生态维度分别设置指标体系，有的学者从富裕、共享以及其他相关维度设置指标体系，有的学者从过程、结果等维度设置指标体系；二是力求简洁，不多于六个指标，如有的学者主张用人均国民收入和收入基尼系数分别衡量富裕和共享程度，有的学者从居民收入、财富和基本公共服务三个维度分别设置一个水平指标和一个共享指标，有的学者直接根据中等收入群体标准来判断（中等收入群体达到一个什么样的规模即表明共同富裕的状态）。其实中等收入群体标准就是一个动态的标准，如何将绝对和相对统一起来也是下一步研究的目标之一。

其次，我分享一下对于"共同富裕"的两点认识。第一点，关于共同富裕指标体系的设置原则。我认为指标体系应该简单易行，以客观指标为主。科学性是指标体系构建的基本原则，但可行性在实践中往往被忽视。"共同富裕"内在包含了居民幸福感的提升，但是迄今为止，幸福指数主要是一些非政府组织、学术机构和研究团队在进行研究并发布相应的研究报告，在实践层面，只有不丹发布了国民幸福总值，而该指标只包括了经济增长、政治治理、文化发展和生态保护等方面可以量化的指标，并不是通常意义的基于主观生活质量的指标，而是更贴近于当前我们说的高质量发展的判断或度量。我认为共同富裕指标体系的设置还应该以产出指标为主，不应该将共同富裕与高质量发展混淆。"高质量发展建设共同富裕示范区"，既指明了高质量发展的目标是共同富裕，又阐述了共同富裕的手段——高质量发展。当然，可能存在不同的理解，有学者认为既然是高质量发展，必然内在包含了共同富裕。我认为有一定道理，但如果将两者分开，我认为是手段和结果的关系，或者是过程和结果的关系。如果将作为手段的中间投入指标与产出指标简单放在一起，很容易造成投入越多评价越高的不合理现象。评价肯定是质量和效率的指标，如果把中间的投入指标与结果简单地混淆是不行的，例如数字化改革，不能说数字化投入越多，共同富裕程度越高，这不是必然关系，而需要看数字化投入相对应的产出效率如何。我认为要体现投入指标的贡献，应该以单位投入的产出进行体现，不应该是纯粹的投入指标与结果指标的结合。再则，共同富裕作为富裕和共享的结合体，脱离共享的纯粹富裕指标不应该纳入共同富裕指标体系中。目前指标体系中富裕指标比较多，包括精神的、物质的富裕，但是有些富裕指标并没有对应共享指标，这是不恰当的，即虽然形式上考虑了富裕和共享两个维度，但是富裕和共享仅在形式上体现，科学的做法是每一个富裕指标（含合成指标）均对应一个共享指标，两者结合才真正刻画共同富裕，也可以参照HDI的做法，构建不平等调整后的福利指标，把两个指标乘起来。最后，我认为可以构建一个基础性指标体系，再根据实际需要编制专题指标体系。共同富裕的内涵非常丰富，在共同富裕监测评价问题上必须坚持抓住主要矛盾以及矛盾的主要方面，不能眉毛胡子一把抓，参照HDI的做法构建基础性指标体系，通过少量几个指标体系简单清晰地刻画共同富裕的本质具有一定的通用性，也就是对所有地区（包括山区、沿海地区）均适用。要依据特定问题设置专题性指标体系，其中一些指标可以通过专题调查或专门数据库得到，例如，前面有学者提到的精准划线的工作提供基础数据。

第二点，关于共同富裕监测评价的建议。第一个是关于共同富裕指标体系的建议，我认为可以从基础指标体系和扩展指标体系两个方面进行考虑，其中基础指标体系（类似于HDI）是核心、基础的指标体系。如人均GDP及其共享度（反映国家的发展的富裕的程度）、人均收入和财产及其共享度（从人民富裕的角度考虑）、基本公共服务及共享度等。再根据具体的研究任务，构建扩展性的指标体系。扩展指标体系是基础指标和侧重点指标的结合，如高质量发展建设共同富裕、数字经济建设共同富裕等。在具体测算过程中，权重和目标值会对测算结果有影响。关于共同富裕指标权重和目标值的建议，我认为指标权重方面，客观权重主要目的是拉开差距和排序，因此，按照每个指标的波动程度客观赋权，波动程度越大，权重越大，便于排序。共同富裕的综合评价主要不是用来排序，而是科学合理地监测共同富裕的进度，因此专家咨询的主观赋权方法是比较合适的方法。不是说指标波动越大，权重越大，而是这个指标对共同富裕的重要性有多大。第二个是指标目标值方面，共同富裕进程分析实际是实现程度的分析，因此必然会有一个明确的目标，目标的确定应该依据我国"十四五"规划和 2035 年远景目标以及当前发达国家的一般水平和发展趋势进行设定，目标值过高和过低都不太合适。若根据当前发达国家的一般水平设定目标则需要考虑其未来的发展趋势，因为当前确定的中等发达国家富裕水平是当下的水平，需要考虑到 2035 年这个国家也经历了 15 年的完全发展，到 2035 年当前的水平已经不能反映中等发达国家的富裕水平。关于共同富裕指数构建方法的建议，我认为宜采用几何平均方法，因为算术平均法不合适，算术平均法是相加，要求不同指标相互独立，某个指标的短板完全可以通过其他指标的长板来弥补和替代，这与共同富裕所体现的全面性不一致，我们希望所有方面都是齐头并进的。当然，并不是说几何平均数完全克服了这个缺点，而是在一定程度比算术平均数更好。因此，简单将所有富裕指标和共享指标直接汇总，这种方法是有所欠缺的。我认为应该将每个富裕指标及其对应的共享指标相乘得到共同富裕指标，然后计算所有共同富裕指标的几何平均数，得到共同富裕指数。

最后，我谈一下关于"共同富裕"的一点应用。我采用的是浙江省数据，通过采用人均 GDP、人均可支配收入、人均住户存款、公路里程、人均公共图书、卫生机构床位数、卫生技术人员数和失业保险比重等数据测算了浙江省 11 个地级市的共同富裕指数来研究浙江省共同富裕程度，可以明显看出浙江省共同富裕指数发展趋势是逐步上升的，从总的共同富裕指数来看，2001年大概是37%，到2020年大概是52%。当然如果目标值高一点，可能就不到50%了。刚才有参会者说，目前好像是百分之十几，也就意味着这个目标已实现，尤其是在当前疫情和国际环境下。因此，目标的设定需要慎重考虑，因为我们肯定是早于2035年基本实现共同富裕目标，设置目标至少需要考虑2035年的情形。目前还在深入研究这方面的内容。

总的来看，监测评价共同富裕要注重精准可行。一方面，在指标体系确定、每个指标的权重和目标值设定、共同富裕指数构建时，都要坚持理论联系实际，依据定性分析确定定量方法，结合主观评价优化客观评价，在全面理解共同富裕的基础上突出重点领域的监测。另一方面，共同富裕内涵丰富，几乎涉及生产生活的方方面面，但监测评价不能包罗万象，应该以可以准确量化的指标为主。在当前数字化改革的浪潮中，要避免花大力气构建不准确或者不重要数据库的浪费现象，以免误测人民群众的满意度和认同感。以上是我个人关于"共同富裕统计监测"的一些观点，有问题大家可以进行进一步的交流，谢谢大家！

分论坛三：金融创新 与共同富裕

分论坛三：金融创新与共同富裕

论坛综述

2022 年 5 月 15 日，由浙江省社会科学界联合会、孙冶方经济科学基金会和浙江财经大学联合主办、浙江财经大学金融学院承办的第五届中国经济学家高端论坛分论坛"金融创新助推共同富裕"顺利举行。厦门大学金融研究中心主任朱孟楠教授、中国人民大学财政金融学院副院长张成思教授、北京大学经济学院风险管理与保险学系主任郑伟教授、北京师范大学金融系主任胡海峰教授、四川大学经济学院院长蒋永穆教授通过视频出席。

朱孟楠围绕"世界经济金融局势变化对人民币国际化的影响及应对"作了主题演讲。人民币国际化是大势所趋，对国家、对企业、对个人都有着重大的影响。我们应特别看到其正面影响，人民币国际化有助于中国把经济"蛋糕"做大，从而促进共同富裕。根据历史资料和现实的国际政治经济局势，中西方跷跷板正在发生变化，中国不断崛起，但西方部分国家仍秉持冷战思维遏制中国发展，由此也影响到人民币国际化进程。为此，我们需要夯实好自身的经济基础，为中国金融提供强大的经济体系；做好人民币国际化的发展规划，要聚焦"稳进"，做好自己；以"一带一路"倡议为重要载体，以联运国际化为突破口；此外，还应做好数字人民币建设，促进人民币国际化。

张成思围绕"现代货币政策调控机制建设"作了主题演讲。现代货币政策体系建设应置于权衡利率指标和货币总量指标角色关系这一框架内。我们需要聚焦于货币理论的历史演进逻辑，并以这一历史演进逻辑来研究中国金融问题，特别是中国现代货币政策调控体系建设路径选择的问题。工具体系、多层次目标体系建设以及人民币国际化等都将构成现代货币政策调控体系的重要组成，中国人民银行应主导金融基础设施建设。现代货币政策建设的核心逻辑是推动宏微观金融互动机制，而运行良好的货币政策调控体系是实现共同富裕的重要保障。

郑伟围绕"保险机制与守住脱贫成果"作了主题演讲。疾病和灾害是致贫的两大主要诱因。保险扶贫体系依托保障、增信、融资三大支柱对扶贫及巩固脱贫成果发挥着重要作用。由于商业保险损失补偿效应和保费资产侵蚀效应并存，商业保险能否保障脱贫攻坚成果还有待做进一步研究。数据模拟发现，对于贫困家庭，保费通常由政府全额补贴，保险往往能降低贫困脆弱性，助推脱贫；对于资产相对较少的边缘脱贫家庭，如果由家庭支付全额保费，反而会提高家庭贫困脆弱性；对于资产相对多的稳定脱贫家庭，即使全额支付保费，保险依然可以降低其贫困脆弱性。此外，如果通过保费补贴和降低保险公司运营成本，可以扩大保险降低家庭贫困脆弱性的惠及范围，有助于更好地守住脱贫成果。根据河北和云南两个成功案例，我们需要进一步思考商业保险与守住脱贫成果之间的关系问题，开辟巩固脱贫成果的新路径，在不改变社会保险基本政策框架的前提下，地方政府通过财政补贴更好地叠加运用商业保险，从而更有效地达成精准保障和守住脱贫成果的目标。

胡海峰作了"关于金融促进共同富裕的思考"的主题演讲。贫富差距是世界范围内存在的一个普遍现象，中国也不例外。在我国，城乡之间、地区之间、群体之间存在着显著的贫富差距，集中表现为收入分配结构和社会财富结构的不合理，全国范围内基尼系数偏高。金融与经济发展、收入分配、财富分配之间存在密切关系，金融往往通过降低金融业从业门槛，支持人力资本投资，促使更多人获得金融服务，降低贷款利率，给穷人提供机会等五大机制来影响收入分配，但是，也可能存在"过度金融"问题，金融业及其从业者可能会享受到巨额的"支付溢价"，所以国家应依规监管金融业，既要鼓励其健康发展，又要抑制财富向金融业过度转移。立足我国当前现实，要促进共同富裕，应大力支持普惠金融、数字金融发展，解决群体间及地区间数字鸿沟问题，依法依规监管好平台企业，缓解人们日益增长金融服务需求和金融供给不平衡、不充分的矛盾。

蒋永穆作了"金融扶贫：成效与展望"的主题演讲。金融扶贫对脱贫攻坚和巩固脱贫成果有着重要意义，极大地丰富了扶贫事业的模式和路径，是实现扶贫精准化的必由之路，是"输血式"扶贫转向"造血式"扶贫的重要渠道，是解决农村金融体系问题的关键环节，是促进扶贫工作和乡村振兴有机结合的润滑剂。根据国际经验，金融扶贫通过创新数字金融服务和信贷担保方式等工作机制来实现减贫脱贫。国内案例研究发现，金融扶贫形式多样，包括实施扶贫小额信贷政策，创新实施产业扶贫贷款，发行易地扶贫搬迁金融债券，金融机构直接参与扶贫，以及保险扶贫、资本市场扶贫等。在新发展阶段，我们需要拓宽扶贫产业融资渠道，提升金融机构扶贫参与的意愿，优化贫困地区金融生态，改善贫困地区信用环境。围绕这些重点工作，金融扶贫要从特惠性扶贫向普惠性扶贫有序过渡，要跟乡村振兴紧密衔接，还要与缓解相对贫困工作密切对接，加快建立金融扶贫协同工作机制。

世界经济金融局势变化对人民币国际化的影响及应对①

朱孟楠

　　我今天报告题目是"世界经济金融局势变化对人民币国际化的影响及应对"。人民币国际化是大事，对国家有影响，对企业有影响，对老百姓个人也有影响，有些影响还是蛮大的，特别是正面影响，我认为还是非常多。无论从看得见还是看不见的角度，人民币国际化对国家声誉的影响力也很大。一旦人民币国际化，我相信在座的各位专家都会拿着人民币到国际市场上去消费、去投资，我们会觉得很自豪。在国际层面，我们也可以把中国经济的"蛋糕"做大，这样也会促进共同富裕，所以说，我今天报告的题目跟今天会议的主题也有着密切的关系。我先也做个说明。下面介绍一下我的观点，主要两大点。

　　第一，世界经济金融趋势的变化。主要各位老师同学报告四个方面。回看百年，我们确实可以看到大势正在形成中，大势都在变

---

　　① 报告人简介：朱孟楠，厦门大学金融研究中心主任，教授，博士生导师，国务院应用经济学科评议组成员、教育部高等学校金融学类专业教学指导委员会委员。主要研究方向：国际金融理论与政策、外汇储备风险管理、金融监管的国际协调与合作。在国内外重要学术期刊发表论文 270 多篇、出版著作和教材 27 部；先后主持国家社科基金项目、教育部哲学社会科学研究重大课题攻关项目、国家自然科学基金项目等 50 多项国家级、省部级及横向课题研究，30 多项研究成果获国家级、省部级与市级奖励。

化中，可以很清晰地看到，新的未来图像正在形成。因为时间关系，我就讲重点。例如，过去 100 年，我们都会看到非常重要的现象：东西方跷跷板发生了很明显的变动，东方崛起了，当然主要是中国，而西方国家经过了繁荣之后，现在有走下坡路趋势，美国就是典型的例子。再如，1921 年中国共产党诞生，历经 20 多年的奋斗，1949 年领导全国各族人民建立了中华人民共和国。1978 年改革开放，到 2010 年，我们已就把经济打造成世界上第二大经济主体。2021 年建党 100 年，大家都看到了党的十九届六中全会通过的《中共中央关于党的百年奋斗重大成就和历史经验的决议》，总结过去百年奋斗成绩取得成就。从中，我们也可以看出，近百年来，中国确实是从过去的一贫如洗，或者说国际上没有任何政治经济地位的国家，发展成当今世界名列前茅的经济体。展望未来，多数国家还是认为，中国经济重新跃上世界之巅是大势，我认为这是非常清晰的，不是说美国做得不好，他过去做得也非常好，但是历史总处在变化过程中，这是我的一些看法。

下面，我也借用数字来说明东西方跷跷板的变化。早年中国对世界的贡献是非常大的，但是到了 1848 年鸦片战争之后，中国的世界影响力就下降了。改革开放之后，影响力又不断上升。另外，我们也可以观察一下，中西方经济力量的势能对比，美国占世界 GDP 的比重基本上是有向下趋势，而中国经济韧性很大。跟国际上相比，我们也有优势。例如 2020 年，全世界受新冠肺炎疫情冲击影响，多数国家经济体以及大的经济体都是呈负增长。然而，这一年，中国数字经济规模近 5.4 万亿美元规模，经济总量破 100 万亿美元，这又可以说明什么呢？这说明，回看百年，世界经济政治版图不断重组，我们认为，未来也会出现这样的情况，而美欧很可能会受到很大的影响，也可能会走向衰落，而中国则不断强大。这对人民币国际化应该说是具有重大影响的。等积累到一定程度，金融也必须跟上这一大势。最后，金融也会通过其特殊作用牵引促进中国经济的进一步发展。

第二，当前经济金融趋势的变化是逆全球化，而逆全球化的表现也很多，如美国贸易战，无须多说，从2018年开始到现在，大家都经历了这么多年，这说明了什么？如果美国等国家仍秉持冷战思维和唯我独尊的理论，以这样的思维和理论为指导来处理世界问题，未来贸易战仍会不断暴发。如果美国存在着难以解决的内部重要矛盾，如果美国仍然存在着遏制中国发展的不良想法和做法，我想，这种贸易战以及贸易战延伸出来的技术战、金融战还会一次再一次地暴发，而且，这些战很可能会交织在一起，甚至可能会升级。上升什么呢？很可能是政治、军事等。所以，展望未来，应该说美国力求霸权，当然影响还是非常大的，包括对人民币国际化路怎么走，方向怎么把握，未来怎么推进等方面都将产生重大影响。只要美国仍持霸权思想，如美元霸权，那么人民币国际化肯定会受到他的关注，甚至会受到其遏制。所以说，前面的路非常光明，但是面临的挑战也非常多。

欧洲国家越来越缺乏独立性，他们也开始抱团，并出现了抵制中国的政策和行为。下面，举例加以说明。过去欧洲没有或者很少做，或者只有个别国家才会做的，但是，现在他们基本上都会一起做，这对中国是非常不利的。我认为，这也是利益全球化的重要体现。另外，我认为新因素主要是地缘政治冲突，地缘政治冲突对经济金融政策，对人民币国际化都会产生影响。地缘政治冲突始终存在，但这几年，感觉越来越重要。如美国冻结俄罗斯的外汇储备，未来美国针对的对象可能不限于俄罗斯，最后还可能包括中国。美国的这一套做法是不是同样可以放在中国身上。如果真的是这样做，美国如果冻结了中国的外汇储备，那么，影响是非常大的。这样的例子非常多，前不久，美国国务院官网竟然删除了美国不支持台独的重要论述，我认为这是非常重要的政治事件。所以，从特朗普政府开始，美国在这条道路上越走越远，总有一天，会出大问题，照理讲，美国也可能引火烧身。当然，还有其他因素，其他因素对世界经济金融趋势是有影响的。例如，美国加息的做法，美国加息应该说跟国家加息是没有什么区别，但是，美国加息所加的是美元利息，美元是国际货币，所以，美元加息对世界都会产生非常大的影响的。例如，这次美国加息 50 个基点，这到底是怎么回事？是美国收割全球财务，还是打击全球经济？我认为，美国这样的政策肯定会跟其他国家的政策发生冲突，包括中国。这对世界经济金融秩序会产生很大的影响，至少资本会回流到美国。由此造成的后果在世界上也发出了重要信号，信号是什么？信号就是，美国是不是可以这样收割世界财富？世界经济金融市场可能会产生恐慌。

近期，金融市场的表现可以说明这一点，近期人民币汇率的表现多少也可以说明这一点。我认为信号是非常严峻的，对人民币国际化的未来走势还是很有影响的。当然，目前所涉及的经济金融趋势离不开中国，应该说，中国过去经历还是非常不错，但是现在仍然在低位徘徊。中国经济未来发展还是很有压力的。虽然个别季度增长得很快，例如，今年第一季度 4.8%，但是从过去历史来看，这样的增长率对收入增长的影响情况，也值得商榷。以上是关于目前经济金融变化趋势对人民币国际化的影响。

我们怎么应对？针对应对办法，我觉得可以做三个方面的文章。第一个方面，虽然我讲人民币国际化，人民币国际化针对的是人民币，还是属于金融范畴，金融基础仍然根植于强大经济体系，所以一定要夯实好经济基础。第二个方面，人民币国际化本身也要做好"十四五"规划，国家"十四五"规划中就提出了口号，要聚焦"稳进"，做好自己。第三个方面，我认为联运国际化要形成突破口，依照什么样的路径去做，以什么样的区域去做，我认为"一带一路"倡议很重要，数字人民币很重要，这些都可能是人为国际化的重要举措。

关于第一点，我要讲如何做大做强整体经济，刚才有专家讲了很多消费，消费确实非常重要。目前，中国推动 GDP 贡献度最大的就是消费，从现实来看，投资、进出口对国家经济的贡献度已受到了一定约束。所以，我认为要，抓住牛鼻子，抓住消费来做强整体经济。

针对消费，我们该做什么？做服务业意义很大。大家可以看出，服务业的积极作用，如果研究近几年贸易增长，可以发现，疫情期间反而出现了乐观的情况。到去年，我国进出口规模首次突破 6 万亿美元，我认为这已经是大头了。2021 年全年的 GDP 总共 17 万亿美元。但是，进出口贸易已经占到 6 万亿美元。仅仅简单地规模对比，服务业已经占到 GDP 一半以上。下面，我要讲一下服务业到底有哪些内容，内容很多，知识密集型服务业、新兴服务业，还有信息服务业，如信息传输、软件和信息服务，其他还有租赁和商业服务，金融业、交通运输等。

接下来，我们要做什么？第一个方面，例如进行新型基础设施投资，大家都很重视。如果做起来，这就代表了中国经济的未来，这里无须多言，这是不言而喻的。另外，供给侧改革要加码。那么该怎么加码？这里我列举三个例子。科技经济要加码，绿色经济要加码，数字经济要加码。如果这三个码都加上去了，那么，我认为从供给角度来看，就会创造更加有效的供给。过去的长期未能解决的结构性问题，也会迎刃而解。另外，从大的方面来看，我们要做好自己。举个例子，如何在推进人民币国际化中做好自己的，最主要的是要提高人力计算的份额。现在的份额比较低，大家看投资贸易，如以人民结算，就算去年达到历史新高，也不过是 13 万亿美元。我刚才说过了，2021 年进出口贸易规模大概是 6 万亿美元，比较一下还是很不够的，2021 年的贸易投资将近 40 万亿美元。

第二个方面，人民币的国际份额，我认为要想办法将人民币国际份额提上去，现在处于瓶颈，全球第 5 位。2021 年是第 5 位，2022 年 3 月份还是第 5 位，关键之处就是比例在 2.5% 左右，现在还降了一点。到 2022 年的 3 月份，剩下 2.2%。这说明，目前世界经济局势千变万化，中国自身经济面临着挑战，这对人民国际化影响是比较大的。大家可以观察一下美国的情况，美国将近 4 次变化，现在已经回到了 41% 左右，中美可能不好比，美国至少在其中历经多年了。不管怎么看，这一比例瓶颈还是要突破的。人民币作为国际储备货币，人民币在国际货币份额占比的进步还是很了不起的。2016 年把人民币作为储备资产不到 1%，到 2020 年四季度上升到 2.25%，到 2021 年四季度达到了 2.79%，还是有明显增长的。但是，跟国际社会比，例如，美国现在占比59%左右，我们还有很长的路要走。

人民币汇率问题，如果未来人民币国际化，那么汇率就要相对稳定。大家可以看看最近汇率是怎么变化的，当然，这就会向世界发出信号，信号是什么？大家可以琢磨一下，或者说，短期内出现比较大的快速上升或快速下跌，这是不是有问题的？从人民币国际化来看，我认为，有些方面是需要继续做好的，包括专门签订长期战略合作协议，协议里面明确规定以人民币作为计价，这样意义就不一样了，计价货币实际上已经代表了价值尺度。

第三个方面，我们要以人民币国际化为突破，推进"一带一路"倡议。"一带一路"倡议很重要，虽然这些年国家经济一直增长，但是"一带一路"倡议贡献很大，这是很有远见的。人民币国际化是中国贸易金融的重要依托和载体。大家可以看得出来，在"一带一路"倡议上，我们做了有利于人民币国际化事情，如我们自己设计了跨境支付系统。接下来，可以看一下"一带一路"倡议，沿线国家就达到60多个，未来我觉得突破口就是数字人民币，数字人民币可能就会在人民币国际化道路上实现弯道超车。如果说数字人民币，中国现在做得也挺不错，试点也不断增加，苏州、厦门等地现在都是试点，如果我们在这方面再加把劲，采取有力措施推进数字人民币。我想，这对未来人民国际化可能会起到较大的促进作用，甚至可能会引领世界国际货币体系改革。

今天主要跟大家分享这些内容，谢谢大家！

现代货币政策调控机制建设①

张成思

大家好！今天参加会议，我要讲一个题目。刚收到邀请时，就在想到底该讲个怎么样的题目。最近开展了两个研究：第一个跟通货膨胀问题有关，第二个跟货币政策调控体系相关。总体上讲，两个方面都是围绕货币金融问题而展开。今天我给大家汇报的题目是一个老生常谈的题目，关于现代货币政策调控机制建设的问题。关于这个问题，我想先做一点梳理工作。为了增加今天发言的丰富性，我所讲的内容就可能很少涉及数据和实证分析。围绕国家提出的现代金融体系建设要求，尝试对现代货币政策调控体系建设做一些思考。只是一点思考而已，希望各位同仁批评指正。

今天报告的主要内容就是现代货币政策调控体系建设问题。实际上，思考这个问题归根结底是对货币理论核心问题的理解。我今天所指的货币理论，实际上没有考虑也并不想涉及所谓的现代货币理论。我担心货币理论这一表述会被现代货币理论（MMT）所主

---

① 报告人简介：张成思，中国人民大学财政金融学院副院长，教育部"长江学者"特聘教授、博士生导师，国家社科基金重大项目首席专家。曾荣获第二届孙冶方金融创新奖、获第六届和第七届"薛暮桥价格研究奖"等重要奖项。主要研究方向：货币金融学、金融机构与市场、金融发展等。以独立作者和第一作者在 *Journal of Money，Credit and Banking*，*Journal of International Money and Finance*，*International Journal of Central Banking* 等国际期刊发表论文 50 余篇；在《经济研究》等国内学术期刊发表论文近百篇；出版中文专著和教材 10 部，英文专著 1 部。

导。所以，特别提一句，现在我脑海里那个货币理论是传统的，主要研讨货币以及利率在经济发展过程中所扮演的角色。用更准确的话来讲，究竟是货币总量还是利率指标应该在货币政策调控中扮演更重要的角色？二者中哪一方经济产出发生实质性的影响？下面，我们把问题重新回到现代货币政策调控体系建设上来，结合前面理论阐述，我们对这个问题的深层次理解就是，货币政策需要考虑利率指标和货币总量指标。针对这两个指标，我们要权衡到底哪个指标在货币政策目标中起到主导作用？哪个目标更加合适？这就是我要破的题，把现代货币政策体系建设这一比较传统的话题置于这一个框架内开展分析。

所以，要回应的是货币理论，刚才我已经以这一分析框架来框定货币总量和利率等，这其实又涉及货币政策与宏观经济之间的互动关系。应该说，这一问题所涉及的内容非常宽泛，既包括宏观经济发展问题，又涉及宏观经济调控的问题，而且还涉及二者的互动。关于这一互动问题，到底是靠模型构建，还是通过实证方法来展示和拓展呢？学界从不同角度开展研究，每个角度都有非常丰富的文献和数据分析。

今天，我们将提及一个非常简单的视角，聚焦于货币理论的历史演进逻辑，以及基于这样一个历史演进逻辑来看中国，特别是我们国家现代货币政策调控体系建设路径选择的问题。为什么说要从货币流通速度的角度来看货币政策体系？在我的脑海里，货币理论既包括货币需求理论，又包括后期非常典型的新凯恩斯宏观经济学分析框架，也就是总供给总需求分析框架。它实际上是 IS 曲线，新凯恩斯主义菲利普斯曲线和货币政策反应机制的分析框架都是基于这样的框架推演而得出的。在同一时期，也就最近二三十年，新货币理论、新货币主义学派也在不断的探索中，并提出了非常有见地的框架。虽然烦琐，但是 2008 年以后新货币理论受到了空前的重视。

从历史角度，我讲现代货币政策体系建设。我们可以设想两个图，第一个图涉及的数据年份较久远，时间跨度为 1880~2022 年，这个数据就是美国的货币流通速度，一个是实线 M2，另一个是虚线 M1。第二个图是中国，根据新中国成立以来可以获得的数据，从 1952 年开始 M2 的数据，从 1980 年开始 M1 的数据。我们先简单地看美国跨度 30~40 年时间的较长时期的 M2 流通速度。我们实际上看到了"变"和"不变"两个层次，一是从长期看 M2 的流通速度，美国从 1880~2020 年，实际上从 19 世纪跨越到 21 世纪，从 5 点多的时代进入 1 点多的时代，可以说，变化很明显。从总体趋势来说，1880~1950 年是下降了。根据我个人的观察，从 20 世纪 50 年代到 21 世纪初，总体而言，并不是下降趋势。然而，2000 年以后，再次出现了向下趋势。所以，这条线的变化并没有一个非常明显的规律。就中国实践而言，从 1950 年到现在这一区间，M2 的流通速度从 7.6 到现在的 1 左右。实际上，我们 2002 年就下降到 1 点，前后经历了 70 年，这比美国样本的时间要短，而且变化幅度更大。那么，我想强调的核心问题是什么？从长期来看，货币流通速度并不稳定，这可能是大家的一个共识看法。不是不变，而是不稳定。但是，还有一种观察方法可以得出他是不变的，就是刚才所讲的，如果我们截取某 10 年、20 年或 30 年，甚至 50 年等不同的长期样本区间，我们很可能会看到，货币流通速度是有规律的或者是比较稳定的。

根据货币理论的发展，开始是货币需求理论，后来发展产生一个分析框架，即基于货币政策与宏观经济之间互动关系的分析框架。20世纪70年代是一个分水岭。为什么这么说？1880～1900年前后，这是古典货币数量论兴起的时期，大家都很清楚古典货币数量论中提出了货币中性论的思想。另外，他认为货币流通速度是相对稳定。此外，他所考察的市场只是商品市场，可以说，古典货币数量论在考虑货币理论时并未考察金融市场。

20世纪30年代，凯恩斯研究流动性偏好问题，提出了货币需求论，以及基于流动性偏好理论所产生的利率决定理论。这样的话，侧重点发生变化了，他并非否认基于商品市场的货币理论分析框架，而是更侧重于金融市场，也就是货币资产市场并开展货币资产市场的一个均衡分析。基于货币资产和债券资产，从二者中谁的流动性更强这一角度，形成流动性偏好这一名词。在这样一个理论背景下，凯恩斯实际上强调的是利率，也就是说，货币需求是不稳定的，利率在市场上可能会频繁变化，所以，基于投机性需求的货币，会随着利率频繁变动而发生变化。货币需求频繁变化而不稳定，如果货币政策重在以货币总量为指标来调控货币供给，那么，这样的政策根本追不上市场变化，也就说不可预测的，这就会造成政策调控结果的不可控。从20世纪30年代凯恩斯提出的这个框架来看，如果我们认可货币流通速度是变化的，那么，货币流通速度就是难以确定的，相应的货币需求也是不稳定的。

到了20世纪50年代，弗里德曼提出了货币数量论和永久性收入假说。这个框架实际上是对凯恩斯框架的拓展，但是，后者的政策主张跟凯恩斯完全不同。弗里德曼的政策主张重在看真实的货币需求，而非单纯地跟着市场利率来发生变化，他是跟市场上各种金融资产、货币资产的收益率及相对收益相联系。如果说某一金融资产收益率上升，那么好像没有理由说货币资产收益率不上升，如果二者同时上升或者同时下降，它们的相对收益率，也就跟其他金融资产或货币资产收益率之差的变化不大，因为利差变化不大，所以货币需求的变化是可以预测。以弗里德曼为代表的货币主义学派，他们的政策主张实际上都是非常简单。针对 20 世纪 30 年代经济大萧条，弗里德曼和凯恩斯看法是不同的。

针对经济大萧条的政策，凯恩斯认为，货币政策调控能力有限。如果经济出现流动性陷阱，货币政策不断宽松，但是利率还是压不下来，经济就没法提升。在这样的情况下，凯恩斯就倾向于财政政策。但是，弗里德曼的政策主张非常明确。凯恩斯把这种经济状态比喻成一个疲软的绳子，疲软的绳子只能拉动，但是没法推动。但是，弗里德曼很有意思，他说，不是你推不动那根疲软的绳子，而是你没有去推。美联储就没有去推。所以，我们可以采取更激进的、宽松的货币政策。从货币流通速度角度看，把这个弗里德曼和凯恩斯主义的不同点放在同个框架内，他之所以存在这么大的差异，就是因为弗里德曼仍然认为货币流通速度可以预测的，所以货币需求也是可以预测的。在他看来，基于货币供应量和货币流动速度乘积（MV）等于价格水平和社会总产出乘积（PY），货币供应量乘以流通速度（MV）等于名义总产出，这样的话，只要货币流通速度相对稳定，那么货币供应量（M）也相对稳定。因为中央银行总会对名义 GDP 有一个预判，所以名义 GDP 就是货币供应量

（M）和货币流通速度（V）的乘积。如果认为货币流通速度是可控可预测，如果说货币需求端也是容易预测的，那我们就调控货币的供给总量即可。但是，20 世纪 70 年代之前，不管是凯恩斯主义还是货币理论，他们的分析框架都只是一个布局。20 世纪 70 年代以后，特别是 1976 年卢卡斯批判提出了新观点，他认为传统的理论是基于非结构性的，基于单纯的宏观缩减等式模型，这是不稳定的。随着趋势特别是政治趋势的变化，我们需要拟合出新模型来开展判断和分析。所以，在这样一个背景下，凯恩斯主义到 20 世纪 70 年代之后进入新凯恩斯。除了价格黏性这一众所周知的假设外，就是分析框架创新，传统的单一市场或者少数市场进入多数市场，一般包括所有的市场、所有的部门，供应链金融（ABS）经营方法走上历史舞台。

接下来，就进入我认为是比较现代的货币调控政策，这个政策的逻辑是基于利率这一抓手，也就是货币政策的中间目标。通过抓利率来调整经济，并取得了不错的成绩。从 20 世纪 80 年代到 2000 年，或者说到"9·11"之前，大家一直认为是稳定时期，但是 2008 年之后产生一些变化。但是，20 世纪 80 年代之后，大家都认为新凯恩斯主义分析框架是有些漏洞的。弗里德曼与货币主义学派发展到今天就是新货币主义学派。他们主要还是基于搜索模型提出以货币职能来分析货币，本质上，他们并没有那么强调政策意义。但是，纵观传统货币主义学派到新一代货币主义学派的理论框架，他们显然还都是围绕货币，研究通过怎么样的抓手来实现调控。

就中国货币政策调控体系来说，我们货币流通速度变化历经 70

年，而美国同样的变化整整走了 140 年。我们仅以一半的时间发生了比他人更大的变化。在这样的背景下，我们以利率为政策中间目标的想法要比美国更加强烈。基于这样的背景，现代货币政策调控体系建设过程也是利率市场化过程，其形成机制是核心和重点。所以，我今天想提一个观点。这个观点看似比较传统，但是，我觉得还是有一定的新意。基于货币流通"变"与"不变"视角来看，从货币理论的历史演进逻辑角度来阐释现代货币政策调控体系的建设。后面，我还将简单阐述一下。这个体系建设应该包括工具体系建设，工具体系建设中还包括一个转型机制，在转型机制中，主要就是人民币国际化。在中国人民银行资产负债表中，50% 资产是外汇资产，当然，50% 以上也没关系，但是，其他存款性公司情况也是如此，这就说明，我们绝对资产是没有问题的，但从相对总资产规模来讲，我们可用的相对资产是受到掣肘的。所以，人民币国际化对货币调控政策的自主性来讲极端重要。

此外，多层次目标体系和货币政策目标体系的建设逻辑非常重要。现代货币政策调控体系建设中，中国人民银行主导的金融基础设施建设是不可或缺的。这个方面的内容很多，可以单独写了一本书，所以就不展开讲。中国人民银行主导金融基础设施建设和中央银行制度建设，以及货币政策调控之间的联系是一个非常重要有机体。所以，老生常谈地讲，就是要提升金融基础设施运行效率，促进金融基础设施机构的业务创新，为形成利率市场化机制提供保障。这是就是回到我今天要讲的主题：货币政策调控，如何把握好抓手。

最后，因为时间关系，我讲一下结论，现代货币政策体系建设的核心逻辑，就是要推动形成宏微观金融互动机制，畅通其发展途径，从而形成市场化的金融价格。它是连接我们宏观金融和微观金融的一个枢纽带，所以，现代货币政策调控体系可能还是要回到这一基本框架中。

今天就讲这些，谢谢大家！

保险机制与守住脱贫成果①

郑　伟

大家好！结合我们论坛的主题——共同富裕，结合我所从事的研究，主要是保险与社会保障领域，所以，我今天准备研究的主题是"保险机制与守住脱贫成果"。我将从三个方面向大家报告：第一个方面，谈谈保险在脱贫攻坚和乡村振兴的重要作用；第二个方面，从理论上探讨保险扶贫情况；第三个方面，结合我国保险扶贫案例，提几点观察和思考。

2012～2020年，我国脱贫攻坚取得了很大的成果。2012年我国有近1亿的贫困人口，到2020年我们消除了绝对贫困。2022年中央一号文件主题跟乡村振兴密切相关，提到了要牢牢守住两条底线，其中有一条就是要牢牢守住不发生规模性返贫底线。今天，我们谈共同富裕，如果发生规模性返贫，那么，共同富裕目标显然就没法达到。贫困背后有怎样的诱因呢？当然，导致贫困的原因有很

① 报告人简介：郑伟，北京大学经济学院风险管理与保险学系主任，教授，博士生导师，担任北大中国保险与社会保障研究中心秘书长、北大经济与管理学部学术委员、北大经济学院学术委员会副主席等。入选教育部"新世纪优秀人才支持计划"。兼任亚太风险与保险学会秘书长、中国保险学会常务理事、中国社会保障学会常务理事等。主要研究方向：风险管理与保险学、社会保障。在国内外学术期刊发表论文70余篇，独立或合作出版著作多部。主持教育部哲学社会科学研究重大课题攻关项目、国家社科基金项目、中国保监会部级研究课题、国务院第六次全国人口普查研究课题等。曾获国家级精品课程奖、北京市教学成果一等奖、北京市哲学社会科学优秀成果二等奖、教育部霍英东教育基金会高校青年教师奖、宝钢教育基金优秀教师奖等多项奖励。

多，其中，深层次原因比如说经济发展落后，地区发展不平衡，收入分配不公平，教育水平比较低等。那么，常见的直接诱因又有哪些呢？直接诱因也有很多，包括疾病、灾害、意外丧失劳动能力等。几年前，国家有关部门也有材料提到，疾病和灾害是两大最主要的贫困诱因，疾病大概占42%，灾害大概占20%。从这个角度来讲，我们需要引出一些思考，风险问题是大问题，是很大的诱因，保险作为市场经济条件下风险管理的一个基本手段，在脱贫攻坚以及守住脱贫成果方面，保险机制能不能发挥作用，或者说能发挥怎么样的作用？

另外，我们将对保险扶贫理论做一番探讨。保险扶贫体系有三大支柱，那么保险参与扶贫也主要从这几个角度发力，分别是保障角度、增信角度、融资角度：第一，从保障角度来看，例如，可以通过农业保险、大病保险以及补充医疗保险等防止农民因为疾病或灾害等致贫返贫；第二，从增信角度来看，因为农户通常没有较好的贷款抵押物，所以，他面临着融资难、融资贵等问题，那么保险则可以通过小额贷款保证保险以及农业保险保单质押等方式发挥其增信作用；第三，保险资金可以通过支农融资，通过投资贫困地区来促进该地区发展。总之，保险可以从保障、增信、融资等角度起到扶贫或者巩固脱贫成果的作用。

当然，扶贫过程中，我们有很多工具箱，内有很多的工具手段可用，如财政补助、社会保险，民政救助等，这些都是非常重要的手段。但是，在这一过程中，保险实际上也是可以起到一定的作用，相比财政补助、社会保险，民政救助，保险在某些方面有着比较优势。例如，社会保险主要针对人身安全、养老医疗等风险来进行保障，当然，社会保险是不保障农业产业风险。商业保险则可以通过农业保险等机制来保障农业产业风险。保险能否助推脱贫？能否守住脱贫成果？我们在 2019 年第 2 期的《经济科学》发表一篇文章，详细阐述这一问题，论文标题是"保险机制能否助推脱贫并守住脱贫成果——基于资产积累模型的分析"。这里，我只简要地提一下，详细内容不再展开讲。

在这项研究中，我们分别建立了贫困家庭和脱贫家庭资产积累模型，根据有无保险，比较两类家庭的贫困脆弱性，分析有无保险对于各类家庭，以及分别对贫困家庭和脱贫家庭的影响，进而揭示保险保障在助推脱贫以及守住脱贫成果中的作用。我们都知道，有了保险之后，它就有一个正向的效应，也就是我们所讲的保险损失补偿效应，当遭受风险负向冲击，资产受到损失，保险则可以通过补偿损失来填补亏损，恢复家庭资产，无疑，这是正向的损失补偿效应。同时，我们也知道，要想要获得保险保障，就要支付保费，当然，保费对一个家庭来说具有负向的保费资产侵蚀效应。所以，在研究保险降低家庭贫困脆弱性问题的时候，我们需要综合考虑这两种正向负向效应。

通过数值模拟，我们作了两幅图如图 1、图 2 所示，两张图的横坐标都是家庭资产。图 1 家庭资产是从 0 到 1，图 2 则是大于 1，即从 1 到 3。必须说明一下，"1"是判别这一家庭是否贫困的临界值，临界值以下就是 0 到 1 部分，临界值以上的就是大于 1 的部分，1 往上的部分可以是非常多，但是我们研究对象主要是贫困家庭以及脱贫家庭，所以，资产达到临界值300%即可，也就是说，3 以上的部分不是我们关注的重点。所以，我们将图 2 截到了临界值 3 倍。

纵坐标反映的是贫困脆弱性，贫困脆弱性取值0到1，1代表着下一阶段会100%陷入贫困，如果是0.8则意味着有80%的可能性陷入贫困。假设在下一阶段陷贫概率降到0，那就意味着不会陷入贫困，所以，从纵坐标数值来看，越低越好。在图2中，家庭资产处在0和1之间，这是属于相对贫困的家庭，根据我国脱贫攻坚的实际情况，假设贫困家庭的保费是由财政补贴的，所以，在这种情况下，家庭是不需要为保险支付保费的。在这种情况下，有保险的肯定比没有保险的境况会好得多。

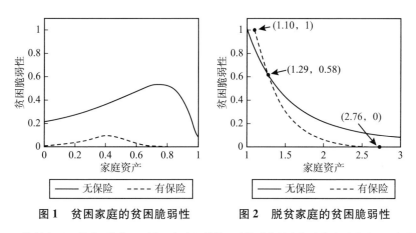

图1　贫困家庭的贫困脆弱性　　图2　脱贫家庭的贫困脆弱性

　　资料来源：景鹏，郑伟，贾若. 保险机制能否助推脱贫并守住脱贫成果［J］. 经济科学，2019（2）：104－116.

　　刚才我们讲，纵坐标是指贫困脆弱性，越低越好。对于贫困家庭来说，有保险显然是更好的，这是毫无疑问的。图2实际上指向脱贫家庭，这条实线是指没有保险的情况。在没有保险的情况下，家庭资产规模越大，陷贫概率或者贫困脆弱性就会下降，也就是说，越不可能陷入贫困。虚线是指有保险的情况。在有了保险情况下，资产大于临界值的部分（资产大于 1 指脱贫的家庭），我们可以对其细分，首先我们可以把虚线细分为两大部分，分界点是虚线和实线的交叉点，交叉点对应的横坐标 1.44，也就是说，家庭资产是相当于临界值的 1.44 倍的时候，在这个点的左侧和右侧，保险所起的作用是不一样的。在左侧，有保险的家庭，贫困脆弱性反而还更高，也就是说，保险实际上对家庭巩固脱贫成果所起的不是正面的，反而是负面作用。但是，在右侧，保险是能够把贫困脆弱性降下来。所以，对于脱贫家庭来说，实际上还要具体看究竟是属于边缘脱贫家庭还是稳定脱贫家庭。交点左侧是边缘脱贫家庭，实际上保险并未起到很好的作用，如果考虑保险的损失补偿效应和保费的资产侵蚀效应，它还没能够起到好的作用。但是，对于资产相对高的家庭，保险可以发挥比较好的作用。在这里，我们还可以再细分，如根据 1.35、1.69 这些点做细分并开展讨论。

在这一基础上，我们可以做一些政策讨论，例如，政府可不可以或者说需不需要补贴保费，这些年农业保险发展得非常快，其中一个非常重要的原因就是政府大量的财政补贴。尤其对三大主粮等重要农产品，各级财政补贴的比例甚至达到了 80%。回到文中的图 2，刚才假设保费都是完全由家庭承担的，就以图中虚实线交叉点为例（1.44），假如保费有 50% 的补贴，这个点就可能会跑到 1.22 左右。也就是说，如果保费有财政补贴，那么，资产大于 1.22 的家庭都可以从中受惠，相当于扩大保险的惠及范围。

同样道理，如果保险公司能够把成本降下来，这当然可以通过保险公司自己作为，也可以通过减免监管费或者降低税费等手段来降低成本。如果成本降低了，这条曲线同样可以往左移，也就是扩大惠及范围。

关于保障的水平，并不是说保障水平越高越好，保障水平应该用赔付比例来衡量，如 100% 赔付，还是 80% 赔付或者 60% 赔付。我们通常会认为赔付比率越高越好，但实际上，赔付比例越高就要求有越高的保费支出。通过数字模拟的结果，实际上，这是一个跷跷板效应。对于不同的家庭来说，赔付比例并不一定是越高越好。另外，赔付机制处理和设计方面，我们前面所讲的都是假设为比例赔付机制，如赔付 60% 和 80%，但是，实际上，保险赔付中还有免赔。一般来说，免赔就是说，最开始的一部分是不赔付的，之后，再按照一定的比例进行赔付。所以，现实中有比例赔付，还有免赔，免赔和比例赔付的组合模式。有几种不同的情况，因为时间关系，不展开讲了。

我们简单总结一下保险扶贫。保险对家庭贫困脆弱性的影响是由两个效应共同决定的。对于贫困家庭，保费通常由政府全额补贴，保险往往能降低贫困脆弱性，助推脱贫；对于资产相对较少的边缘脱贫家庭，如果由家庭支付全额保费，反而会提高家庭贫困脆弱性；对于资产相对多的稳定脱贫家庭，即使全额支付保费，保险依然可以降低其贫困脆弱性。如果通过保费补贴和降低保险公司运营成本，可以扩大保险降低家庭贫困脆弱性的惠及范围，有助于更好地守住脱贫成果。

最后几分钟，我再简单地向大家汇报一下保险扶贫案例的一些思考。这些年，我国各地都有一些实践，通过社会保险加商业保险等各种政策组合来推进保险扶贫。两三年前，我到河北阜平、云南大理等地开展实地调研。在河北阜平，当地提出"金融扶贫，保险先行"，其中一个特点是依托农业保险走产业扶贫的路线，他们的保险扶贫是通过产业载体来得以落地实现。云南大理扶贫的特色是健康扶贫。当地出台了"健康扶贫三十条"，针对40万建档立卡的贫困人口，由州、县财政共同出资，每人每年补贴58元，从中国人民健康保险股份有限公司统一购买补充医疗保险，补充医疗保险是在基本医保以及大病保险之上的，政策范围内的医疗费用都可以通过补充医疗保险全额兜底。

通过比较几个地方的保险扶贫案例，提出几点观察思考。保险在助推脱贫攻坚和守住脱贫成果方面可以发挥重要的作用，但是远未形成共识。只要提起保险扶贫，很多人就会将所有希望都寄托在社会保障方面。毋庸置疑，社会保障确实是可以发挥非常重要的作用，其重要性怎么强调都不为过，但是，它实际上也有局限性，以基本医保为例，基本医保是有一个政策报销比例的，如70%，那么，余下的30%都是需要自己承担的，对于一些贫困人口或者边缘脱贫人口来说，就是那30%住院费用，他们可能是无法承担的。所以，如果像大理这样，地方政府能够给贫困户每人每年补贴58元购买补充医疗保险，这样就可以解决30%的问题。再如，社会救助，当然，社会救助是扶贫工作的非常重要的手段，但是我们的调研也发现了，正如他们开玩笑地说，生病还得在上半年生，下半年可能就没法报销，因为社会救助的预算资金是有限的，上半年用完了，下半年可能就没有办法再通过社会救助方式来解决。但是，如果通过补充保险方式去解决，有保险契约支撑，就不存在下半年无法报销的问题。

根据成功案例，我们可以发现一定的共性，但是，成功案例复制还是非常困难。例如，河北阜平的保险扶贫案例，不用说在全国范围内复制，就算河北省其他 10 余个县都非常难复制。我们认为，其中很重要的一个原因是地方政府官员思想观念、治理理念和治理能力等方面问题。对于后脱贫时代的保障问题，"十四五"规划提到巩固提升脱贫攻坚成果的时候提了很好的几点内容，包括"四不摘"，如摘帽不摘政策，动态监测机制，常态化帮扶机制等，那么，在这样的背景下，保险与守住脱贫成果之间究竟是什么样的关系？我们提及的社会保险相对来说是普惠，那么，在不改变社会保险基本政策框架的前提下，如果地方政府通过财政补贴更好地叠加运用商业保险，这样的话，将更有利于达成精准保障和守住脱贫成果的目标。

从保险业角度来看，在后脱贫时代，针对巩固脱贫成果中遇到的痛点问题，如帮扶对象与非帮扶对象境况倒置问题、不同程度的相对贫困人口动态精准保障问题、分层次保障需求问题，需要开发"定制化"的、财政补贴比例差异化的保险产品，形成梯度式的扶贫保险系列产品，以供地方政府和群众根据实际情况来选用，更好地助力守住脱贫成果。

最后，我们这里有一份研究报告《保险扶贫的理论与实践：中国案例》供大家参考，前两年发表于瑞再研究院（瑞士再保险瑞再研究院）的风险对话栏目，有中文报告和英文报告两个版本，大家感兴趣的话可以登录瑞再研究院官网下载。

这是我今天要分享的内容，谢谢大家！

关于金融促进共同富裕的思考①

胡海峰

　　大家好！今天会议的主题跟共同富裕密切相关。浙江省也是我国共同富裕的先行试验区。我主要对金融和共同富裕之间关系做了一些思考，今天主要讲三个方面：第一个方面，贫富差距过大，是全世界范围的普遍现象；第二个方面，金融是否会加大贫富差距，主要原因是什么，这是大家一直有所争论的问题；第三个方面，普惠金融有助于缓解分配不公，促进共同富裕。

　　长期以来，我们对共同富裕有着很大的关注。这两年，共同富裕成为一个非常热点的话题。党的十九大提出到本世纪中叶"全体人民共同富裕基本实现"的目标。党的十九届五中全会进一步提出，到2035年"全体人民共同富裕取得更为明显的实质性进展""十四五"规划提出"到2035年人的全面发展、全体人民共同富裕要取得更为明显的实质性进展"，习近平总书记2021年在《求是》杂志发表了《扎实推进共同富裕》一文。对照共同富裕目标，我们

---

　　① 报告人简介：胡海峰，北京师范大学经济与工商管理学院金融系主任，教授，博士生导师，担任教育部金融学类专业教学指导委员会委员，国家社科基金重大项目首席专家。主要研究方向：比较金融制度、公司融资理论与政策、资产定价与企业价值评估、创业投资与私人股权投资等。曾在《管理世界》《世界经济》《统计研究》《数量经济技术经济研究》《国际金融研究》《经济学动态》《财贸经济》等学术期刊发表论文多篇，出版专著、教材多部。

还有一定差距，主要体现收入差距、城乡差距、区域差距、行业差距、住房差距以及公共服务差距等各方面。

第一方面，基于收入差距的角度，我们来看一下国内外基本情况。首先，贫富差距事实上是当前全世界范围内存在的一个普遍现象。根据新发布的《世界不平等报告2022》，2021年，全球一个成年人的平均年收入为16 700欧元，而收入最高的10%的人年人均收入为87 200欧元，收入位于50%以下的人口平均一年只赚2 800欧元。从财富规模来说，收入底层的全球50%的人口只拥有全球总财富的2%，而最有钱的10%的人口则拥有76%。过去的25年里，最富有的52个人的财富规模每年增长9.2%，远远高于社会均速。我们看一下发达国家，仅以美国为例，根据美国人口普查数据，目前全美的家庭单位接近1.3亿，收入在2.7万~14.1万美元的中产家庭，数量约7 750万，占美国总家庭数的60%。年收入超过50万美元的富人家庭，数量约130万，占美国总家庭数量的1%。根据《2022年世界不平等报告》数据，美国1%的人口占全美财富百分比超过20%，排名后50%的人群还不到13%。西欧也一样，西欧1%的人口占全部财富的12%。排名后50%的人群还不到22%。过去20年里，在全球收入最高的10%的人群和收入占底层的50%的人群之间，收入差距几乎翻了一番。由此推导，我们可以看到，90%的人群财富增长比较缓慢。这就是世界财富分配的基本的格局。《2022年世界不平等报告》还提到，当前50%的人口收入只占了全部收入份额的8.5%，顶层的10%人群则占了52%，必须强调，这只是收入。那么财富呢？还是根据《2022年世界不平等报告》报告，世界上最富有的10%的人拥有全球75%的财富，其中约 2 750 名亿万富翁拥有全球 3.5% 的财富，高于 1995 年的 1%，而底层 50% 的人口所占财富为 2%。可以看到，贫富差距是全球范围内的普遍现象。

下面，我们来谈谈衡量收入不平等的经济系数，这是国际通行的一个标准。在过去的 25~30 年时间里，被广泛采用的、衡量收入不平等的基尼系数，在美国大约增加了 29%，在德国大约增加了 17%，在加拿大大约增加了 9%，在英国大约增加了 14%，在意大利增加了 12%，在日本增加了 11%。所以说，整个西方 1% 群体的收入和财富在增长，基尼系数也在增长。我们应该可以看到，贫富差距是世界的普遍现象。

第二方面，我们再来看中国。改革开放以来，中国经历了从计划经济到市场经济的转型，20 世纪末就提出"让一部分人先富起来，先富带动后富"，后来，我们提出按劳分配为主体，多种分配方式并存，特别强调了要素参与分配。但是，事实上，这还是不健全的。较多的时候，医疗、教育、住房和财富分配制度密切捆绑，由此造成高收入群体有机会享有更多的教育、医疗、住房资源，由此而造成贫富分化。另外，人力资本投资分化造成了目前大家所诟病的阶级、阶层固化。在这种情况下，解决贫富差距问题，实现共同富裕是我们面临的一个重大的课题。当然，合理的差距能够促进经济增长，但是差距过大往往会产生严重的社会和政治问题。

首先，我们具体地观察一下中国的收入和财富分配格局。从 1979 年到今天的 21 世纪 20 年代，我们国家 GDP 发生了天翻地覆变化。1979 年中国 GDP 是在全球占比约 1.79%，GDP 是不到 1 800 亿美元。那时的美国 GDP 为 2.63 万亿美元，占世界 GDP 的 26%。

2020 年，中国占世界经济比重超过了 17%，2021 年应该增加得更多，现今美国占世界 GDP 约 24%。我们可以看到，中国经历了快速增长，整体收入在增加，国民收入水平在增长，当然，我们的财富总量占世界总量也在快速增加，尤其私人财富增长速度显著。但是，我们收入不平等、财富差距问题也日益突出。我们来研究一下基尼系数，2009 年我国基尼系数达到最大值 0.47，之后就开始逐步回落。根据李实教授的测算，2008 年应该是最高的，约 0.49，接近 0.5%。根据世界银行的一个报告，中国基尼系数排在南非、巴西、阿根廷之后，位居世界第四。2019 年国家统计局公布基尼系数是 0.46，远高于 0.4 国际警戒线。

其次，从收入水平来看，大家隐约有一种感觉，近些年来我们的收入增速正在缓慢下降。可以说，近些年来，我们的收入增速，无论是农村还是城市都在逐渐地下滑。就收入结构来看，全国居民收入占比最高还是工资性收入，占 55.7%。经营性收入、财产性收入占比非常低，经营性收入约占 16.5%，财产性收入约 8.7%，农村财产和经营收入总量占比近 2.4%。可见，从收入结构来看，城乡差距、区域差距、财富差距都在拉大。一是城乡差距非常显著，当前城乡收入比是 2.56；二是区域差距较大，东部地区是西部地区的 1.56 倍，最高的上海是最低的甘肃的 3.45 倍；三是财富分化比较严重，20 世纪末证券市场、房地产市场蓬勃发展，家庭财富、财产性收入等方面的分化特别厉害，高收入群体财产收入比重迅速增加。

最后，我们谈谈金融，重点研究一下金融在扶贫工作中，在促进共同富裕过程中发挥着怎么样的作用。有人认为，金融是嫌贫爱富的，这是由金融自身的逻辑所决定的。如果真是这样的话，那么，金融是撬动经济增长的一个主要因素，它是助力财富创造和积累的重要杠杆，但是更多的人，尤其穷人往往被拒之门外，由此贫富差距的扩大是可想而知的。当然，大家对这一点还是非常有争论的。事实上，金融是可以促进全体社会成员收入增长，过去的西方主流经济学并未关注这一问题，直到近几十年，大家才逐渐看到这个问题。根据主流文献，金融与经济发展、收入、分配之间存在密切关系，更多的是倒"U"型关系，可以通过五大机制来影响收入分配，分别是降低金融业从业门槛、支持人力资本投资、使更多人获得金融服务、降低贷款利率、给穷人提供机会。由于时间原因，我就不展开了。总之，金融是可以通过直接或间接机制达到减贫目的。但是，也要看到，在发达国家，现在有一个基本呼声，人们称之为"过度金融"，金融太多了。也就是说，金融业的发展影响到了其他行业，更多地挤占国民收入，而且得到了本不该得到的收入。最有代表性的学者就是菲利蓬（Philippon）和雷谢夫（Reshef），他们联合撰文研究金融业和其他行业之间差价。由菲利蓬和雷谢夫的实证研究显示，在过去的 20 年里，相比类似行业，金融部门从业者已经享受到巨额的"支付溢价"，而这个现象并不能被通常的生产率代理指标（如受教育程度或不可观测的能力）来解释，金融业完全脱离正常市场，高于其他行业的经济的薪酬水平，根据他们的估算，金融部门的薪酬水平比其在完全竞争下可以预期的薪酬水平高 40% 左右。具体来说，金融从业者的工资和金融业的利润大幅度提高，国民收入向金融部门大量转移。另外，从金融业利润来看，国内利润比重大幅度上升，这也是比较符合当前中国现实。此外，正是因为金融业超额利润和超额工资，造成了国民收入、财富向金融部门转移。

由此，金融业需要适当的规制，抑制财富向金融业过度性转移。我刚才强调了，这是现在西方世界的一种主流呼声。在我国，尽管也存在这类现象和问题，但是，必须看到，金融业发展和收入分配之间并非简单的线性关系，也就是说，我们不能说金融肯定会抑制收入分配，也不能说金融必然会改善收入分配，而是说金融业发展不足或发展过度，不仅对金融业不利，也不利于整个国民经济。所以，我们应该充分激发金融业推进共同富裕的积极一面。

2021年，党中央、国务院印发《关于支持浙江高质量发展建设共同富裕示范区的意见》，浙江省被正式确定为示范区。中国人民银行、中国银行保险监督管理委员会、中国证券监督管理委员会、国家外汇管理局、浙江省人民政府发布《关于金融支持浙江高质量发展建设共同富裕示范区的意见》。这个文件以缩小城乡差距、地区差距和收入差距作为主要目标，制定了31项支持措施，力促共同富裕。

我认为，要促进共同富裕，就要发挥普惠金融积极作用，因为普惠金融包含了公平包容的理念，有助于缓解人们日益增长金融服务需求和金融供给不平衡、不充分的矛盾。近些年，我国普惠金融有了长足的进展，根据中国人民银行发布的《2021年金融机构贷款投向统计报告》，2021年末，人民币普惠金融领域贷款余额26.52万亿元，同比增长23.2%，增速比上年末低1个百分点；全年增加5.02万亿元，同比多增7 819亿元。此外，我们还应大力发展数字金融。普惠金融可以利用信息技术降低金融服务的成本和风险，促使金融资源流入更多的国民经济薄弱环节。当然，要发展普惠金融、数字金融，让数字普惠金融观念深入人心，我认为还要解决数字鸿沟问题。尽管我国互联网普及率达到73%，但是全国农村互联网普及率平均水平只有57%，60岁及以上老人的互联网普及率仅43%。所以，下一步，我们需要解决弱势群体的数字鸿沟问题，尤其要关注交易能力低、收入低、年龄大。此外，还要解决小微企业的数字鸿沟，多数小微企业数字转型、智能升级及融合能力相对弱，数据要素和算法模型开发不足，我们要让这些小微企业通过数字金融服务同样获得数字红利。另外，还要着力解决区域间差距问题，作为金融中心的东部对周边，乃至全国范围的资金都有虹吸效应。最后，还要依法依规监管好平台企业，我们知道，部分平台企业利用市场支配地位，通过算法歧视、滥用金融交易等手段来支撑其数据能力，这样做必然会加剧数据金融的风险，侵害消费者的合法权益。

我今天就分享这些，谢谢大家！

金融扶贫：成效与展望①

蒋永穆

大家好！我们分论坛的主题是"金融创新助推共同富裕"。根据这个主题，我做了一些思考，共同富裕首先就要防止出现大规模的返贫问题。正因如此，我们应该重视金融在脱贫攻坚中所取得的成绩和经验，为防止出现大规模返贫提供理论和实践指导。

基于此，我要报告的题目是"金融扶贫：成效与展望"。实际上，习近平总书记在多个场合都提到了金融扶贫在脱贫扶贫中的重要作用。所以，我首先想谈谈金融扶贫对于扶贫事业的重要意义。回顾中国共产党百年奋斗史，可以看到，我们长期在跟贫困斗争，保障人民生存权和发展权。那么，在奇迹的背后，金融发挥了重要作用。

第一个方面，金融扶贫极大地丰富了扶贫事业的模式和路径。银行部门通过设立面向建档立卡户的扶贫小额贷款、扶贫再贷款；针对贫困县融资需要，证券行业提供优惠政策、绿色通道；期货和

① 报告人简介：蒋永穆，四川大学经济学院院长，教授，博士生导师，教育部金融学类专业教学指导委员会委员，国家社科基金重大项目首席专家。研究方向为社会主义经济理论、产业经济、"三农"问题。入选教育部新世纪优秀人才，获四川省学术技术带头人、成都市有突出贡献专家等荣誉。主要研究方向：社会主义经济理论、产业经济、"三农"问题。担任国家社科基金重大招标项目《中国特色农业现代化道路研究》首席专家；主持各类科研项目40余项，包括国家社科基金重大招标项目、国家社科基金一般项目、国家社科基金青年项目等。个人主编或参编专著20余部，在《教学与研究》《经济学动态》《光明日报》等期刊上公开发表学术论文160余篇，被《新华文摘》、人大复印报刊资料等转载10余篇；提交各类研究报告30余份。

保险行业面向贫困地区实行"一司一县"的对口扶贫；此外，针对贫困地区，我们也做了一些创新工作，如"保险加期货"试点等，帮助防范贫困风险。另外，国家金融管理部门也积极承担了中央单位定点扶贫任务，拓展了脱贫攻坚的一些渠道。

第二个方面，金融扶贫是实现扶贫事业精准化的必由之路。党的十八大以后，我们提出精准扶贫这一重要要求。那么，如何才能实现精准化呢？我们还是需要金融的介入，实际上，金融精准扶贫是一种市场行为，它要求诚信和精准，通过金融精准扶贫不但能够促进贫困地区诚信体系建设，而且还可以促进乡村振兴战略，这对贫困地区推动社会文明与法制建设也很有意义。

第三个方面，金融扶贫是"输血式"扶贫向"造血式"扶贫转变的重要渠道。金融扶贫可以推动贫困地区形成政府引导、市场主导、贫困户响应、相互促进、共同参与的贫困治理机制。实际上，在金融扶贫过程中，有助于贫困地区和贫困户形成市场意识和责任意识，变被动扶贫为主动扶贫。同时，金融扶贫也一改简单发放扶贫资金和政府大包大揽的传统扶贫模式，引入以市场规律为遵循的金融贷款机制，利于扶贫和扶志的统一。

第四个方面，金融扶贫是解决农村金融体系问题的关键环节。长期以来，我们都清楚，就金融体系而言，我国广大贫困地区存在着金融信贷产品期限与农户需求周期错配，金融产品供给单一与农户金融需求多元失衡，以及贫困地区抵押担保发展滞后等诸多问题。通过金融扶贫有助于解决上述问题。一是通过提供中长期贷款；二是提供多元化金融产品；三是通过探索新的抵押担保方式，也就是，通过多种途径去解决农村金融体系问题。

第五个方面，金融扶贫是促进扶贫工作和乡村振兴有机结合的润滑剂，刚才所提及的"开放式扶贫"和"造血式扶贫"实际上就是要打通城乡要素自由流动的渠道，让贫困地区生产要素能自由流动，让贫困地区和贫困人口所有的土地等各类资源要素能够依照市场规律得以合理配置。当前，农村多项改革的主要障碍就是资金匮乏，通过多种金融扶贫手段及创新，就可以引导贫困地区产业发展，从而确保信贷资金效益最大化。

我们还要认识到，中国共产党探索扶贫理论的过程中，一直把金融扶贫作为重要手段，我们通过分析发现，在所有的精准扶贫举措中，金融扶贫是最综合、最有效、最持久的一种办法，我们应该从更广阔背景和时代发展需要去考虑，金融介入扶贫攻坚具有全局意义和战略意义，能够产生多个方面的溢出效应。

首先，从国际经验来看，数字金融服务可以通过减少金融成本来实现减贫。国际农业发展基金、世界银行扶贫协商小组、联合国优于现金联盟、国际劳工组织等组织都采取了类似的方法。我们也找了一些案例，例如，津巴布韦建设了移动支付平台，斯里兰卡出台"简单汇款"产品，哥伦比亚的"咖啡智能卡"等。

其次，通过创新信贷担保方式，以增收实现减贫。例如，坦桑尼亚的 WRS 项目可以帮助农户储存农作物；在乌干达，通勤摩托车贷款有助于年轻人收入显著增加；柬埔寨创建了资金循环借贷机制可以助力贫困农户自主创业。尤诺斯被称为"小额贷款之父"，也正因其在小额贷款领域的贡献而获得贝尔和平奖。由上述案例，可以看到，金融在推动脱贫事业中起到了很大的作用。通过案例研究，我们发现金融扶贫主要有这么几种基本做法。第一种，创新实施扶贫小额信贷政策，解决贫困户资金短缺问题，从而增强贫困人群发展生产的内生动力，实现贫困户发展产业和增加收入的双赢。例如，河南省卢氏县就有比较好的小额信贷例子，另外，湖南省宜章县和安徽省灵璧县等地也通过小额信贷实现了贫困户脱贫。第二种，创新实施产业扶贫贷款，支持贫困地区特色产业发展以及贫困人创业就业，促进金融扶贫与产业扶贫的融合发展。我们通过调研，贵州省农村信用联社、广西壮族自治区那坡农村商业银行、江西省遂川县农商银行都采取这类产业扶贫贷款方式。第三种，发行易地扶贫搬迁金融债券，从 2015 年开始，我们发行这类金融债券，支持搬迁群众达成搬得出、稳得住、能脱贫的目标。中国农业发展银行和国家开发银行都发行了易地扶贫搬迁金融债券。第四种，银行等金融机构扶贫，在中国人民银行、中国银保监会的指导下，各类金融机构开始直接支持贫困地区的发展，促进贫困地区人口脱贫致富。例如，国家开发银行在我国深度贫困的凉山彝族自治州修建了雅西高速公路，这条高速公路为提高贫困地区基础设施水平发挥了重要作用。另外，江苏省赣榆农村商业银行、中国农业银行甘肃省分行都直接参与扶贫工作。第五种，则是保险扶贫，郑伟教授刚才就金融作为扶贫脱贫重要手段做了详细分析。第六种，资本市场服务扶贫工作，中国证监会发布了《中国证监会关于发挥资本市场作用服务国家脱贫攻坚战略的意见》，例如，我们可以有效利用股票市场来解决金融扶贫的资金问题，陕西省延长县以及我国大别山片区资本市场服务金融扶贫方面积累了丰富的经验案例。

最后，简单谈一谈新发展阶段金融扶贫问题。在新发展阶段，金融扶贫发展的重点还是要解决提升问题，通过提升金融扶贫质量来实现脱贫攻坚和乡村振兴的有机衔接。但是，我们认为，金融扶贫还存在一些制约因素。一是扶贫产业的融资渠道和方式都比较狭窄。二是扶贫项目还存在较高的金融风险，例如，扶贫项目建设周期长、信息不对称、缺少定价优势等，市场风险比较大。三是金融机构参与金融扶贫的意愿还亟待提升，我最近给部分银行开展培训，在授课期间，专门做了调研，发现金融机构，包括我培训的那些机构参与扶贫工作的积极性不足。四是贫困地区金融生态仍然需要优化，特别要进一步提升整体的信用环境。围绕着这些制约因素，在新发展阶段，我们认为要重点抓好几项工作。首先，金融扶贫要向普惠金融有序过渡，在过去，脱贫攻坚工作中往往采用特惠性措施，但是，在乡村振兴中，我们需要实行普惠金融，如何从特惠过渡到普惠服务，这是首先要考虑的。其次，金融扶贫要跟乡村振兴紧密衔接，尤其是乡村振兴中的产业振兴，我们该怎样结合？这需要同向发力，多维度支持。再次，促进金融扶贫与缓解相对贫困的有效融合，解决贫困问题不是一蹴而就的，在解决绝对贫困后，还要思考如何缓解相对贫困。最后，还要加快建立金融扶贫协同工作机制，只有建立健全这样的协同机制，才能确保金融扶贫的可持续性。

由于时间关系，我今天就讲这些，不当之处，还请批评指正，谢谢大家！

分论坛四：数字化改革与共同富裕

分论坛四：数字化改革与共同富裕

论坛综述

2022 年 5 月 15 日，由浙江省社科联、孙冶方经济科学基金会和我校联合主办、经济学院承办的第五届中国经济学家高端论坛分论坛在线上举行，分论坛主题是"数字经济与共同富裕"。南开大学经济学院院长盛斌，浙江省信息化与经济社会发展研究中心主任陈畴镛，华东师范大学工商管理学院副院长董直庆，嘉兴学院党委书记卢新波，浙能锦江环境控股有限公司董事长韦东良，浙江财经大学经济学院教授唐要家，浙江大学经济学院教授潘士远、中国科学院大学经济与管理学院院长洪永淼出席本次分论坛，浙江财经大学经济学院院长王正新主持会议。

盛斌作了"数字经济与共同富裕"的主题演讲。数字经济有助于增进人类总体福利，我们应从数字效率和数字公平包容两大角度研究数字技术对共同富裕的影响问题。从数字效率来看，数字技术有助于降低运营成本和交易成本，还可以通过提高教育培训效率、提高劳动力市场匹配度、提高医疗和健康水平，提高就业自主性等途径实现创新赋能，进而促进经济发展，提高社会福祉。但是，从数字公平包容来看，数字赋能机会存在不公。具体来说，城乡间、地区间和群体间数字鸿沟明显，不同企业、不同劳动者之间数字赋能机会存在差异，地区间数字监管及整体营商环境也不尽相同。数字收益分配存在不公平现象，我们需要关注实体经济与数字经济之间的收益分配，数字平台中资本和劳动之间的收益分配，还要关注数字经济的算法和算力问题。为了提升数字经济的公平性和包容性，我们要提高数字基础设施接入使用的普惠程度，依法做好数字监管关注，推进数字平台反垄断，关注灵活就业群体的合法权益，重视算法问题，明确算法负面清单，防止发生经济社会歧视和机会不公。

陈畴镛作了"数字化改革牵引共同富裕先行示范"的主题演讲。数字化改革牵引高质量发展建设共同富裕示范区体现为四个方面。一是以数字化改革牵引高质量发展的先行示范，数据作为关键生产要素，加快数据要素市场培育建设，深化公共数据开放共享，通过有效释放数据要素价值来做大"蛋糕"和分好"蛋糕"。二是以数字化改革牵引收入分配制度改革的先行示范，以数字经济健康发展激发创业创新活力，扩大就业机会是稳步推进"扩中提低"，形成以中等收入群体为主体的橄榄型社会结构，形成共同富裕行稳致远的有效途径。三是以数字化改革牵引城乡区域协调发展先行示范，加快城市智能设施向乡村延伸覆盖，完善农村地区信息化服务供给，推进城乡之间各类要素双向自由流动，形成以城带乡、共建共享的数字城乡融合发展格局。四是以数字化改革牵引公共服务优质共享先行示范，增进民生福祉是发展的根本目的，是实现共同富裕的内在要求，通过数字化改革可以有效打破时空阻隔，提高有限资源的普惠化水平，方便群众生活，满足多样化个性化需求。下一阶段，我们要把数项重大改革举措紧密结合起来。如何协同推进各项重大改革，这是理论界面临的重要研究问题。

董直庆作了"人工智能技术会助推利润侵蚀工资吗？——来自

中国私营企业调查数据的经验证据"的主题演讲。收入分配问题是共同富裕研究的重要问题。人工智能技术是否对收入不平等有影响？当前人工智能技术发展是否诱致中国劳动收入不平等？人工智能技术将通过哪些途径影响劳动收入分配？在这个过程中，是否还存在一系列外在影响条件？研究发现，人工智能技术通过岗位更迭效应和生产率效应非对称地影响劳动收入差距。现阶段的人工智能技术，倾向于在低技术部门表现为自动化扩张形态；而在高技术部门的新岗位创造形态突出，其通过更多增加高技术部门劳动岗位的方式，加剧扩大了收入不平等。人工智能技术的生产率效应存在门槛特征，其影响方向受到高、低技术产品替代弹性和自动化岗位比例与资本投入占比相对大小的约束。分地区测算结果表明，相对劳动密集地而言，人工智能技术对资本密集地劳动收入差距的扩大作用更为明显，但对劳动密集地的影响不断增强；相对于技术密集地而言，在非技术密集地高低技术部门收入差距受到人工智能技术的冲击更大，且技术与非技术密集的中岗位更迭效应均大于生产率效应。

卢新波围绕"共同富裕的阶段性推进"作了主题演讲。中国特色社会主义共同富裕是层次递进的动态过程，需要分清共同富裕的实现程度、推进阶段和目标层次。梳理官方文件和国家领导人重要讲话精神，可以看到，共同富裕是一个长远目标，是一个发展过程，我们应对其长期性、艰巨性、复杂性要有充分估计。理论界应在分清发展阶段性和目标层次性的基础上，科学评价、动态评估、精准把控共同富裕的实质性进展。参照世界银行高收入国家标准以及OECD20个创始成员国的发展数据，我们可以把共同富裕的实现过程分为三个阶段：追赶阶段、超越阶段和领先阶段。当前，我们还处在追赶阶段，只有保持一定的经济增长速度才能达成共同富裕的中长期目标。所以说，当下的主要任务还是发展，要以改革创新来促发展，并以经济发展来求解民生问题。此外，还要做好公共服务工作，尤其要加大教育投入，切实提高全民文化水平和就业能力，从根本上解决"扩中提低"的问题。

韦东良围绕"浙能锦江数智融合转型实践"作了主题演讲。要实现生态美好、高质量发展就离不开数字化。浙能锦江环境控股有限公司数字化转型可以分为四个阶段：企业级经营大脑、电厂级智慧管理、设备级数字孪生、生产级自动驾驶。当前浙能锦江正在全面推广生产级自动驾驶，接近实现企业级经营大脑，设备级数字孪生和电厂级智慧管理则正在谋划中。经过数字化转型，浙能锦江创新运营管理和设备管控，企业工作流程和工作机制得到全方面革新，大大降低了企业运营成本，而且实现了管理的精准化和高效化。展望环境产业数字化的未来愿景，可能会出现以"规模化"降低企业对传统设备和人力的依赖，以"多元化"协同处置城市各类废弃物，这样又将助力企业走向"全球化"，数字化经营大脑处在总部，而神经可遍布全球。未来企业数字化转型趋势主要有：支撑设备智能化、数字化员工、核心业务数字化升级、环保数字化，以及构建未来的数字化供应链。

唐要家围绕"数据价值释放的理论逻辑与政策重点"作了主题演讲。要充分释放数据的要素价值，政府需要把握好政策重点，根据数据要素特征，重新定位政府和市场关系。数据要素具有非竞争性、外部性、强时效性，以及供需两侧规模经济性等特征。从价值链角度看，数据的要素价值释放是一个动态变化的过程。基于这样的特征，要发挥数据的要素价值，共享是基础，以数据驱动创新是催化剂，相应的资本、技术和人力要素投入是重要条件。为此，我们必须基于数据要素特征及其要素价值释放的要求，针对个人数据、商业数据和公共数据等不同类别的数据要素，形成分类治理的政策体系。但是，当前政策设计方面存在不少误区，表现为数据产权、市场定价、互联互通等各个方面。为此，我们要构建有利于创新创业的数字经济营商环境，为创新创业的企业家和企业组织营造更宽松有序的经济社会环境，政府重点做好人才供给和场景培育等工作。总之，我们要将共享使用和数据驱动创新作为政策的着力点，确保市场机制的决定性作用和企业的市场主体地位，同时，坚持渐进匹配，应顺势而为的原则，为数字经济构建平衡的监管体系。

潘士远围绕"数字经济与共同富裕"作了主题演讲。数字经济对共同富裕的影响包括正负两个方向。综合国内外研究，数字经济定义主要包括数字产业、产业数字化和治理数字化三个关键词，这三方面是相互联系，相互统一，缺一不可的。相比传统经济，数字经济具有较大的优势，主要表现为：搜索成本低、复制成本低、流通成本低、追踪成本低以及规模经济效应。无疑，数字经济有助于我们经济发展和"弯道超车"。但是，也必须看到，数字经济可能会加剧地区间、城乡间和群体间的收入差距。数字经济具有替代效应、创造效应和复原效应。从短期来看，数字经济的替代效应可能会导致企业过度运用数字技术，减少劳动就业机会，降低劳动者收入水平，产业数字化将会进一步扩大低收入阶层和高收入阶层的差距；数据可能会成为企业进入市场的重要壁垒，客观上，这又扩大企业间、行业间和群体间的收入差距；技术进步方向可能会越来越偏爱熟练劳动力，这也会加剧群体间的收入差距。在数字经济时代，我们要实现有效市场和有为政府的有机结合，既要有效做大"蛋糕"，又要公平分好"蛋糕"。

洪永淼作了"加快推动数据要素跨境流动引领数字经济全球化"的主题演讲。我们现在正进入以数据要素为主要推动力的数字经济全球化时代。快速的跨境数据流动正在改变经济全球化的形态，经济全球化已进入由数据流定义的新时代。中国应在保障国家安全的前提下，主动拓宽数据开放范围，加快数据跨境流动，在全球竞争中进一步发挥人口优势与规模优势，积极融入并引领新一轮经济全球化。但是，对中国来说，数字经济全球化是机遇和挑战并存。发达国家经济体在数字服务贸易方面占有绝对优势；数字平台可能会不同程度地损害广大消费者权益；伴随数字技术、数据要素的跨境流动，网络安全问题也不断突显；部分国家推行数据政策本土化，阻碍数据要素在全球范围内的自由流动。针对数字经济全球化所面临的种种问题，我们应立足发展，立足引领数字经济全球化，加快数据跨境流动，在鼓励创新和保护消费者权益之间，在推动经济全球化和维护国家安全之间，找寻最佳的动态平衡点。

数字经济与共同富裕①

盛　斌

　　各位领导、各位同仁、各位老师，大家好！非常感谢浙江财经大学的邀请，也感谢王正新院长的主持和介绍。很高兴有机会能够与各位前辈、领导、老师线上相见。我个人觉得，今天会议主题非常好，"数字化改革与共同富裕"的主题非常重要。共同富裕是我们当前正着力推进的重要目标，也是"十四五"规划中非常重要的任务。影响收入分配的因素很多，我想主要有这么几个，技术进步、全球化和开放、一国的国内政策。目前来看，全球化和开放方面存在着一些经验和教训，特别近年来出现的去全球化、逆全球化。第四次工业革命推动技术进步，造福整个国家和人类社会，同时，我们确实要注意公平的共享性问题和分配问题。今天，我就先抛砖引玉，谈谈我对数字经济和共同富裕的理解和认识，这也是我今天要讲的主题"数字经济与共同富裕"。

　　当前数字技术和数字经济方兴未艾。在基础数字技术方面，我

　　①　报告人简介：盛斌，南开大学"杰出教授"、博士生导师，经济学博士，南开大学经济学院院长、人文社科部部长、中国 APEC 研究院院长，教育部"长江学者"特聘教授、国家万人计划哲学社会科学领军人才、文化名家暨"四个一批"人才、国务院学位委员会学科评议组（理论经济学）委员兼秘书长、国家百千万人才、国家有突出贡献中青年专家、国务院政府特殊津贴专家，商务部咨询专家、天津市人民政府特约研究员，美国富布莱特基金会高级访问学者。主要研究领域为世界经济、国际贸易、国际政治经济学。

们以5G、人工智能、区块链、大数据、云计算、3D打印等为代表，前沿数字技术更是突飞猛进。相比传统经济，数字经济最主要、最核心特征主要有，第一，数据是数字经济中重要的生产要素，是一种重要的资产。可以说，所有的数字经济活动，数字产业化和产业数字化都是以数据为最核心的内容。第二，就数字经济的主体来说，除了通常意义上讲的企业，数字平台作用将要突显出来。第三，数字经济同样要有规制和制度，既包括一国国内数字监管治理，又包括国际层面上的治理合作。

那么，我们该怎样理解今天探讨的主题，数字技术、数字经济如何影响共同富裕？个人认为可以从两个角度来把握这一问题。一是数字效率角度；二是数字公平、数字包容的角度。从数字效率的角度来看，我们可以通过数字技术、数字经济来加速经济发展，进一步做大"蛋糕"。这里有两个重要的环节或者说重要的机制，分别是数字获取和数字技术。数字获取过程就是"access"，需要通过包括像基础设施、硬件、软件、网络等，这一个非常关键的环节。数字技术则将赋能各类生产要素，特别赋能劳动力要素。另外一个角度是数字包容，数字公正，其中又包括两个机制或环节，分别是数字机会和数字分配的公平。数字机会主要是指人们，特别我们关心的弱势群体、边缘群体接触到互联网和运用软件的机会，这是他们获得就业机会和收入的重要渠道，有了数字机会的公平，才能做到结果的公平。数字分配公平是指不同产业之间，某一产业内部，甚至某一数字价值链的内部的收益分配公平。

接下来，我基本上根据这样的一个逻辑框架，从四个方面来谈一谈数字技术对共同富裕的影响。基于实证材料，结合我们前期的研究，大家都知道，数字收益和数字机会的研究材料还是非常丰富的，例如，有很多研究从一国家内部的区域省市来分析数字收益和数字机会。我们可以通过很多指标，从不同的收入阶层，不同的样本整体来分析类问题。但是，根据我个人的理解，因为受调研规模和样本限制，目前这种研究还处在碎片化阶段。如针对企业，针对不同收入阶层的类似调研，我们确实可以从一些国际组织获得一些数据资料，如 OECD、国际电信联盟、世界经济论坛以及其他一些智库都能够提供这方面的部分数据，但是，中国相关的数据又不是特别丰富和完善。国内这一方面的相关研究空白点还是比较多。所以后，在后面的报告中，我还是主要从逻辑框架上阐述问题，辅之以我个人认为比较可靠的、比较深入细致的研究。

第一个方面，相比以往的技术进步，数字技术更有助于降低成本，提高效率。数字技术有其自身优点，降低搜寻成本、降低边际成本、降低交易及运输成本。为了进一步解释数字经济提升效率的机理，现代经济学原理挖掘了较多的新原则和新发现。尤其，现在大家比较关注的是数字经济的零复制成本，所以，过去常说的边际成本递增一说就发生了很大的变化。所以，很多平台企业、数字企业在数字产品上几乎可能做到产能无限扩张。另外，数字技术大大缩减了空间居民，因为数字化产品都是以数字为呈现形式的产品或服务，我们过去所说的引力模型作用也被大大地消减。同时，数字经济可以通过降低追踪成本和降低验证成本来提升经济的整体效率。可以说，上述内容都是现代经济学结合产业组织方面案例新挖掘得出的，当然，现在也有一些实证经验研究来验证了其效果。

第二个方面，数字经济能够通过创新赋能促进经济增长，提升经济效率。在此，我准备突出四个方面内容。一是能够提高教育与培训效率。在新冠肺炎疫情暴发之前，我们就看到了远程授课、共享教育的优势。2020年初新冠肺炎疫情暴发之后，这种优势更加突显。如果没有数字经济，没有线上授课，现在很多中小学以及高等教育都会受到很大的影响。另外，数字技术为农村地区、边远地区、贫困地区等特定地区，以及妇女、儿童和城乡中弱势群体提供了共享的远程教育，这些地区和人群都能够接受到更优质的教育。二是能够提高劳动力市场的匹配度。现在劳动力市场上有"零工经济"概念，这就跟产品和服务市场上的"共享经济"概念一样。相比过去的长期雇佣合同关系，从个人需求出发，现在出现了包含多个职业、非固定的劳动雇佣合同关系，这种就业方式更加灵活。当前国家重要文件和规划也都强调了"灵活就业"一词，所以说，数字经济可以为"零工经济"和"灵活就业"创造更加精准的匹配，为劳动力市场提供更多、更精准的信息。三是从劳动者角度来看，数字经济能够提高医疗和健康的水平，当前互联网医院、远程诊断治疗、手术指导等等都已经成为现实。四是数字经济能够提高就业的自主性程度。相对高大上的领域，例如网络工程平台管理、大数据分析、网络安全处理应用、VR技术等，很多这样的技术类工种可以提供大量就业岗位，而且，这些人不一定非要去公司上班，完全可以通过外包方式完成工作，或者以短期合同方式让每个技术人才同时服务多家公司。除了这些技术含量比较高的岗位，我们也有很多劳动密集型岗位，如小微企业电商、网店带货主播、文字或视频博主、互联网交通的驾驶员，还有我们的骑手、快递员等，这些新工种已写入国家相关文件，成为新的劳动职业岗位。事实上，对这些人来说，数字经济赋予了他们更好的就业渠道和机会。

第三个方面，从数字包容和数字公平角度来看。缩小数字鸿沟非常重要。当然，就"数字鸿沟"一词而已，这个词大多数时候是出现在国际组织报告中，特别指发达国家跟最不发达国家、欠发达国家之间在数字领域的巨大的差距。其实，在我们国内，"鸿沟"一说可能有些过度，但是地区间、城乡间和群体间在数字领域中的差异还是客观存在的。可以说，体现为六个方面。一是获取信息的通信技术的差别，包括互联网电信等硬件，也包括软件方面内容，如 App 智能手机。根据已有文献、案例资料以及大家的感性认识，这种差别主要在城乡间、地区间和群体间，如农村贫困地区，边远地区跟大城市、中心城市的数字差别就非常大。再如年龄差距，特别是老年人、部分文化水平较低的中年人，相比我们的青年学生，两者间差别巨大。所以，现在的数字技术软件开发领域，专门有一项"银发工程"，旨在解决老年人使用数字技术问题。二是性别差距。性别差距一方面是体现在男女上网普及率、接入率、使用率的差别，另一方面体现在 IT 等相关岗位上，男女在这一领域的从业率差别非常大。三是区域差别，这是我国长期发展所形成的特征。我们的研究用数字基础设施、数字产业和数字治理三大板块的 54 个具体指标，测算了 2005～2019 年中国数字经济发展指数，然后，按照区域分成 4 大模块，即东部、中部、西部和东北，对近 30 个省（区、市）进行了测算。根据研究结果，从板块来看，排名顺序是东部、中部、东北和西部；根据省（区、市）发展水平从高到低进行排序，沿海地区优先靠前，中西部地区和欠发达地区靠后。当然，从整体来看，近年中国数字发展水平还是显著提升了，但是区域间的差别也是毫无疑问。另外，随着时间推移，无论是总指标，还是分类指标，地区间差距是趋向缩小的。四是企业之间的差距，集中表现为大型企业和中小企业间的差别。具体来说，在电子商务等商业活动中，二者参与率和接入率差别很大，特别是央企，他们可能要克服一些费用、注册身份等壁垒和障碍。此外，二者获得金融信贷机会存在差别，特别我国现在力推的小额贷款、数字普惠金融，这也是全球关注的问题，二者在这方面差别巨大。数年来，北京大学国家发展研究院数字金融研究中心每年公布数字普惠金融指数，他们用包括数个板块和一系列指标构成的指标体系来进行测量。他们研究结果跟我们刚才所说的中国数字经济发展的整体格局基本相似。五是不同技能劳动者之间的差别，数字经济浪潮中各主体的收益机会和收益差别是客观存在的。熟练劳动力和非熟练劳动力在数字经济中的工资收入、岗位机会差别是非常大的。另外，不同行业和部门的劳动力被数字技术替代的概率差别也是非常大。凯恩斯在《就业、利息和货币通论》中已经预言了"技术性失业"，随着人类技术进步拐点的到来，简单劳动、重复劳动，机械式劳动都有可能会被数字经济所替代。六是最后一个差别，数字监管的差别。国家之间数字监管差别无须多言，中国、美国和欧洲基本上形成了三大不同的监管模式。在国际层面上，对数据跨境流动的监管是一个当前争议的焦点。即使在一个国家内部，例如，在我们国家虽然国家层面对数字监管有一个统一的政策体系，但是到地方层面，不同地区和不同省份具体怎样实施？数字环境是不是友好？处置数字领域的争端问题是否得当？针对这些问题，都会造成数字监管政策和措施上的差别，尤其是电子商务立法和执法上差别非常显著。无论是对于企业，还是对于消费者来说，这样就会形成数字信任的差别，而数字信任及营商环境的区别就会直接影响到不同地区数字经济的发展，影响到企业利润和个人在数字经济发展中的获益率。

第四个方面，我们谈谈数字分配公平的问题。前面我们所讲的公平是机会公平性，是要强调结果的公平性，接下来，我想主要谈三个比较突出的问题。一是实体经济与数字经济之间的收益分配，其中有一个突出的例子就是，以前，我们很多的农产品和初级产品卖不出去，例如，处在深山老林中，交通极不方便，但是，现在有了电商、直播带货以及其他一些电子中介平台，产品是可以卖出去了。但是，他们之间的收益怎么样来分配？前者是实物，是实体产品，后者则是必要的数字服务。如果后者的暴利利润太高，当然就会损害前者，也就是损害种植或养殖农户们的利益，而这些人往往又缺乏话语权，就是我们所说的弱势群体，也是共同富裕所应关注的焦点群体。二是数字平台中资本和劳动之间的收益分配。这种受益分配不再是发生在产业间、部门间，而是一个部门内部，正如今天开篇所讲的某一数字价值链的不同阶段之间的收益分配。例如，现在有很多大型数字平台，无论是餐饮业，还是零售业，还是租车服务等，平台的利润是非常高的，然而，平台中的若干电商可能是处在相对弱势的位置，所以，前段时间，大家关于垄断和反垄断收费是否合理等方面存在较多争论。骑手数字平台看似是高大上的互联网经济平台，但是就最底层而言，其实就是我们常说的劳动密集型服务。在这里，资本和劳动之间如何划分"蛋糕"？三是我们还要关注数字经济的核心技术是算法和算力，算法往往决定着个体或企业的机会分配格局，决定着我们可知不可知，可得不可得。以金融信贷为例，他以算法决定哪些个人或者中小微企业可以获得信贷机会，求职岗位也是如此，经过匹配计算决定哪些人可以获得职业机会，甚至有一些社会性分析，如婚姻，算法决定了给哪些人介绍怎么样的人，这也是由算法决定的。算法过程可能会涉及一些幕后问题，例如，可能对一些中小微企业和部分群体会产生经济社会的歧视。在欧美国家，人们常会谈到，算法会抓取个人肤色、种族、宗教等信息，我们国家也可能会抓取性别以及其他背景性信息。所以，数字企业如何从网上抓取企业或个人的相关信息，算法软件中设置哪些条件，这实际上会对每个人产生不同的影响，所以，我们必须要关注数字包容性问题。

数字包容性主要有四个方面，由于时间原因，我就点到为止。一是要提高数字基础设施接入使用的普惠性，尤其要覆盖农村中老年人口、贫困人口以及小微企业，我们往往称他们为数字的边缘群体。二是对互联网平台的反垄断。这些年，我国已查处了一些典型案件，国家也公布了相关法律法规。无论国内还是国外，反垄断都是一大关注的焦点，因为这关系到一个核心问题，数字平台如何分配问题的问题。三是数字经济会形成灵活就业，但是如何认定灵活就业人员的劳动关系，如何构建这一人群的社会基本安全网络，例如，如何缴纳"五险一金"，如何维权等，这些都是有争议的问题，也是我们面临的一大新挑战。四是刚才所说的算法。具体来说，要坚持技术中心，要明确算法的负面清单，杜绝社会歧视和机会不公，这需要国家在立法层面有所推进。

最后，我想强调一下结论。数字化技术进步使人类社会进入了一个更加智能、虚拟、网络化和扁平化的时代。在增进总体福利的同时，需要关注数字的公平、包容与普惠发展，这是今天我们会议的主题，也是我发言的主题。我们特别是要吸取从全球化到逆全球化的教训，全球化是给整个世界，给整个国家带来了福利，但有赢家，也有输家。如果你不能够补偿、安抚、调整输家，那么就会对全球化，对开放的自由贸易产生负面影响。这对技术进步、对数字经也是有着重要的借鉴意义。所以，我们强化国内数字公共治理，数字企业特别是平台企业应当履行好数字社会责任，保证数字技术能够真正推进共同富裕，捍卫和保护公民的基本权利。

今天我就讲到这里，谢谢大家。

数字化改革牵引共同富裕先行示范[①]

陈畴镛

谢谢王正新院长介绍！各位专家好，线上线下的各位朋友大家下午好！非常感谢王正新院长的邀请，我今天就"数字化改革和共同富裕"这一话题跟大家做一个分享。接下来，结合今天会议主题，谈谈"数字化改革如何牵引共同富裕的先行示范"。刚才盛斌老师从理论上很好地梳理了国内国际背景，特别是提出了数字技术、数字经济赋能推动共同富裕这一理论框架，我觉得非常有意义。我可能从另一个角度向大家介绍一下浙江在推进高质量发展建设共同富裕示范区过程中，如何以数字化改革为总牵引来拉动共同富裕的整体进行。浙江的数字化改革原本主要是从浙江层面出发来展开讨论。但是 2022 年 4 月 19 日中央全面深化改革委员会第二十五次会议指出，加强数字政府建设是创新政府治理理念和方式的重要举措，对加快转变政府职能，建设法治政府、廉洁政府、服务型政府意义重大。这样的话，浙江数字化改革就引起了全国的关注。

① 报告人简介：陈畴镛，教授，博士生导师，曾任杭州电子科技大学党委副书记。现任杭州电子科技大学学术委员会副主任、浙江省哲学社科重点研究基地"浙江省信息化与经济社会发展研究中心"主任、浙江省高校人文社科重点研究基地"管理科学与工程"带头人、浙江省重点创新团队（文化创新类）"信息化与创新管理"带头人、省中青年学科带头人、省有突出贡献的中青年专家，享受国务院政府特殊津贴。出版著作 6 部，发表论文 120 余篇；主持国家社科基金重大项目、国家自科基金重点项目等 60 余项。以第一完成人获省科学技术奖、哲学社科成果奖 8 项。

5月14日晚，央视《新闻联播》播出《数字浙江建设服务民生助力提升治理效能》，专题报道浙江省数字化改革，提到浙江依托数字化改革，深化"数字浙江"建设，通过政府的数字化、智能化运行，提高服务百姓的能力和效率。那么，如何把深化数字化改革与高质量发展建设共同富裕示范区重大任务贯通起来？这已经成为浙江省一大全方位的战略部署。2021年8月2日，我在《浙江日报》理论版发表一篇文章"数字化改革牵引共同富裕示范区建设"。今天就从这个话题出发，结合浙江近一年来的变化，简要地向各位做一个汇报。

我想主要讲四个问题。

第一个问题是浙江如何做好数字化改革来牵引高质量发展的新型示范？这就是我们通常说的做大"蛋糕"。但是，在共同富裕示范区建设中，我们还必须要思考分好"蛋糕"问题，这又包含了另外三个问题：如何通过收入分配改革来缩小收入分配差距；如何做好城乡、区域协调发展的新型示范；如何提高公共服务优质共享水平，这方面问题都是跟分好"蛋糕"相关。

当前无论是国际还是国内，数字经济推进的总体力度很大，但也不是很平衡。从浙江高质量推进数字经济来看，2016年G20杭州峰会"数字经济"倡议。事实上，我们一直以来都在探索数字的积极功能。在G20杭州峰会后，我们更加突出数据作为关键生产要素的赋能作用。根据浙江省委网信办等编制的《浙江省互联网发展报告2021》，2021年浙江省数字经济核心产业增加值总量达8 348.27亿元，同比增长13.3%，占全省GDP的11.4%。此外，数字经济核心产业对劳动生产率贡献很大，它是全社会劳动生产率的2.5倍。

从浙江数字经济的数据来看，无论是核心产业或制造业，还是服务业，他们对促进提升浙江整体消费水平和投资水平起到了关键的支撑作用，为共同富裕示范区建设的扎实开局也起到了有力的支撑。当然，我们之所以能够取得这样的成绩跟"最多跑一次改革"到政府数字化转型等各个阶段性改革都密切相关。特别地，2021 年提出的数字化改革是一个强劲的动能，能够有效推进政府和市场有机结合。我们通过数字思维和数字技术来变革生产关系，进而推动数字化生产力的发展，为企业和市场发展增添新动能。

浙江省经济和信息化厅创新推出"一指减负"场景应用，浙江市场监管部门启动"浙江公平在线"应用场景，这些创新举措为浙江以数字化改革来推动高质量发展起到了重要的保障作用。例如，在数字经济发展过程中，"浙江公平在线"可以对平台进行实施监管，确保平台的规范和有效。刚才盛斌老师也谈到，在数字经济发展过程中，如何防止垄断行为、不正当行为。可以看到，我们已经以数字化理念和数字化手段来治理数字经济本身，这在全国已经产生了一定的示范。例如，根据2021 年湖州市平台治理情况，我们可以看一下哪些领域中可能出现平台的违法违规行为，其中最明显的是对消费者权益侵害，超过了30%，这一比重最大。现在推进新举措之后，浙江的数字经济发展就有了非常好的市场机制。我们本来称浙江数字经济为"一号工程"，那么我们现在要考虑 2.0 版本。根据省委省政府精神，"一号工程" 2.0 版从原来数字经济到现在的数字产业化和产业数字化的两个角度、两大领域的综合。从数字产业化角度来看，例如，海康威视原来只是一家数字安防的典型龙头企业，那么，现在他不仅限于生产视频监控这一设备，而是成为从

终端设备到整体系统涵盖的标志性产业链。根据海康威视公布的
2021年年度报告，全年实现营业总收入814.20亿元，同比增长
28.21%，实现净利润168.00亿元，可以说，发展前景是非常好
的。像海康威视，以世界级数字产业集群建设抢占发展制高点。
从产业数字化角度来看，实际上是以融合赋能提质增效为核心推
进产业数字化，我们可以看一下吉利集团新设计的新能源汽车，
这类新能源汽车优势主要就体现在数字化和绿色化两个方面。我
们以"产业大脑＋未来工厂"为核心业务场景，通过推进数字化
设计、智能化生产、安全化管控、数字化管理、绿色化制造等能
力建设，以及个性化定制、网络化协同和服务好延伸等模式创新，
提升企业综合效益和竞争力，实现高质量发展，这是数字产业化
产业示范。

那么，进一步讲，以数字化改革牵引经济高质量发展先行示范
中，数据作为关键生产要素，我们要促进数据要素价值的有效释
放。在这个方面，要以数据流促进生产、分配、流通、消费各个环
节高效贯通，推动数据技术产品、应用范式、商业模式和体制机制
协同创新。加快数据要素市场培育建设。探索开展产业数据市场化
配置改革，加快产业数据仓和产业大脑能力开放中心建设，推动数
据产品、技术、服务安全有序开放和有效开发利用。深化公共数据
开放共享方面，浙江今年3月出台《浙江省公共数据条例》，为推
动公共数据开放与利用赋能数字经济发展提供了法律依据，对于进
一步发挥数据资源的关键要素作用有着重大意义。这样可以持续提
升一体化智能化公共数据平台支撑能力，提升数据高质量供给能
力，促进公共数据和社会数据的深度融合，优化公共数据资源配置

效率。特别是群众关心的数据，如普惠金融数据、交通出行数据、医疗健康数据、市场监管数据等，我们都在力主推进深度融合。这是我今天想讲第一方面。

第二个问题，浙江以数字化改革牵引收入分配制度改革的先行示范。对于浙江来说，应该以数字经济健康发展激发创业创新活力，扩大就业机会是稳步推进"扩中提低"，形成以中等收入群体为主体的橄榄型社会结构，形成共同富裕行稳致远的有效途径。仅以2021年杭州独角兽、准独角兽企业为例，在这些企业中间，大部分应该都是属于数字经济范畴，为我们提供了大量创业创新机会。根据第七次全国人口普查数据，浙江常州人口已达6 457万（十年前5 400多万），所以，在过去十年浙江净流入人口1 000多万，成为我国人口净流入大省。必须指出，这只是常住人口，实际上浙江流动人口的数量还要大。那么，作为人净流入的大省，为什么能够吸引人才，特别是年轻人才？这在很大程度上对于数字经济，数字经济日益成为创业就业的主阵地，对于高质量发展中强化就业优先导向，提高经济增长的就业带动力起到了重要作用。刚才，盛斌老师也讲到了数字经济可以促进经济社会的包容性和公平性。另外，数字经济可以推动实现更加充分更高质量的就业。浙江数字经济人才需求大，薪资水平相对较高，成为招才引才的宽阔"河口"，增加中等收入群体的"蓄水池"。所以，我们要完善灵活就业政策，制定出台关于支持多渠道灵活就业政策意见，鼓励互联网平台企业、中介服务机构等降低服务费、加盟管理费等费用，创造更多灵活就业岗位，吸纳更多劳动者就业。我们看到智能制造、"机器换人"减少了一线工人数量，但数字经济新业态、新模式又吸引了一大批的新兴的就业。我这边举一个例子，"浙江外卖在线"是一个平台治理模式创新，在浙江，数字经济新业态已经打造了一个相对成熟的就业环境，外卖骑手就有近40万人。对于这批骑手来说，他们的就业方式跟传统就业完全不同，那么，我们该如何保障他们的就业权益？一方面我们非常关注消费者权益，如餐饮质量、食品包装安全性等，另一方面，也要关注这一群体劳动者合法权益的保障问题。那么，浙江通过"浙江外卖在线"平台治理模式创新，不仅提升监管和服务效能，保护了消费者和劳动者的合法权益，外卖骑手还签订了电子劳动合同，劳动权益保障一档可查。

通过这一个质量往外在线的这样一个数字化的改革，它既起到了一个消费者和劳动就业的一种权益保障，又用了一个对互联网平台治理的重大的应用创新。我们可以看到"小切口大场景"，这从原来比较具体的某一业务入手，创新应用场景。在这个场景中，本身也许就是一盒盒饭，便宜的大概十多元，高端的也就是四五十元钱，但其中的影响面非常大。对应这类事务的政府部门也非常多，如市场监管部门、交通部门、商务部门、社会保障部门，那么，这类事务可能会出现大家来管，或者都不管的局面，但是我们推动了改革，由市场监管部门牵头，实现了多部门联动，协同推进平台治理模式的创新，让消费者用餐放心，让创业者、从业者权益得到保障。

第三个问题，我想谈谈浙江以数字化改革牵引城乡区域协调发展先行示范。我们要加快城市智能设施向乡村延伸覆盖，完善农村地区信息化服务供给，推进城乡之间技术、人才、资本、数据等要素双向自由流动，形成以城带乡、共建共享的数字城乡融合发展格局。可以说，这将对共同富裕起到非常重要的支撑作用。当然，从区域协调发展的角度，浙江也存在着不平衡问题。正如刚才盛斌老师所讲，我国中东西部地区区域差距显著，那么浙江要实现共同富裕，就要补齐山区 26 县短板。浙江山区 26 县土地面积约为全省的 45%，人口接近全省的 24%。但长期以来，其经济社会发展水平低于浙江平均水平。2021 年浙江省自然资源厅、浙江省经济和信息化厅出台《支持山区 26 县跨越式高质量发展意见》，重点布局山区 26 县国土空间规划，优化重大生产力，重大基础设施和公共资源布局，促进人口集聚、产业协同和要素流动，由此增强山区 26 县经济社会发展的内生动力。

针对山区 26 县，我们可以举几个例子。遂昌县是丽水的一个山区县，2020 年，该县入选了省级数字经济创新发展试验区、省级数字生活新服务样板县创建名单。近一年来，遂昌县新增数字经济类市场主体 385 家，民间投资数字经济直接相关联项目近 14 亿元。我们还可以再举一例，衢州市衢江区建设乡村未来社区，他们以数字治理、数字生活、数字产业为支撑点，扎实推进数字赋能基层治理和社区服务，衢江区 2020 年正式获批中英繁荣基金项目"中小城市可持续发展国际标准试点"，2021 年，衢江区莲花乡村国际未来社区荣获"国际花园城市"大奖（环境可持续发展项目奖）。特别值得一提的是，衢江区以实施 ISO 37101《城市和社区可持续发展可持续发展管理体系要求及使用指南》和 ISO 37104《城市和社区可持续发展改变我们的城市》两个国际标准为路径，围绕乡村未来社区、农业可持续发展、政府数字化和营商环境四大优先发展领域，构建涵盖经济、生态、生产力、基层治理、政务服务等12个方面23项指标的可持续发展指标体系。可见，衢江未来乡村经验不只是为国内乡村社区建设，还为其他国家乡村可持续发展提供了样板和模式。

针对城乡区域协调发展，还有一个很重要的方面，那就是要提高数字基础设施的覆盖度和普及率。前面，盛斌老师也讲到，现在浙江已基本普及了5G网络设施。到2021年底，浙江省已开通5G基站11.36万个，人均5G基站拥有量仅次于北京、上海和天津，全国名列第四。可以说，这个方面的成绩也得益于数字化改革，2020年浙江省经济和信息化厅等多部门联合印发了《浙江省5G基站建设"一件事"集成改革实施方案》，全面推进数字化改革，持续推进"最多跑一次"改革，大大缩减5G基站建设审批程序和耗费时间。在推进产业数字化过程中，5G加工业互联网对于推进实体企业数字化转型也将起到非常关键的作用。

第四个问题，也是最后一点，我想简单介绍浙江以数字化改革牵引公共服务优质共享先行示范。可以说，增进民生福祉是发展的根本目的，是实现共同富裕的内在要求。长期以来，浙江一直力推公共服务优质共享，正如央视《新闻联播》所报道，浙江实现了数字技术与政府公共服务的有机融合，通过数字化方式有效打破时空阻隔，提高了有限资源的普惠化水平，方便群众生活，满足多样化个性化需要。

我们可以举个例子："一件事"集成改革。浙江在全省范围征集群众和企业"一件事"。围绕群众和企业两个生命周期，共同梳理出34项公民"一件事"和19项企业"一件事"。公民34项"一件事"范围极广，涵盖群众出生、上学、就业、特殊群体服务、失业、结婚生育、置业、就医、退休养老和殡葬等10个方面。通过"一件事"集成改革模式，简化办事流程，节约办事时间，大大便利了广大群众。企业也一样，从注册登记到注销等主要事件、核心环节都进行了"一件事"集成改革。过去，老百姓和企业要分头找多个部门解决一件事，但是集成改革后，通过一个窗口、一张申请表能给群众和企业解决实际问题。我们可以举一个具体的例子，如车辆年检。浙江现在有2 000万辆机动车都要面临年检问题，这也是大家熟悉的事情。现在，通过"一件事"集中改革以后，我们只要在"浙里办"App上申请预约服务，一部手机、一个窗口、一张表格签字后就可以把事情办好，原来12项流程缩减到3项流程，业务审核时间也减少了75%。从这一民生小事中，我们可以看到"一件事"集成改革为优化民生服务提供了新的契机，通过数字化改革满足群众个性化需求，让公共服务供给体系变得更加精准、更加公平和高效。本来还有一些例子，因为时间关系，我就简单点一下，例如，针对城市建设有高度，但是社区邻里缺温度的状况，绍兴市柯桥区柯桥街道大渡社区用数字化创新公共文化产品供给，设计为了社区文化多跨场景应用，以文化引领凝聚群体活力。他们通过任务分解和综合集成，打造了"家头条""邻里帮""文E家"三大场景应用，基本实现线上线下群众"点什么有什么"。这样的案例还有很多，我们可以调查研究，也可以做理论总结。

过去的一年多，我们以数字化改革来推进高质量发展建设共同富裕示范区。现在，我们正把几项重大改革举措紧密结合起来，实现协同推进，这也今天浙江省委省政府作为中心工作加以对待。我想通过学界的共同研讨，我们也可以从实践工作中开展经验总结。因为浙江是示范区，将为全国共同富裕产生示范。当然，我们也可以从其他地区经验中来获取更多的示范案例，助力破解我们共同研究的理论难题，谢谢各位，我就讲到这里。

人工智能技术会助推利润侵蚀工资吗?[①]

董直庆

谢谢王正新院长的介绍。各位老师各位同学,大家好!

今天下午演讲的各位教授都是大牛,我是过来学习的,今天跟大家汇报的题目是"人工智能技术会助推利润侵蚀工资吗?"从某种角度来讲,这个选题来源于马克思主义理论研究中一个核心问题,也就是说,资本会不会剥削劳动?

选择这一题目,主要出于三个方面的考虑。第一个方面,20世纪90年代以来,劳动收入占比下降,这是全世界范围内的一个普遍现象,引发学界大量的关注。例如,复旦大学张军教授最近也是从技术进步的角度来研究劳动收入占比下降这一问题。这是从宏观角度来探讨的,实质上也是我们所说的利润是否侵蚀公司这类问题。第二个方面,大家都知道,随着新一代信息技术的进步,平台型企业大规模发展,例如阿里、腾讯的蓬勃发展,并出现了超级化和明星化的趋势,这种现象蕴含着我们需要思考的问题,正如我们今天

① 报告人简介:董直庆,华东师范大学工商管理学院副院长,教授,博士生导师,上海市曙光人才,主持国家社科基金重点项目、国家社科基金一般项目和国家社科基金青年项目,国家社科基金重大项目子课题等国家级和省部级课题30余项。研究领域为生产要素质量、企业生产效率和经济增长。研究成果在《中国社会科学》《经济研究》《管理世界》等国内外顶级期刊发表。曾获张培刚发展经济学优秀成果奖、上海市哲学社会科学优秀成果奖一等奖等。

下午第一位报告人盛斌院长所说的，大型企业跟中小微企业之间可能就会出现"数字鸿沟"。我们一直在思考，这类企业的出现会不会加剧我们社会收入的不平等问题。第三个方面，由于这类平台型企业的超级化、明星化，我们经常会感觉到社会主流话语权似乎被这些企业所影响，例如，一些大型企业领导人所说的词汇，最近一两年人们经常会说"996"。那么，这在事实上引发了我们很多的思考。在微观层面，我们看到新一代信息技术的发展，尤其我们例举的人工智能技术，在这样的情况下，资本会不会加剧劳动的剥削。

今天我就从这样几个方面来展开，背景介绍，理论阐述和实证检验三大块。因为时间原因，我非常简要地跟大家讲述一下我们论文研究的逻辑起点、研究设计和研究结果。如果大家感兴趣，我们会后还可以进行交流。我们先讲一下背景，背景需要从几个角度来看，包括人工智能技术的角度，资本与劳动之间的收益分配，文献综述等角度。我们先看一下背景的第一个角度，20 世纪五六十年代提出了人工智能技术，到 21 世纪，我们发现以机器人为代表的智能设备投资大规模增加，也就是说，现代人工智能技术得到长足发展，已经成为世界很多国家战略层面、技术发展战略层面的重要内容。背景的第二个角度，也是大家所熟知的，人工智能技术必须以机器设备为载体，所以说，人工智能就自然地表现出技术必然是以机器设备为载体，或者以机器人为载体，所以说，这种新资本品的生产效率必然会要传统资本品更高，也就是，新技术自然会提高机器等这类资本的生产率，所以就会不断地出现机器替代劳动，当然，这还有待我们进一步的论证。这会不会持续地扩大资本品对利润的诉求以及对劳动工资的压缩？或者说，这是否会扩大利润与工资之间的差距？这是我们所说的一个背景。背景的第三个角度，是从已有研究综述的角度来看，我们发现，关于人工智能技术问题的研究大部分都是集中于劳动力市场的讨论，例如，人工智能技术是对劳动就业的替代还是岗位的更替等问题。现在这类前沿探讨很多，例如，以机器人为代表或者说以物为载体融入生产过程中，那么，这种新一代信息技术会不会提高投资回报率，也就是说，在提高资本生产率的同时，是否也提高了投资回报率？这样的话，部分文献研究可能会得出结论说，这样可能会导致底层工人收入的停滞。如果说资本的利润份额提高，而工资收入份额下降，虽然这是符合市场发展的逻辑，但是跟我们共同富裕目标是相违背的。所以，我们一直在思考，如果说宏观层面出现了劳动收入占比下降，虽说2010年以来劳动收入占比逐年有所回升，但是可能出现一种情况资本与劳动的分配中更加倾向于资本。这样的话，我们就会自然思考，在企业层面或者微观层面，是否会出现这样一种倾向，人工智能技术会不会加剧资本对劳动的剥夺，或者说，发生利润对工资的侵蚀现象。

基于上述几个角度的背景信息，我们将提出三个方面假说。第一个方面，人工智能技术的应用可能会改变要素结构，这样是否会影响到收入的平等性。第二个方面，人工智能技术的应用是如何影响到要素收入分配的平等性，具体来说，它是通过怎么样的渠道来发生影响的，例如，可能会通过岗位更迭，而岗位替代及岗位创造则将衍生出某种效应，从而改变利润与工资的份额比例。第三个方面，也是刚才所提到的，人工智能技术可能更多地以资本或者以机器设备为载体，当它融入生产活动中，尤其融入生产的各个环节中，那么就会自然而然地改变劳动和资本的生产率。那么，我们就会思考，人工智能技术有没有可能以非对等的形式来改变这种生产率，从而影响到收入分配的平等性。基于这样一个角度，我们提出了上述三方面的假说。第一个假说，人工智能技术的应用会不会改变要素收入分配的平等性？这是我们从微观层面和要素层面来看问题，这也是共同富裕研究中需要关注的核心的问题。第二个假说，如果说人工智能技术会导致这种非平等的分配效应，那么，它会是以怎么样的渠道来发生影响的？第三个假说，人工智能技术融入生产活动各个环节后，是否会以非对等的形式来改变劳动和资本的生产率。实际上，我们所提的假说二和假说三指向两条渠道。

接下来的主要是实证工作，通过实证研究来检验上述三个假说。我们首先要建立一个模型，这是一个比较简单的计量模型。这个模型主要从微观角度来解读在企业层面利润与劳动者工资之间的相对收入问题，也就是说，这种收入份额和比例结构是如何被人工智能技术控制或者说影响的？我们认为，人工智能技术对后者的影响应该不是线性的。也就是说，随着人工智能技术的应用，从初始阶段向成熟阶段演变过程中，影响的广度和深度肯定有着很大的差异。所以说，它对经济的影响，对生产的影响，对收入分配的影响，肯定会出现很多不同的结果。基于这种考虑，我们在论文中引入了二次项来展示非线性特征。在这个研究过程中，我们又控制了一些在微观层面中可能会影响到收入分配的主要因素。第一个层面，我们控制企业层面的一些因素，如企业的资产规模、企业的收入、企业的债务结构、企业所处的环境等。第二个层面，我们会将企业家纳入控制变量。大家知道，人工智能技术的应用程度、企业利润与劳动收入分配比例可能跟企业高管的决策存在很大的关系。第三个层面，我们会考虑企业家所处的家庭环境以及企业所处的城市环境，我们会从多个维度梳理控制变量。当然，核心目的就是要检验上述三个假说。从这样的角度，我们回应今天分论坛的主题是数字经济与共同富裕。如果人工智能应用所产生的影响完全按照自由市场的逻辑走下去，那么，技术会把收入分配推向何方？或者说，如果没有政府介入，共同富裕目标就会受到影响？

基于这一计量模型，我们选择私营企业调查数据库中的企业当年利润，私营企业支付员工工资总额等数据。这是作为被解释变量。那么，核心的解释变量就是人工智能技术的应用。大家知道，城市层面相关数据还是比较缺乏的，根据现在已有的数据，可能更多的还是行业层面数据。如何把行业层面数据进行城市归类处理？这是我们论文所采用的重要方案，就是说我们利用万方专利数据库，基于专利数据的种种特征，利用关键词获取的方式，根据注册地、申请人注册地，申请人所在的城市等办法将它归类到城市层面。然后再利用"天眼查"数据库，根据企业层面的数据汇总人工智能企业。然后，通过相关的代理变量以多个维度来衡量城市层面的人工智能技术。通过这样的两个指标构建，我们考察二者之间是否存在三个假说中所说的关系。

通过基准回归得出研究结论，人工智能技术对于资本的利润分配和劳动工资分配产生影响，并呈现正"U"型的影响。这种正"U"型影响意味着，新一代的信息技术对共同富裕的影响可能不完全是乐观的，也就是说，会可能不一定朝着我们所预期的共同富裕的一个方向走。基准回归的七个检验结果基本都体现了这一种特征。人工智能技术的应用到了什么程度会出现这里所说的加剧非平等性的分配？我们估算一下，大约是人工智能技术达到6.7的时候，也就是说，以6.7门槛值为分界，在前一阶段和后一阶段，人工智能技术应用对于二者间收入分配结构的影响是有差异的。也就是说，人工智能技术产生的初期，大家都可能会受益于这种新技术，企业和员工都会用。这样的话，对收入分配的影响可能是缩小差距。但是，随着人工智能技术应用广度和深度的拓展，资本的力量可能会强化，而劳动的力量可能会弱化。刚才前面两位专家都提到了，数字经济中可能存在算法歧视，可能会越来越不利于劳动力收入的增长。这是我们从基准回归所发现的结果。

那么，这一种结果是否具有稳健性。我们需要把控制性变量以及核心的关键变量进行相应的处理，然后再去验证上述结果是否稳健。我们参考美国公布的工业机器人安装量的做法，以机器人渗透度作为人工智能技术的工具变量。我们认为这种替代还是比较合适的，为什么比呢？美国工业机器人或者人工智能技术的发展会影响到国内人工智能技术的发展，这种影响当然不是太直接，而是通过引进设备、购买专利等方式。但是，美国的专业技术发展与中国得到企业收入分配之间又是存在无关性的，也就是说，这是一种既具相关性，又是无关性的特征。所以，我们认为以这一方式构造工具变量可能是合适的。研究显示，稳健性检验结果与基础回归所得到的结果基本吻合。这是我们得到的第一个结论，也就是对应第一个假说的结论，回应这一问题：人工智能技术使用是否会致使资本侵蚀劳动，或者说，利润是否会侵蚀劳动工资？在某些特定的条件下，它是会发生的，也就是说，存在一个门槛，在这一门槛值之前，技术运用还是会让我们朝着共同富裕的方向走，但是，当它达到一定程度的时候，可能就会背离共同富裕的目标。其实，这也就说如同经济学上所说的市场失灵。

接下来，我们思考假说二和假说三，即通过什么机制来产生影响？第一个方面我们先看一下岗位更迭，可以半年内新雇佣劳动力数量来衡量。定量文献研究认为，人工智能技术对劳动力市场是一场冲击，大部分时候所反映出来的都是对劳动就业冲击。我们很自然地会想到，人工智能技术对于收入分配的影响，这种影响很可能就是通过就业的方式，包括就业、失业或工作更替等方式体现出来。一般来说，如果岗位供给多了，那么收入自然就提高，如果说劳动供给多了，那么工资肯定就下降。两边供求影响所引发的职业替代，现在新的就业情况可能就会改变劳动者的收入，所以，我觉得，岗位更迭效应是我们考察收入分配效应中很自然地会考虑到的机制。回归研究发现，智能技术会导致倒"U"型的岗位增减效应。跟刚才所说的相似，这种倒"U"型的岗位增减效应也是具有一定的门槛值，也就是说，岗位更迭效应是存在。

第二个方面就要提到生产率，前面背景介绍中也提到，人工智能技术是以资本为载体，会发生以机器人来替代劳动，那么它对于资本和劳动力两类要素而言，他们的生产率变化可能不是对称的。从生产力角度来看，人工智能技术会不会影响资本和劳动生产率，通过生产率变化再来影响他们相应的收入份额。在这方面，我们用企业的销售收入与资本投资比值来衡量资本生产率，用企业销售收入与劳动投入量的比值来衡量劳动生产率，通过两者之间的比值来衡量相对生产率。根据研究，我们发现，人工智能技术对劳动和资本生产率的影响作用是非对等的，也就是说，正如我们所预期那样，人工智能技术应用对资本生产率提高的正向影响更为迅速，或者说，它更有利于资本生产率的提高。资本生产率的提高，那么，资本利润分配所占比例可能就会越来越大。

接下来我们再来看一下，人工智能技术是否可能引发企业中资本对劳动的剥削。这也是马克思主义研究的观点，就是说，利润会不会侵蚀工资？如果说刚才所说的几种回归分析、稳健性检验以及机制检验都验证了这一命题观点，那么，我们会很自然地想到，在不同环境中，是否存在差异性的结果。接下来，我们先看看企业层面的情况。根据不同特征，我们可以将企业分成几大类：第一类，按照企业组织形式将企业进行分组；第二类，按照企业的培训进行分类，一般来说，如果一个企业有培训，该企业劳动者技能水平会提高的，如果说技能水平提高了，那么在收入分配中，其讨价还价的能力也提高了；如果说企业有职业培训，那么意味着劳动者的工资可能会被强化，因为技能提高了，流动意愿和能力也就增强，也就是说，流动更自由了，那么收入自然也会更高了；第三类，就是看有没有分红激励，大家都知道，企业分红中分配是很重要的，例如，2022 年华为公司公布了 2021 年的财务报表，该公司要拿出 600 多亿元来进行分红，如果说员工获得分红的话，就会对资本利润和工资收入分配产生很大影响。根据 6 组企业的评价，结果是吻合我们预期的情况，因为时间关系，就不做细说了。此外我们站在企业家角度来看问题。必须指出，以企业家角度来开展分析有些粗糙，首先，以性别为标准，我们认为，男性跟女性在经济思维和行为方面可能是不一样的，当然在人文关怀方面可能也会存在一定差异；

其次，我们站在年龄的角度来看问题，企业对人工智能技术的应用程度可能跟企业家年龄有很大关系。在招聘员工的时候，我们往往以 35 岁、45 岁和 55 岁为分界线，为什么呢？因为不同年龄段，人们的追求不一样。所以，我们认为，年龄在其中肯定发挥着很大的作用。

第三个方面，我们将开展要素密集度的分析，为什么分析要素密集度呢？这是由企业的属性决定的，企业创新能力不同决定了企业对新技术应用的不同。由于要素密集度以及要素特征的不同，那么，收入分配结构也可能是不一样。所以，我们要根据要素密集性标准，区分劳动密集型、资本密集型和技术密集型企业，研究不同的类别企业，是否会存在差异。这也就是我们所说的第三类分析。通过这样的分析，我们可以再来考察一下刚才所说的三方面的假说结论。关于存在性，那么，这种存在是有条件的吗？我们说，确实是有条件的。那么这种条件是通过什么途径实现来发生作用的？我们可以说，它是通过岗位更迭和生产率变化所引发的不同后果，或者说，在不同的约束条件下，这种存在性也会表现出一定的差异。

因为时间关系，我就简要地大家汇报一下这篇论文研究。很多方面还是很初步的突破。如果大家感兴趣，我们也可以在会后进行交流，谢谢。

共同富裕的阶段性推进①

卢新波

感谢王正新院长的邀请，很高兴有机会回到浙江财经大学参加本次论坛。我对数字经济的研究不多。今天所要汇报的题目主要是对共同富裕的一些理解，比较宏观，主要谈谈共同富裕的阶段性推进，实际上我们想说明共同富裕推进是非常复杂、也是非常艰巨的一项任务。报告主要包括三方面内容，首先，梳理官方文件中关于共同富裕阶段性推进的内容；其次，谈谈如何去理解或者说到底能不能如文件所说的那样实现我们的预期目标；最后，重点讲讲，如果把共同富裕分为三个阶段，那么，第一个阶段重点的任务是什么？

第一个方面，梳理相关官方文件的表述。我们知道，主要是有这么几份重要资料。第一，习近平总书记 2021 年 8 月 17 日在中央财经委员会第十次会议上讲话的一部分，后来刊发在《求是》杂志，文章题目为《扎实推进共同富裕》。这篇文章是对我们国家共同富裕的战略规划，思路路径的系统阐述，是非常权威的表述。第

① 报告人简介：卢新波，经济学博士、教授，博士生导师，现任嘉兴学院党委书记、中国共同富裕研究院院长。兼任教育部高校贸易经济类专业教指委委员，中国经济发展研究会副会长，省高校中青年学科带头人、省优秀教师。主要研究方向为制度经济学、转型经济学，在国内外学术刊物发表论文 30 余篇，出版专著 1 部，主持国家社科基金一般项目 1 项，国家社科基金重大招标项目子课题 1 项，省部级课题 6 项，获省教学成果特等奖。

二，《中华人民共和国国民经济和社会发展第十四个五年规划和2035 年远景目标纲要》以及《中国共产党第十九届中央委员会第五次全体会议公报》两份重要文件，这是具有标志性意义。这两份文件描绘了 2035 年基本实现社会主义现代化远景目标，明确提出"全体人民共同富裕取得更为明显的实质性进展"。共同富裕由此成为我们新发展阶段追求的核心任务。第三，2021 年正式发布了《中共中央 国务院关于支持浙江高质量发展建设共同富裕示范区的意见》，到今天为止正好将满一周年。文件发布不久，中国共产党浙江省第十四届委员会第九次全体会议通过了《中共浙江省委关于忠实践行"八八战略"奋力打造"重要窗口"扎实推动高质量发展建设共同富裕示范区的决议》，同时原则通过《浙江高质量发展建设共同富裕示范区实施方案（2021—2025 年）》。由此可见，我们就推进共同富裕形成了一系列阶段性认识。

上述文件首先明确了阶段性推进共同富裕的一些基本要求。习近平总书记在《求是》杂志刊发的文章就提到"坚持循序渐进。共同富裕是一个长远目标，需要一个过程，不可能一蹴而就，对其长期性、艰巨性、复杂性要有充分估计，办好这件事，等不得，也急不得。"这篇文章非常经典地概括了共同富裕是什么，共同富裕不是什么。最重要的一点，这篇文章非常明确地指出"要深入研究不同阶段的目标，分阶段促进共同富裕"。可以看到，习近平总书记的文章已经提出了非常明确的要求。浙江省委常委书记袁家军同志在省委十四届九次全会做了重要报告，其中有两句话也是非常明确的，第一句话是"充满生机活力的阶梯式递进、渐进式发展的过程"。第二句话是"对标现代化、迈向现代化、引领现代化，在新的基础上由新的量变积累引起新的部分质变，推动实现人的全面发展和社会全面进步"。从中，我们可以看到一些阶段性的描述，如阶梯式递进，那么我们需要怎么样阶梯式递进呢？再如，对标、迈向和引领现代化，共同富裕从低层次向高层次的跃升，既然共同富裕有高低层次区分，所以，我们需要一个阶段接着一个阶段，持续推动共同主义迈上新台阶。上述主要依据中央到浙江的官方资料，我们对中国或浙江如何做好共同富裕的阶段性推进工作进行了梳理。

再进一步看，相关文件对共同富裕的阶段性推进都有一些具体表述。从习近平总书记文章《扎实推动共同富裕》来看，主要包括三个时间节点："到'十四五'末，全体人民共同富裕迈出坚实步伐，居民收入和实际消费水平差距逐步缩小。到2035年，全体人民共同富裕取得更为明显的实质性进展，基本公共服务实现均等化。到本世纪中叶，全体人民共同富裕基本实现，居民收入和实际消费水平差距缩小到合理区间。"这是习近平总书记就三个时间节点或者说三个阶段的表述。袁家军同志在浙江省委十四届九次全会报告指出，"'每年有新突破、5年有大进展、15年基本建成'的安排压茬推进，滚动制定五年实施方案，迭代深化目标任务，率先推动共同富裕理论创新、实践创新、制度创新、文化创新"。根据这样的描述，到2025年"十四五"末的时候，我们就要达到中等发达国家水平。到2035年基本实现共同富裕。《浙江高质量发展建设共同富裕示范区实施方案（2021—2025年）》也明确提到，人均地区生产总值和城乡居民收入要争取达到发达国家水平。归纳一下，阶段性的划分很有必要，每一阶段目标侧重有所不同。我们关于共同富裕的讨论中存在一个问题，就是没有区分各个阶段的侧重点。现在讨论问题的时候，我们有时讨论的关于是第三阶段或者更高层次阶段共同富裕需要重点关注的问题；有些时候，我们又在讨论低层次的共同富裕需要重点关注的问题，这样很容易导致我们的讨论无法聚焦，大家各说各的内容和道理。

无论是站在全国的角度，还是浙江的角度来看，现在我们有必要讨论一下，不同阶段应该突出怎样的重点，每个阶段的主要任务是什么。刚才我们也讲了，我们现在的讨论活动中，大家对阶段划分不够重视，本该属于不同阶段的重点问题，我们可能会混淆在一起讲，这样可能不利于讨论得更加深入和更有针对性。

第二个方面，我要汇报一下，上述资料所描了预定目标，我们能不能实现这些预期目标？或者说，高收入国家、中等发达国家、发达国家的水平分别是多少？我们该如何理解呢？这就涉及两个层面的理解，一是当前大多数文章所解读的，2019 年世界银行发布的高收入国家标准是 12 535 美元，2021 年的数据是 12 359 美元，这样的话，预计浙江今年就可能提前实现。但是，现在来看也存在不确定性，近段时间人民币贬值的幅度就可能把今年经济增长的部分覆盖掉。这样的话，以美元来计算 GDP，今年就可能没法实现，达到高收入国家水平的时间点又得往后推。中等发达国家水平主要有两个标准，第一个是所有高收入国家，也就是说，达到世界银行所规定的高收入国家标准以上的所有国家。根据 2019 年的标准，人均GDP 超过 12 535 美元以上所有国家人均 GDP 约 33 900 美元，大概目前我国的 3.3 倍。如果按照这样的标准，到 2035 年要达中等发达国家水平的话，我们年均增长需要 7.7%。第二个是中等发达国家人均 GDP，根据中国社会科学院经济所原所长黄英伟的论文，他们明确了什么是发达经济体，确定了三个标准：一是人均 GDP 高于世界银行的收入标准；二是人类发展指数的三项标准中，至少有两项发展指数超过 0.8；三是在联合国世界三大经济组织（国际货币基金组织、世界银行集团、世界贸易组织）公布的发达经济体名单中，至少出现两次。他把所有符合条件三的 36 个国家列出，分为上半和下半两大组，其中上半组对应高等发达经济体，下半组则是中等发达经济体。根据这样的分组计算，中等发达经济体的人均 GDP 26 000 多美元，中位数约 24 000 美元。如果按照略低于这一中位数要求的标准来计算，我们现在每年需要增长 5.6%，这样的话，到 2035 年就可能达到人均中等发达国家水平。再来看一下全部的 36 个发达经济体，2019 年人均 GDP 是 42 000 多美元，到 2050 年全国要达到这一标准的话，我们需要年均增长速度达 4.66%，一直保持到 2050 年。如果我们以更高的标准来看，上半组高等发达国家人均 GDP 近 60 000 美元，中位数是 52 000 美元，我们经济年均增速要保持在 5.37% 左右，到 2050 年才能够达到这样的水平。这是目前提得比较多的测算方法，但是，必须看到，以上数据和计算法都是基于静态的视角，没有考虑其他国家经济增长，也就是说，我们只是以当前为标准，静态地来衡量 5 年、15 年和 30 年后的发展程度。如果考虑到其他国家，尤其发达国家也有一定的经济增长的话，那么，上述预测的增长率要求可能就不够了。

再来看发达国家，发达国家经济增长到底是怎么样的？未来我们该如何去看待这些国家的经济增长？这里做一简单测算。为了数据连续性，我们仅以 OECD20 个创始成员国为统计对象。20 世纪 60 年代 OECD 创始之初，这些国家已经是高收入国家。按照现在的标准，当时这些国家肯定都是发达国家。根据世界银行已有的统计数据，我们搜集的数据从 1960 年至今，因为 20 个创始成员国包括德国。因为当时是联邦德国，部分数据不一定全。从简单算术平均来看，人均 GDP 增长的绝对值体现为这么一个过程，1960 年，人均 GDP 1 300 多美元，截至 2020 年是 20 个创始成员国人均 GDP 约 52 000 美元。从这一个数据来看，我们可以发现，OECD20 个创始成员国人均 GDP 的增长率似乎跟我们原来所预计的不同。按照每 10 年平均增长率来看，20 世纪 60 年代、70 年代、80 年代、90 年代的经济增长率其实是非常高的，70 年代甚至达到了 15%。然而，近 20 年经济增长率确实是比较低的，经济进入相对停滞状态。如果我们把时间段拉长，从 1960~2020 年来看，这一时间跨度达 60 年，年均增长率其实也有 6.33%。我们以 2035 年为时间节点，做一简单测量。如果保持这一增长率（6.33%），那么，可以预测 2035 年 36 个发达经济体的情况，根据发达国家人均 GDP 的中位数，我们再把它们分为上下 2 个组，中等发达和高等发达各 18 个国家 18 个中等发达国家（下半组的国家），参照近 10 年的增长率，那么到 2035 年其中位数应该是 26 000 美元左右，这样就要求中国按照 6% 的经济增长率才能在 2035 年达到中等发达国家的水平。这样的话，比刚才我们预估要高一些。如果参照近 20 年的经济增长率，那么中位数可能为多 26 200 美元，这个数字就更大了。如果发达国家的经济增长不一定长期维持在低增长率，那么，我们可以参照近 30 年的经济平均增长率来测算，到 2035 年，这一中位数可能会达到 35 000 多美元，这样的话，如果我们要在 2035 年达到中等发达国家水平，那么就需要维持在 8% 的速度增长。另外一个重要的数据，我们可以预测一下 36 个国家 2050 年人均 GDP 水平。如果参照近 10 年的平均增长率，到 2050 年 36 国人均 GDP 的中位数是 46 000 美元。如果参照近 20 年增长率，中位数则是 47 000 多美元。这两个数据分别要求我们保持 5% 或者 7% 的增长率，只有这样，到 2050 年才能够达到发达国家人均 GDP 水平。我们刚才提及的 OECD20 个创始成员经济体在 1960 年的时候已经是最发达的国家，而后他们仍保持数十年的较高增长率。当然，这里面有各种影响因素，如宏观经济政策、世界市场规模扩大、技术进步等。但是，近 20 年来，经济明显放慢，从另一个角度来讲，我们可以做个大体的猜测，近 20 年恰恰正是发达国家进入福利型社会的阶段，也就是强调公平优先，相反，前面这一阶段则是强调效率优先的增长阶段。现今西方发达国家的福利制度普遍遇到了难以为继的困境。

未来的发展，包括今天常说的数字经济发展，可能会给我们带来更乐观的增长预期。这也就意味着，我们追赶的任务就更加艰巨了。所以，我觉得习近平总书记所讲的这句话非常深刻的，"共同富裕是一个长远目标，需要一个过程，不可能一蹴而就，对其长期性、艰巨性、复杂性要有充分估计"。在这样的情况下，我们暂且抛开时间点，从长期性的特征出发，把共同富裕的实现过程分为三个阶段，分别是追赶阶段、超越阶段和领先阶段。

追赶阶段包括两个标准：一是低标准；二是高标准。就低标准来说，我们尚未达到中等发达国家人均 GDP 的中位数，现在处于追赶阶段。到了中等发达国家和 36 个发达经济体的两个人均 GDP 中位数之间，我们开始进入了超过一个甚至越来越多发达国家，此时就是超越，我把这一阶段称作超越阶段。高标准则是，我们超越了上述两个中位数之后，经济发展可能处于领先水平，真正进入领先阶段。当然，这个标准对我们来说可能要求太高了，所以，我觉得，低标准可能更现实一点。

当然还有一个衡量的方法，那就是按照美国人均 GDP 比例来划分，这也是衡量收入水平的一个常用方法。一般来说，将前 1/3 作为追赶阶段，1/3 ~ 2/3 为超越阶段，超过 2/3 就可以成为领先阶段。按照 2020 年数据，36 个发达国家人均 GDP 数据大体上正好就是美国 2/3。按照中国社科院经济所的预期，根据 2019 年的不变价格来计算，2025 年美国人均 GDP 大约是 7 万多美元，2035 年是 8 万多美元，2050 年就将近 10 万多美元。相应我们的目标值，浙江如果 2025 年要达到其 1/3，那就是 23 000 多美元，根据我们现在确定的 13 万元这一目标，如果按当前汇率来算，还存在着一定的差距。超越阶段意味着 2035 年要达到 54 000 多美元的水平。从全国角度来看，如果 2035 年要达到中等发达国家水平的话，那就不是 23 000 多美元，而是 27 000 多美元。领先阶段是将近 7 万美元。那么根据现在的预测，我们大体上到 2050 年人均 GDP 可能处在 42 000 ~ 45 000 美元。从中可以看出，要实现中等发达国家的水平目标，其实还是有相当的难度。

最后，我还是重点说一下当前的追赶阶段。需要强调的是，追赶阶段主要任务仍是发展，发展是第一要务，也就是说做大"蛋糕"是主要任务。就当前实际来说，发展也是保障民生、改善民生的根本途径，许多分配问题都是有赖于通过进一步的发展来得以解决，否则的话，只谈分配可能是没有现实基础的。库兹涅茨曾讲，增长可以自动共同富裕问题。当然，这不一定对，但是没有发展，肯定是不可行的。我们当下最重要的任务还是要保持一个比较高的增长率。这恰恰是非常严峻的挑战。从今年或者近几年经济增长的情况来看，我们今年目标是 5.5%，从稍微中长期角度来看，可能还会出现逐步下降的趋势。所以，如何通过改革方来确保经济增长，这可能是当下的主要任务。从现实来看，我们还是要鼓励创新创业，鼓励获得高收入，只有这样，才可能解决好就业问题，解决低收入人群的收入来源问题。最后一个问题是跟公共服务相关，主要还是要解决教育问题，可以说，这是决定共同富裕的最重要的中长期的因素。根据有关测算，在浙江的从业人员中，初中及以下还有 62%，而且，现在低收入群体主要集中在受教育程度比较低的社会群体中。所以说，提高受教育的程度可以从根本上解决共同富裕问题，这可能我们"扩中提低"都根本渠道，所以我们要加大教育投入。我们高校也需要大力投入，还需要大幅度扩招。

由于时间原因，我今天就分享到这里，谢谢大家。

浙能锦江数智融合转型实践[①]

韦东良

大家好！非常感谢王正新院长的邀请！今天论坛主题是"数字化改革与共同富裕"，非常契合当下的热点。前面几位书记、院长、教授都做了非常精彩的演讲。下面，我从企业的角度跟各位做一番分享，欢迎各位老师批评和指正。

我在浙能锦江环境控股有限公司工作好多年了，最近 3 年来，企业主动在数字化领域进行探索。我们跟行业内比较有名的企业，如阿里云、朗坤等取得合作，共同开发来推进企业的数字化改革，并取得了一定的成果，也给我们带来了很多非常惊喜的成效。目前已取得了一定的阶段性成果。今天，我主要介绍已经取得成效，以及企业数字化改革方面下一阶段的设想。总体来说，我们认为，共同富裕需要通过高质量发展来得以推动。我今天的题目是"浙能锦江数智融合转型实践"。

我们企业属于环境产业。以前主要处理生活垃圾，把生活垃圾转成新能源。但是，现在我们不再是一般的生活垃圾发电企业，而

---

① 报告人简介：韦东良，浙能锦江环境控股有限公司董事长，毕业于浙江大学，硕士学位。曾担任浙江浙能兰溪发电有限责任公司总经理助理、副总经理、党委委员；浙江省水利水电投资集团有限公司副总经理、党委委员；浙江省能源集团有限公司资产经营部副主任、主任；钱江水利开发股份有限公司董事、副董事长；浙能资本控股有限公司总经理、党委委员；浙能股权投资基金管理有限公司总经理。

是处在新能源的行业赛道上，这更是一条循环经济的赛道。我们协同处理各类城市废弃物。就拿生活垃圾来举例，我们每天人均产生1千克左右的生活垃圾，需要按时并及时处理之外。我们要分类处理仓储垃圾，然后分类协同处理。我们要提炼出仓储垃圾中含量在5%左右的油，还要以"零排放"标准来协同处理水。最后剩下渣也要进行协同焚烧。再如建筑垃圾，我们会把建筑垃圾中的钢筋、水泥、沙料等进行资源回收和循环利用。当然，建筑垃圾中的塑料木块等也会进行协同焚烧。可见，这是一个协同的生态综合体，其产出也不是单一的，不只是新的能源，如焚烧发电，而且还包含了蒸汽、供热、压缩空气以及可回收利用的各类资源，如各类金属的资源。所以，我们未来的循环工作会减少人们对自然金属依赖，如开采铁矿石、铝矿的、铜矿等，我们更多地可以让整个社会循环起来。以往，这样的生态综合体总会让人们觉得会有很大的异味，如原来多数人会觉得垃圾电厂会产生异味。但是，现在垃圾电厂争取无异味、无噪声，可以说是非常高效、超低排放的，连废水排放都是遵循着生态美好、高质量发展的要求。

我们认为，要实现生态美好、高质量发展就离不开数字化。上面的介绍是一个非常好的数字化实践。这几年，浙能锦江的数字化改革可以分成四个阶段：企业级经营大脑、电厂级智慧管理、设备级数字孪生、生产级自动驾驶。刚才我介绍了生活垃圾处理方式，先是以生活垃圾为主堆放和发酵，然后进入锅炉焚烧，再把蒸汽转换成电能，这是一个完整的业务流程。那么，我们如何通过这一业务流程的数字融合来推进更高质量的实践，这是需要思考的问题。从上述四个阶段来看，当前浙能锦江正在全面推广生产级自动驾驶，接近实现企业级经营大脑，设备级数字孪生和电厂级智慧管理则正在谋划中。

如果说，原来一个电厂有包括各种经营管理人员100多人的团队。从数字化改革最终目标来看，等上述几个环节或阶段实现后，人员会减到10人以下，甚至更少。最后，我们会通过数字化方式真正实现各方面的提质增效，包括降本增效、减人增效等，也就是，以更少成本产出更大的效应，而且还将实现更低、更稳定的排放。目前，生产级自动驾驶已经基本实现，原来我们电厂需要3班倒，需要非常多的人员进行操作，而且我们的操作人员工作负荷也很高。现在实现了生产线自动驾驶，这就类似于一辆在高速公路上奔跑的电动车，例如，类似于一台设备完好的特斯拉汽车，基本做到驾驶员坐在驾驶舱里，可以不需要人工驾驶，只要设定好起点和终点，那么，这个过程是怎么实现的？我们电厂原来通过工业自动控制系统已实现了一定水平的控制自动化，这种自动化水平更多是通过反馈方式来实现控制。现在，我们跟阿里云合作，通过云计算、大数据和AI，非常好实现了预测功能。现在运行人员数量有了大幅度变化，原来1个班有10个运行人员，现在运行人员已大幅减少，同时运行人员操作负荷也大幅减少，甚至可以做到无人值守。此外，实际效果也不只是有更大的产出，而且还有更好稳定性。

下面，我简单地跟大家介绍一下效果是怎么实现的。现在垃圾电厂长期不需要人工的干预，一线人员可以长期地脱离岗位，哪怕几个月都没问题。在垃圾电厂的给料系统中，借助摄像头和图像识别功能来测算垃圾给料偏多或偏少，还是正常。通过历史数据分析来进行预判，可以说，这种预测预判功能是非常关键的。垃圾给料进入炉膛焚烧，这是一个能量转换的过程。炉膛温度是要控制在850度以上，这个温度有一个实际值和一个预测值。就能量转换来说，如垃圾资源进入炉膛有4分钟的延迟。我们通过阿里云大数据的控制算法能够预测未来4分钟之后炉膛温度。这样的话，我们对于给料的指令是基于现在实际的炉膛温度来进行控制。以前是基于实际值，现在是基于预测值，就以4分钟之后的预测值来进行控制。例如，预测值显示未来4分钟后温度要下降，那么，现在给料控制是根据4分钟之后的预测值。因为4分钟后温度要下行，现在就要增加给料来实行控制。原来控制是需要专业水平高的操作员来实现的，现在通过AI就可以非常容易地实现，而且效果更好。以前人工操作下，炉膛温度波动性是很大，但是现在波动区间反而变小了，这是我们希望达到的一个的效果。从整体效果上看，不只是温度控制效果很好，而且其经济性价值也非常高，因为它始终让炉膛处在比较稳定的状态。这样的话，在同样数量的资源前提下，我们产生的新能源，如蒸汽量有3%的提升，而且产量波动幅度降低，稳定性提高。

现在全面推广生产级自动驾驶，在设备正常的状态下，第一阶段（自动驾驶1.0版）就可以长周期脱离人。例如，在锅炉长周期滚动给料方面，系统就是自动地按照算法在运行。第二阶段（自动驾驶2.0版），可以做到应控尽控、科学给料，不只是给料，实际垃圾焚烧过程中还需要添加一些辅助材料，这就涉及成本控制问题，现在通过算法控制，给料更精准，成本也大幅下降。在未来的3.0版，我们可以做到一键启动和一键停止。这是我想重点介绍的内容。

目前，我们称之为生产级自动驾驶，接下来马上就要升级为企业级经营大脑。我们经常讲数字大脑，数字大脑的目的就是让经营更加数字化，管理更加数字化。原来我们追求稳定的产量和较低的能耗。要减少能耗，原来主要是靠人工发现。不同以往，现在类似于只要坐在一个综合驾驶舱就能实现。例如，浙能锦江总部就是一个数字管控中心，只要有一个人坐在综合驾驶舱里边，通过数字化经营大脑就可以及时诊断结果。如果说结果比原来好，还能展示究竟是哪个方面更好了，相反，如果结果变差了，那也能发现究竟哪个环节出了问题。总之，相比原来人工方式，现今数字化方式更加精准，分析也更加到位。这是我们未来的管控模式，他不只是可以做好精准高效的经济分析，还可以提供更科学的指导。

接下来，谈谈设备级别数字孪生，很有意思的，数字孪生其实就是实现设备参数的数字化，AI 让电厂管控更加透明。事实上，我们设备的全生命周期都是如此运行的。例如，针对一辆特斯拉汽车，只有每个设备都保持健康状态，才能保证整个自动驾驶的正常运作。这样的话，我们必须判断某个设备哪个零件坏或好的，判断设备是否处在正常状态，我们采用了"红黄绿灯"的设备全生命周期管理。某个设备亮起红灯，说明已经出现问题，需要马上更换和检修；如果出现黄灯，说明设备已经老化，处在生命周期的后期了，如果是绿灯，那就是正常状态。在过去，这些工作由专业的工程师承担，未来通过 AI 就能实现。所以，未来工程师队伍也将慢慢减少，我们对工程师质量要求会更高，但对工程师数量需求将会降低。前面的内容，主要是介绍我们已经在做的工作，更多的是我们现在已经在做或者已经实现的数字化方面的成果。

接下来，展望一下环境产业数字化的未来愿景。关于未来，我们自己有一些共识。我们总结了"三化"。一是"规模化"，未来规模化生产会显著降低对传统设备，以及对人员的依赖。在刚才提及的自动驾驶条件下，原来是靠人工"三班倒"，尤其夜班晚班有赖于工人的责任心以及工作强度。在数字化战略下，工人的责任心以及工作强度对操作的影响就完全消除。二是"多元化"，环境产业会更加多元化，前面我们也提到了协同处置各类城市废弃物的经营，已经包含了多元化的内容。三是"全球化"，未来还有一个很大的特征，数字化助力我们走向全球化。浙能锦江等企业未来肯定会走出去，走到海外、走到东南亚，沿着"一带一路"走到印度尼西亚，走到巴西，我们会在那里打造生态综合体。在国内生态综合体建成之后，需我们派一些专业的运行操作人员到全球各地，让全部设备处于比较好的操作状态，或者需要花大量的时间培养印尼等地运行操作人员。一旦达到数字化自动驾驶水平之后，我们就进入自我学习阶段，这种功能在全球任何地方都可以实现。

关于数字化成绩，我们准备提炼四个方面。生产级自动驾驶主要是在生产这一层面的。电厂级智慧管理则涉及整个电厂层面，这样就不仅限于操作层面、设备管理的层面，还有设备生产计划管理、物料平衡经营管理等都将会智慧化。企业级经营大脑阶段，只要在企业总部自动驾驶舱，就能够精准发现问题，具体到哪个环节、哪个分厂、哪个分厂的哪个环节。未来还可能会形成行业级技术赋能，并带动全行业数字化转型。最后，我们定义了五类数字化概念。一是支撑设备智能化，设备会通过升级实现设备智能化；二是数字化员工，可能总部只形成一个报表，由一个员工来全面实行，而且这个员工也可能只一个虚拟员工，由此提升工作和流程效率；三是核心业务的数字化升级；四是环保数字化就是说数字化节能降耗实现企业环保等级提升；五是构建未来的数字化供应链。无论我们自身的数字化程度，上游和下游都将纳入整个数字化体系。

总之，总体数字化的方式会给未来带来更高质量的发展，会带来人的全面解放。在这种状态下，跟今天肯定不同，未来每周可能会休息三天、四天，或者更长时间。数字化在其中发挥了非常好的作用。智能化和智慧化带给人们高质量的美好生活状态，最终就能实现共同富裕。

今天，我主要以浙能锦江为例，跟大家分享企业数字化方面的探索心得。不当之处，欢迎指导和批评，谢谢。

数据价值释放的理论逻辑与政策重点①

唐要家

　　大家好！很高兴能跟各位专家一起讨论"数字化改革与共同富裕"这一问题。今天我讲的题目是"数据价值释放的理论逻辑与政策重点"。这一问讨论的起点在哪里？2022 年初国务院印发的《"十四五"数字经济发展规划》对我国数字经济发展进行了总体设计。近期，国家发展改革委也出台了相应的文件，对加快推动实施数据基础性制度提出了一系列基本设想。数据是数字经济最关键的要素，数字经济发展得好不好，关键看数据的要素价值能不能得到充分释放。深圳、上海、浙江、北京、广东等各地政府都推出了相应的数字经济发展促进条例或者数据制度性条例。纵观政策总体，可以看到，这些政策突出几个方面的重点：强调以 5G 为中心的数字基础设施建设，如构建数据市场，包括数据产权、数据监管或者数据治理等问题。我们研读了好多政策，也调研了一些地方，了解相应的政策实施情况后，我们再来讨论一个问题：在数字经济发展

　　① 报告人简介：唐要家，浙江财经大学经济学院教授，博士生导师。兼任中国工业经济学会理事，中国工业经济学会产业监管专业委员会委员，中国工业经济学会竞争政策专业委员会委员，浙江省反价格垄断专家，浙江省价格协会价格监督检查分会理事会副会长。主要研究专长是反垄断与管制经济学。主持国家社科基金重大子课题、重点和后期项目等国家和省部级项目。出版学术专著 8 部，在《中国工业经济》等学术期刊发表论文 30 余篇。

中，要充分释放数据的要素价值的话，政府政策重点应该是什么？在这个过程中，政府和市场的关系该如何定位？

我们先要解释这样一个问题，相比其他要素，数据要素有哪些不同之处？数据要素跟土地、资本和劳动力等其他要素不一样，有其独特性，而这种独特性则构成了制度设计有效与否的重要情节。我们总结了四个特点。一是数据具有非竞争性，这是数据要素相比其他要素最大的不同，也是其最重要的特征，也就是说，一个人使用一个数据和另一个人或者更多的人使用这一数据不冲突，既不影响使用者价值，也不会影响数据要素的生命，它可以同时为多人所用，而且，这样的话，可以同时创造更高的价值，这是其他要素都不具备的一个重要特点。二是数据要素具有显著的外部性。此处的外部性主要还是正外部性，数据要素跟其他要素在这方面也有一定区别。三是数据具有非常强的时效性，也就是说，它会迅速贬值。由此，我非常质疑的一个概念"数据资本化"，他的意思是说，企业拥有大量数据的话，可以根据数据资产评估结果用于银行抵押贷款，我觉得这是一个非常危险的政策建议，如果数据迅速贬值，我们拿着数据去向银行贷款，就会大大增加银行贷款风险。四是数据的供给和需求侧两侧同时需要具备规模经济性，这个特点决定在数据开发利用中，其市场结构必然由少数几家占据，也就是我们常说的"赢家通吃"格局，不可能是多家竞争的格局。基于上述特点，数据的基础性制度设计要把握好一个政策基点，就是要基于数据的非竞争性，一定要想办法让数据能够开放共享，能够让同一个数据多次重复利用，这是一个非常重要的政策基点。

从数据的价值链角度来看，数据可以分为三个阶段。第一阶段，多数人讨论原始数据，例如，原始数据纯粹就是一种资源，这种资源本身可能是没有多少价值。那么，这样的数据有价值吗？没有价值。所以说，单个的原始数据没有太大价值，一个国家数据资源无论多么丰富，这件事情本身没有太大的经济价值。第二阶段，数据可以体现其资产特征，数据只有被采集、被清洗、被整合、被分析之后，构成数据库及其信息知识体系，只有这样，数据才有资产价值，否则，数据是没有价值的。我们可以说，人类社会早就存在数据，为什么数据直到今天才有价值？因为有一个重要前提，即当前大数据的采集和分析处理能力得到了快速提高，尤其，人类经历了革命性的技术变化，人工智能技术获得很大的突破，这使得数据的采集、处理和分析变得特别迅速和便捷，而且成本特别低。第三阶段，关系到数据价值的实现问题，在这个阶段，数据已经脱离了原本意义上的数据本身，因为数据表达信息知识，这可以让企业做出更科学的决策，数据通过商业化应用创造新的商业价值，也就是说，通过数据的商业创新可以真正地实现数据价值的革命性飞跃。所以，按照数据价值链的分析，数据价值实现可以分为两个阶段：第一阶段，原始数据阶段，没有采集数据，没有开发数据，也没有利用数据，数据没有任何的价值；第二阶段，数据采集量达到一定程度后，是不是数据量越多越好？事实上，数据的开发利用也面临着边际收益递减规律的制约，不是说数据拥有量越多越好，如果以3亿单位的数据能分析出某一结果，那么就没有必要去采集12亿单位的数据，这样做纯粹是浪费。可以看到，数量增加、成本增加并不会增加信息知识的产出量，所以，这会面临边际收益递减的问题。那么，我们如何才能避免边际受益递减呢？政策设计必须考虑到这一点，一定的制度制约是必要的，特别在数据的商业化创新应用领域，这是非常重要的问题。我们把数据变成新的商业模式，这是数字经济时代数据要素价值充分释放最为关键一点。

我们今天都在讨论数字经济，那么，数字经济究竟是什么？第一个方面，在中国，数据概念偏大，数据产业化和产业数据化这两个概念都比较大。如果在全球范围内进行比较，一国数据经济的核心竞争力就是数据产业化，也就是我们今天所说的那些大型数字平台。那么，数字平台又是什么，他们是数据商业模式的创新，这是答案关键内容。从过程来看，数据价值实现是动态的和过程的。这一动态过程也就是数据要素价值沿着价值链演变的过程。数据具有多种形态，政策研究一定要考虑大数据的不同形态。第二个方面，数据要素价值沿着价值链变化的过程中，往往会涉及多元主体，每个主体利益诉求不同，所以，我们制度设计一定要契合每个利益主体的利益诉求。第三个方面，数据应用场景往往存在差别化，每个数据都有其应用场景，所以，数据政策设计必须基于特定的场景。一旦离开场景，就会陷入泛泛而谈地讨论数据，这样的话，数据政策是没有任何意义的。根据这样的分析，我们做一简单的总结，根据数据要素的特点，结合数据要素价值的价值链实现过程，我们可以提出这样几个判断。要激发数据要素价值，第一，数据共享使用是基础。第二，数据驱动创新是根本催化剂，要让数据要素价值充分爆发和充分释放，这个点就在数据驱动创新，没有驱动创新，数据价值就无法充分实现。第三，要实现数据的价值，要让数据得到充分利用，就需要有相应的资本、技术和人力等互补性要素投入。从数据开发利用的组织形态来看，今天我们所看到的新形态是以平台为中心的生态体系，它不是单个企业，而是一个生态体系，我们要以生态体系的观念来重新审视我们的企业组织、行业组织和经济组织模式。第四，为了保证整个生态的正常运行，就需要有多元合力，并为多元合力效能积累提供制度保证。这是我们的总结，在此，特别强调一点，数据驱动创新是数据价值实现最为关键的一点，这也应该是国家数字战略的关键点。也就是说，数字战略的关键在于以数据来驱动创新，以创新为导向来虚拟建构数字经济共同体。

基于上述认识，接下来，我们考虑第二个问题：数据的整体治理是一定要考虑采用分类治理的政策。我们今天所讲的数据大体可以分为三类：个人数据、商业数据和公共数据。

第一类是个人数据，从产品属性来讲，个人数据中的个人敏感数据不属于产品，欧盟将个人敏感数据归属于个人人权范畴，是人权不可分割的部分。按照欧盟的观点，人权是不可交易的，不能以经济原则来谈论的内容，但美国看法不同，美国一直探讨是否可以市场化方式来解决这一问题。从目前来看，个人敏感数据是不可以交易的，只能是强化隐私权保护，如商业企业要用个人敏感数据的话，前提是必须获得当事人的知情和同意，这是一个最基本的要求。个人数据中还有一块就是非敏感数据，非敏感数据可以说它只是你在线活动的轨迹反应，而且这类数据开发利用不是以识别个人特征为目标的。大家都知道，比较典型的就是高德地图数据，这类数据只是为了在地图设计最优的行驶路线，它并不是说要识别某个人的特征。这种数据具有准公共产品属性，应该鼓励开发利用这种资源，这种情况下，就不需要过度强调个人隐私问题。

第二类是商业数据，就是说，商业企业采集、加工、整理和分析数据后形成数据产品，如数据库产品，这类产品包含着资本和劳动力的投入，当然也包含着智力性投入。那么，针对这类数据，我们应该怎么做？先应该突出财产权的保护，重点就是要保护好数据持有人的财产收益权，这里包括价值补偿机制、价值受益保护机制的设计，还包括要完善要素市场。它既然是数据产品，那么它在要素市场中就可以得到变现，这是我们讲的商业数据。

第三类是公共数据，公共数据本身就属于公共产品，既然是公共产品，公共数据最好向社会免费开放或者以成本价开放。就中国现实来看，目前我国拥有丰富的公共数据资源，但是其开放程度还是远远不够的。现在中国问题主要有，政府各个部门之间数据没有互联互通，由此形成数据孤岛，所以，政府对内要互联互通，对外则要向社会开放。向社会开放主要针对数据企业，即平台企业可以开发利用数据或者商业化开发数据，他们使用数据时是免费的或者仅承担成本价。目前，我国在公共数据开放方面还有很大的进步空间。中国拥有特别大的数据资源矿，但是这些矿还尚未利用好，我们有很多的工作可以做。

除了公共数据，商业数据和个人数据的分类治理问题，我们还要讨论数据的共享问题，可以通过不同路径来实现数据的共享，而不一定说非要通过市场交易方式来实现共享。公共数据应该是免费共享的，例如，中国知网数据库是由政府出资建设的，它应该是公共产品，应该是免费的，而不应该具有营利性。除此，还有一些企业间协议，包括数据免费接入、共享式的接入，这是两种方式，此外还有通过数据交易实现共享，还有个人数据可以在群内，也可以跨平台实现流动，这不一定要通过价格机制，还包括依法要求个别企业的数据开放。这是我们所讲数据的共享问题。

释放数据要素价值方面存在不少误区。接下来，我们重点讲一下最核心的，也是最有争议的几个问题，例如，市场产权定价问题和互联互通问题存在一些误区。很多地方政府都在开展数据市场化，最后导致数据要素价值下滑，最后会变成怎样的状态呢？数据交易都应通过市场来实现，很多地方政府纷纷建设大数据交易中心，但是这可能存在一些政策误区。为此，我们需要强调几个可能的政策误区。

第一点，数据市场化不等于建设数据市场，也不等于所有数据要素流转都要进入市场。我们刚才已经讲过了，很多数据要素共享是不需要通过市场机制或者价格机制，相反，可以通过私人协议等方式来得到解决，所以，真正需要进入市场交易的数据要素实际上是很少。我们不能把大数据交易中心就等同于数据市场化，这个方向是不对的。关于这一问题，国家政策、相关规划都讲到了，数据市场化最重要的不是建设市场，而是让企业、民间主体能够获得充分的交易自由机会，给市场充分的创新试错空间，这才是问题的关键。市场能够解决的问题就不需要再通过政府建设数据交易中心的方式来解决。所以说，数据市场化的核心是完善制度，赋予微观主体交易自由，尊重市场的创新能力。这就是一个好的经济环境。

第二点，数据产权方面也可能存在误区。请看一下"数据产权"概念妥否？现在是有争议，我个人认为，确切地说应该是数据确权，而非数据产权。主要有如下原因：第一个理由，确定数据产权，即以传统私人品的确权方式来确定数据产权，这是不对的。数据是非竞争性产品，而非私人品。一旦独家占有非竞争性产品，那么其他人就无法再使用这一产品，或者使用成本极高。这样的话，数据资源就无法得以充分利用，数据要素价值也无法得到充分发挥。相比其他要素，数据要素的优势就在于多人可以同时使用这一要素，但是，一旦给数据要素冠以产权制度，就会把它搞死了。第二个理由，现在很多经济学家都在讨论，数据供给对象究竟是消费者还是生存者？事实上，这一问题讨论意义不大。因为消费者隐私数据是不可以交易的，消费者隐私保护必须得到保证，这是一个基本前提。只有在这一前提下，我们才能讨论数据要素该怎么用的问题。无论消费者，还是生产者都不可能对数据拥有绝对的安全。所以说，传统产权思维在数据要素方面就存在不足。第三个理由，数据确权的话，那么确定的权利究竟是什么？我们强调数据确权，或者说所谓的产权都是具有相对性的，都是有限的产权。企业有权使用数据不等于数据就是归你所有。欧盟法律明确规定数据库是归企业的，但数据库中的每个个体数据还是归当事人本人，而且，这些数据必须是得到消费者授权的。由此可见，数据要素产权是相对的，那么我们要强调传统的政府设计产权的做法吗？数据要素完全交给市场交易合适吗？现在市场上数据产权是模糊的，政府主导建设数据交易中心可行吗？当然是不可行的。因为从产权制度的发展来看，产权制度不是由政府创造出来的，而是经由市场交易谈判而出现的，所以说，政府作为应该是在市场之后，这种行为应该是滞后发生的。所以说，政府提前设计数据要素的产权制度是不可行的，我们应该尊重市场自由交易和自由谈判。这是一个基础。

第三点，目前很多人都在讨论数据定价问题，这也可能是一个误区。前面已经强调了，数据流转交易不一定是非要有价的。数据产品跟一般产品不同，数据提供的是知识信息，从常理来看，知识信息最基本的常态就是没有价格，因为它存在着外部性，我们没法为此定价。另外一个方面就是数据价值的实现问题，数据要素价值的现实往往是不需要通过价格机制的。多数企业的数据货币化是通过其他间接的方式来得以实现的，往往带有附加的服务或产品，而附加服务和产品决定着数据要素价值的实现。可以看到，这不是通过数据交易来实现。而且，我们的数据有多种形态、多种应用场景，事实上很难统一定价，同一数据处在不同的场景价值是完全不一样的，不同的人愿意支付的价值是完全有别的，可以说，没有一个均衡价格。所以所，数据要素最终价值应该体现为以数据驱动创新的商业化应用。基于上述特点，非要通过价格机制来实现数据市场交易，这样说法就把问题说窄了，价格只是其中很小一部分，大多数情况都不需要定价的。

第四点，数据互联互通方面也存在可能的误区。现在很多政策都是针对数据要素的互联互通，例如，用户的联通等，这里存在着很大的问题，可能会对创新造成伤害。数据的互联互通有一个很大问题。数据究竟是不是基础设施？数据就类似于电信企业呢？数据不是基础设施，也不是基础设施平台，我们不能以管制自然垄断方法去规制数据、规制平台，那样做就会出错了。如果要讲数据互联互通，每家企业一旦创建数据平台后，就会出现自管自己的数据，也不用想着别人会开放。这样的话，谁去搞创新，谁去搞数据采集开发利用？我的成果被所有人免费分享了，那么，创新就缺乏积极性了。所以说，数据互联互通不能以行业监管方式来实现数据要素的普遍使用，这样的互联互通只是个案。这是我们讲的几点可能出现的政策误区。

接下来，我们讲一下政策设计的重点是：数据要素价值的充分释放必须置于多源驱动的数据商业创新的生态体系中，政策设计也必须要考虑到这一点。有三点很重要。第一，要构建有利于创新创业的数字经济商业环境，这也就是我们常说的，要把数字经济发展的"红绿区域"讲明白，规则讲清楚，一定要保证公平、透明、统一和可预期。绝对不能前期很宽松，放手随便发展，后期发现问题后，突然提出禁止要求，这样的政策是不科学的。第二，数字经济发展必须要有大量企业家，要有创业创新发展环境，我们只有为创新创业的企业家和企业营造更宽松有序的经济社会环境，才可能实现包容、可持续发展。第三，政府能做什么？我们认为，主要是两件事——供给和推动。中国经济高质量发展最缺的是人才，这是需要引入经营性、技术性的人才来实现转型，尤其中国高等教育应该有所贡献。此外，需求拉动，特别在应用场景培育方面，政府还有很多工作值得一做。还要强调个事儿，我们要顺势而为地设计治理制度，要建立一个平衡的政府监管体系，政府监管体系设计不只考虑某一件事或某一个方面，我们需要考虑平衡各个方面的问题，包括隐私保护、利益平衡、可持续发展等等。总之，要多方面综合考虑，否则，这个数经济就无法得到很好的发展。

最后，我再强调三点：第一，数字经济发展一定要将共享使用和数据驱动创新作为政策的着力点；第二，一定要确保市场机制的决定性作用；第三，一定要确保企业的市场主体地位；最后，政府监管治理制度要渐进匹配，不得过度超前。

以上就是我汇报的内容，谢谢各位倾听。

数字经济与共同富裕[①]

潘士远

各位老师、各位同学下午好！感谢浙江财经大学和王正新院长的邀请，有机会跟大家做一个分享。我今天分享的题目是"数字经济与共同富裕"。

首先，我想跟大家分享一下中国数字经济发展的状况。在讲发展状况之前，先简单地跟大家汇报一下数字经济的定义是什么。可以说，国内国外有很多定义。在国内，比较权威的定义形成于2016年中国杭州G20峰会，峰会发布了数字经济的定义"以信息和知识的数字化为关键生产要素，以现代信息网络为重要载体、以有效利用信息通信技术为提升效率和优化经济结构重要动力的广泛经济活动"。之后，大家主要还是沿用这一基本定义，并在此基础上做了一些修改和扩展。例如，《浙江省数字经济促进条例》也对数字经济有个专门界定。这一阶段跟G20峰会的定义很接近，只不过突出了数据资源作为关键生产要素的内容。中国信息通信研究院对数字

---

① 报告人简介：潘士远，浙江大学经济学院教授，博士生导师，教育部人文社会科学重点研究基地浙江大学民营经济研究中心主任。曾赴美国耶鲁大学、日本庆应义塾大学、美国科罗拉多大学博尔德校区、法国图卢兹经济学院开展学术交流和合作研究。研究领域为经济增长理论、创新经济学和中国经济。在 *International Economic Review* 等国外顶级刊物和国内权威刊物《经济研究》等发表论文40余篇。主持国家社会科学基金重点项目等多项省部级课题。获省哲学与社会科学优秀成果奖一等奖、二等奖。

经济的定义也非常好，他们认为，数字经济是以数字化的知识和信息作为关键生产要素，以数字技术为核心驱动力量，以现代信息网络为重要载体，通过数字技术与实体经济深度融合，不断提高经济社会的数字化、网络化、智能化水平，加速重构经济发展与治理模式的新型经济形态。这主要是国内的一些定义。

　　国际上定义也很多定义。我跟大家分享一下美国国家经济分析局关于数字经济的定义，主要包括三个部分：第一部分，数字经济要有一系列的基础设施。实际上，这些基础设施主要跟信息和沟通技术（information and communication technology，ICT）有关，也就是说跟信息通信技术的产品和服务有关，或者说，就可以把 ICT 作为数字经济的基础设施；第二部分，ICT 基础设施存在一些应用，例如，电子商务等；第三个部分，主要包括了数字服务。这三个部分构成了美国国家经济分析局的数字经济定义。综上所述，数字经济实际上包括了三个关键词，数字产业化、产业数字化和治理数字化。这些都是一些非常好的定义，因为时间原因，这里就不展开。简单地说，狭义来看，我们可以把数字产业化看作是 ICT 行业，就是信息通信行业。那么，产业数字化可以理解为数字技术在各行各业的应用，包括工业、农业、服务业等各个领域的应用。在中国，除了数字产业化和产业数字化，人们也很关心治理数字化。治理数字化跟产业数字化不同，他们的应用领域不一样，治理数字化不仅限于经济领域，还包括政治、文化、社会、生态、文明等各个方面。所以说，这三个方面是相互促进的，我们需要综合考虑和关注这三个方面。

　　有了上述定义之后，我们可以从经济学层面来谈谈数字经济究竟有哪些特点？第一个特点是搜寻成本低，大家平常应对此深有体会，网购成本确实非常低。第二特点是复制成本低。在数字经济时代，很多产品都是数字产品，如数字音乐、数字图书等，这些数字产品的复制成本是很低的。第三特点是流通成本低，流通成本包括两个方面：一方面是数字产品流动成本很低，我们可以通过微信，以很简单的方式把数字产品从我手上传递给另外一个人，或者另外一个人也可以通过微信或者其他媒介，可以把他拥有的数字产品直接发给我，这样的流动成本是很低的；另一方面，不只是数字产品流动成本很低，其他普通那产品在数字时代的流动成本也降低了。第四个特点是追踪成本低，也就是说，人工智能技术能够非常便捷地跟踪到每一个人的行为，跟低追踪成本密切相关的就是低验证成本。个人或者组织到底做了什么事情，其声誉诚信情况都是很容易得到验证的。另外还有一个特点就是，数字经济有很大的规模经济，究其原因，主要是因为数据的非竞争性。数据的非竞争性很好理解，而数据的非竞争性在整个数字经济中扮演着非常重要的角色。恰恰因为数据的非竞争性，数字经济具有了一个非常重要的特点，即规模经济特点。规模经济的特点可能会影响到数字经济与共同富裕的关系，一会儿再详细论述，在此先跳过不说了。

目前，大家基本认同，中国或者说全世界的数字经济的时代不但是到来了，而且是加速到来了。中国的数字经济有规模大、增速快等特点。数字经济占 GDP 比重马上就达到 40%，数字经济增速超过了 GDP 的增长速度。另外，从产业数字化和数字产业化两个方面来看，产业数字化增长迅速，这一速度要大大高于数字产业化，也就是说，三次产业内部结构持续变动着，当然，数字技术对三次产业渗透程度不同。从三次产业来看，数字技术对工业和服务业的渗透更加深入。就中国整体来说，我们正面临着很大的变革，其中一个非常重要方面是全球资源要素的重组和全球经济结构的重塑，这将是改变全球竞争格局的关键力量，是新时代我国应对国际远近复杂局面的关键变量，也是继工业化、城市化时代主题后的又一新主体。因为中国的工业化、城市化已逐渐步入稳定期，数字经济将成为接下来非常重要的时代主题，也是新时代区域、企业持续推进动能转换，乃至换道发展的关键路径。前面提到数字经济有很大的规模经济，中国人口多、市场大，就大型规模经济来说有很大的优势，我们是可以做到"弯道超车"。这也是新时代官员和企业家开拓创新谋发展要直面的关键考量。现在，我们国家、浙江省都非常重视数字经济的发展。当然，企业家也很重视。这样的话，大家可以考虑形成合力促进数字经济的发展。

在中国，今天发展还是离不开转型。我们还在转型中，可以说，转型还没完全结束。针对转型经济体，制度建设就非常重要。所以，在数字经济时代，我们不但要关心技术，还要关心制度。这也就意味着要实现有效市场和有为政府的有机结合。这一点非常重要，最近也有很多讨论，相比大家可能都比较熟悉。

接下来，我想谈谈第二个方面，数字经济与共同富裕的关系，这跟今天论坛的主题比较契合。共同富裕重在缩小三个方面差距，分别是地区间、城乡间和群体间的收入差距。

第一个方面，我们先来看看数字经济对地区收入差距的影响。总体来说，数字经济有助于中国经济的整体发展，也就是说，会促使我们全国人民把饼做大。我跟一位合作者做了一项研究，主要考察机器人对区域经济发展究竟有怎么样的影响，因为我们可以把机器人的使用视作数字经济，特别产业数字化的一大标志。研究发现，机器人的引入确实可以促进经济发展或者增长，也就是说，它确实有助于把饼做得更大。但是，在我们把饼做得更大的过程中，也可能会出现"马太效应"，这是因为跟数字经济的特点有关，数字经济需要有大量的投入，有些地区可能没有能力持续投入，或者说有些企业可能投资乏力，不敢投，也不想投，因为对这些企业来说，投入总是针对未来的，收益存有风险。也就是说，数字经济成本很高，这样的话，不同地区运用数字技术或者数字经济的程度可能是不平衡，这样势必会导致发达地区可能会更多地建设数字经济，这样的话，他们就会优先把饼做得更大，自然而然，地区差距也会扩大。此外，我们刚才也提到了，数字经济的核心是数据，数据有较大规模经济效应。数据资源丰富的地区或者数字经济发展相对超前省份就很可能利用数字规模经济效应，这样也会扩大地区的收入差距。总之，数字经济具有两面性，一方面有助于把饼做大，但另一方面可能会扩大地区间的收入差距。但是，解决这些问题都跟政策有关，还需要我们进一步的研究。如果政策适当，不仅不会扩大收入差距，还有助于缩小地区间收入差距。我们也拭目以待。

第二个方面，我们谈谈数字经济对城乡收入差距的影响。说起城乡收入差距，我们得不得提到数字鸿沟问题。大家可能会说，城市里的人可以用计算机或者智能手机，现在农村人也同样都在使用计算机和智能手机。但是，我们必须看到两者的用途可能会迥然不同。例如，在农村，更多的人可能用智能手机来刷抖音。当然，城市人也都刷抖音，但是，这个行为很多时候可能跟经济有关，例如跟生意有关。可以看到，大家手中的数据资源和数据技术的用途不同，这样的话，也可能会导致数字鸿沟，导致城乡收入差距的进一步扩大。此外，随着经济的发展，城市跟农村产业基础存在显著的不同。城市里可能会出现较多数据密集型产业，而农村则鲜有数据密集型产业，可能更多的还是劳动密集型产业。这样的话，农村居民难以克服数字鸿沟，哪怕是克服了数字鸿沟，他也无法分享到数据密集型产业所带来的收益。但是，城市与之不同，城市有更多的机会分享到数据密集型产业带来的收益，这样也会扩大城乡间收入差距。

第三个方面，我们谈谈数字经济对群体间收入差距的影响，也就是说对个人收入分配的影响。现在该领域的研究很多，例如，大家经常会关心这样的问题：机器人的引入对收入分配究竟产生怎么样的影响。关于这个问题，我们首先来看看对劳动力就业的影响。也就是说，机器人的引入或者说产业数字化对就业到底产生怎样的影响？根据已有文献，我们大概会提到三个效应：替代效应、创造效应、复原效应。替代效应是很好理解的，"机器换人"可能会导致很多工人下岗，这就是替代效应，它可能会提高或者增加失业率。创造效应就是说，机器人应用可以做大产业规模，那就可以创造出一些新岗位。无疑，创造效应是有利的。最后一个是复原效应，这实际上跟资源配置有关，或者从一般均衡来讲，它属于一般的均衡效应。什么意思呢？因为可能出现很多工人下岗，一些企业家可能会发现新技术或者开发新行业等，而新行业可能是劳动密集型的，这样就可以吸纳剩余劳动力，这就是复原效应。创造效应和复原效应都是对就业是有好处的。

接下来，我们分析一下数字经济对收入分配的影响。如果替代效应较大的话，很多工人可能面临失业，劳动收入占比很可能就要下降。劳动收入下降还可能跟其他因素结合在一起。产业数字化影响到个人收入分配，那么对劳动者收入的影响究竟是怎么发生的？事实上，我们也可以将机器人视作劳动力，他替代了人的劳动，但是，机器人又是一个资本，我们可以明确一台机器人市场价格多少，可以说，机器人首先是资本，其次才是劳动力。根据一般的税制，我们对资本和劳动力的征税要求是不同的，这样不同可能会进一步扩大劳动收入占比的下降。另外，即使没有替代效应，由于现在很多数据技术普遍使用，如算法，都可能导致生产剩余从工人转向企业家。这样的案例很多，如美团，他们算法可能会导致骑手提高工作效率，但是也可能导致市场角色的变革，从平台功能不断地向企业功能转移，我们只是说有这种可能。很多人还在研究算法到底会产生怎么样的影响。这还是跟替代效应息息相关。前面的分析尚未涉及劳动力市场，如果劳动力市场的摩擦（如最低工资）将会导致企业过度运用数字技术，这样可能会更加麻烦。因为有最低工资，工资必须保持在一定水平，那么企业为了减少用工成本，就更有可能以机器人来替代工人。所以说，产业数字化一方面可以做"大饼"，但另一方面又有可能导致劳动收入占比的下降。由此，我们得出一个结论：产业数字化或者说数字技术的利用可能会进一步扩大低收入阶层和高收入阶层的差距。究其原因，主要有：一是数据可能成为企业进入市场的重要壁垒。在过去，企业进入市场最大的壁垒可能是资本，只有资本雄厚者才有机会进入。但是，在数字经济时代，最大的进入壁垒则是数据。根据经济学原理，如果进入门槛很高，也就是很难进入的话，那么先进入者就能够得到超额利润，这样无非会扩大低收入阶层和高收入阶层之间的差距。二是技术进步方向越来越会偏爱于熟练劳动力。在数字时代，劳动力日常工作中都将用到更多的数据，而数据是有规模效应的，这样会导致收益越来越偏向主要劳动力。根据国外的一项研究，自动化解释了美国 1980～2016 年工资的 50%～70% 变化，根据其结论，劳动收入占比普遍下降，而最高收入阶层的收入占比提高。另外，根据学历来看，研究生及研究生以上学历的劳动者收入是增加的，大学本科及以下学历的劳动者收入虽然有所增加，但是幅度不大，而高中或高中以下学历的劳动者收入是下降的。从美国的数据来看，自动化或者产业数字化短期里可能个人收入分配有负面影响，但是，从长期来看，数字经济的创造效应和复原效应又有可能会改善收入分配。

我主要跟大家分享这么多。今天的报告主要从短期角度来讲数字经济对收入分配和共同富裕的不利影响。但是，数字经济的影响是具有两面性的。无论短期还是长期，数字技术都会给我们带来福利，今天的报告只是没有涉及这一方面。这只是我个人做的一些思考，请大家批评指正。谢谢大家！

加快推动数据要素跨境流动
引领数字经济全球化^①

洪永淼

大家好！非常感谢王正新院长的邀请，非常荣幸有机会跟大家一起来探讨数字经济与共同富裕问题。去年我参加了嘉兴学院的一次学术会议，已经看到了有学者研究数字经济对收入分配及共同富裕的影响。今天我要讲的主题是"加快推动数据要素跨境流动引领数字经济全球化"。刚才潘士远教授的演讲也提及了这一问题。我的观点主要是，我们需要加快推进数据要素的跨境流动，只有这样，才能引领数字经济的全球化。

过去40多年，中国主动开放并积极融入世界经济体系。我们充分发挥了自身的比较优势，特别是丰富的劳动力资源，实现经济长期稳定可持续发展。众所周知，今天我们已是全球第二大经济体，

---

① 报告人简介：洪永淼，美国加州大学圣地亚哥校区经济学博士，现为中国科学院数学与系统科学研究院、中国科学院预测科学研究中心特聘研究员，中国科学院大学经济与管理学院院长，《计量经济学报》联合主编，发展中国家科学院院士，世界计量经济学会会士，国际应用计量经济学会会士，里米尼经济分析中心高级会士，中国教育部高等学校经济学类专业教学指导委员会副主任委员。研究领域为计量经济学、时间序列分析、金融计量学、统计学、中国经济，在 Annals of Statistics、Biometrika、Econometrica、Journal of American Statistical Association、Journal of Political Economy、Journal of Royal Statistical Society B、Quarterly Journal of Economics、Review of Economic Studies、Review of Financial Studies、《经济研究》等经济学、金融学和统计学中英文主流期刊以及《人民日报》、《光明日报》、《经济日报》、China Daily 等主流报纸发表文章130余篇。

是最大的世界工厂，是全球供应链、产业链最主要的核心之一。2021 年中国在几千年发展历史上整体消灭绝对贫困，提前 10 年实现《联合国 2030 年可持续发展议程》的减贫目标。2021 年，我国人均 GDP 超越了 12 500 美元，已经非常接近高收入国家的下限。刚才卢新波书记非常系统地介绍了收入分配测度方法以及中国在世界经济发展中的地位等。毫无疑义，这对我们的研究是非常有帮助的。中国在过去 40 多年的经济全球化中是一个主要的获益者。当然，这是我们跟美国、跟西方国家通过经济交往而获益。美国也是最主要的获益者，美国主要通过资本和技术的垄断以及超额的垄断利润而从全球化中获益。中国是通过亿万人民的辛苦劳动而成为经济全球化的主要受益者。在过去相当长的时间里，随着全球化进程的深入，我们也看到了各种逆全球化的现象。例如比较早期的有占领华尔街运动，英国脱欧，法国"黄马甲"运动，特朗普当选美国总统后随之而来的中美贸易冲突、中美地缘政治冲突，近期的俄乌战争等都引起了世界的进一步分裂。所以，我们现在可能会产生这样一个问题：在今后的 40 年。中国如果要像以前那样继续成为经济全球化的主要受益者，那么，我们能否引领经济全球化？今天，我们主要从数字经济的角度来看问题，探讨中国如何引领数字经济的全球化。

数字经济全球化有着重要意义，对全球要素资源配置、全球经济结构重塑，以及全球经济格局变革等都发挥着非常重要的作用。前面潘士远老师也提到这些内容。可以看到，随着数字经济的不断发展，以数据要素特别是大数据为核心驱动力，以互联网、移动互联网为载体的高速率、大容量、低延时的跨境数据流动，正在成为连接全球经济的纽带，大大拓宽了传统经济全球化的广度与深度。中国应在保障国家安全的前提下，主动拓宽数据开放范围，加快数据跨境流动，在全球竞争中进一步发挥人口优势与规模优势，积极融入并引领新一轮经济全球化。

接下来，我主要谈谈数字经济全球化可能遇到的挑战，以及当前我们存在的短板。我们来看一下数据驱动的经济全球化，主要谈谈其优点。农业经济、工业经济之后，数字经济正日益渗入现代经济生活的各个领域，数字经济是一种新的经济形态，经济数字化正在成为现代经济活动的基本特征。如果看我国数字经济规模的话，2021 年数字经济规模占比已超 40%，而是数字经济对农业、工业和服务业都有很强的渗透力，速度也是非常快的。根据中国信通院发布的《中国数字经济发展白皮书（2021）》显示，服务业、工业、农业数字经济占行业增加值比重分别为 40.7%、21% 和 8.9%。可见，产业数字化正在快速而又持续的发展过程中。

数字经济最主要的、最显著的特征是绝大部分经济活动都是以数字为驱动的。经济活动每时每刻都会产生海量的大数据，反过来，这些大数据又会启动新的经济活动。因此，大数据也成为了一种关键的生产要素，并在经济发展和经济全球化过程中发挥着越来越重要的作用。根据国际数据公司（IDC）发布的《IDC：2025 年中国将拥有全球最大的数据圈》白皮书，预计在 2025 年中国数据圈增至 48.6ZB，占全球 27.8%，成为最大数据圈。马克·冯·里吉门纳姆在《企业的大数据战略》序言中就指出，现在每两天全球产生的数据就相当于从人类文明起源至 2003 年间全部数据的总和。所以，我们可以看到，数据资源的发展潜力及其潜在价值是巨大的。数据流动意味着信息知识的传播与共享，自由流动的数据是技术创新、商业创新和社会治理创新的重要催化剂。全球增长咨询公司 2019 年发布的《2025 年世界顶级全球大趋势及其对商业、社会和文化的影响》指出，数据支撑着未来，90% 的变革性转变严重依赖于数据的流动和使用。

以往的经济全球化以资本和技术等传统生产要素为主。不同以往，我们现在正进入以数据要素为主要推动力的数字经济全球化。这种全球化的影响范围将更加全面和深入。快速跨境数据流动正在改变经济全球化的形态，经济全球化已经进入了由数据流定义的新时代。人类通过光纤电缆让数据流动到世界各个角落。来自美国电信地理调查公司（TeleGeography）的数据显示，国际宽带的增长速度非常快，大部分仍然位于北美与欧洲之间以及北美与亚洲之间，我们还是可以隐隐约约地发现以美国为中心。数据流动还间接促进了其他类型的跨境交流，麦肯锡研究院 2016 年发布的报告《数字全球化时代的五个关键问题》指出，十多年来数字流动共拉动了全球约 10% 的 GDP 增长，仅 2014 年总价值便高达 7.8 万亿美元。其中数据流直接创造的价值为 2.2 万亿美元（占总值的近 1/3），高于外商直接投资。为全球经济的呃，全球 GDP 创造了间接的收入又达到 2.8 亿美元。如果说 20 世纪上半叶的全球化集中于国家层面，那么，20 世纪下半叶的全球化主要是集中于跨国公司。当然，现在的数字经济全球化浪潮还会包括跨国公司大企业，特别是大型的数字平台公司将起到引领作用，但是数字经济全球化浪潮也会深入到中小企业甚至个人的层面，促使各类企业和全人类在全球化层面开展更加深入的合作，整个世界平台化又将催生全球化新形态。

下面，我们谈一下数字经济全球化所面临的一些挑战。过去40多年的经济全球化主要由西方国家跨国公司主导，他们凭借着雄厚的资本实力和先进技术在全球范围内的流动，但是，绝大部分的劳动者都未能在全球范围内流动，所以，全球化已形成了一个包括发达国家劳动者和发展中国家劳动者在内的竞争性全球劳动市场。美国康奈尔大学考希克·巴苏教授，曾任世界银行副行长兼首席经济学家，他在国务院发展研究中心主办的"中国发展高层论坛2017经济峰会"中发表了题为"中国与世界：经济转型和结构改革"演讲，指出，过去几十年，发展中国家的工作在全球化劳动市场中跟发达国家的工人一起竞争，所以，逆全球化现象也就由此而来。数据跨境流动以及人工智能技术的发展一定程度上有利于发达国家先进制造业的回流，而不再像以前那样，资本、技术向发展中国家转移或者流动。从中长期来看，这将影响发达国家和发展中国家之间劳动力市场的竞争关系，从而也会影响到两者间的收入比例结构。此外，人工智能以及大数据的跨境流动催生了新的贸易业态，就是人们常识的数字贸易，包括电商平台、线上支付、智慧物流、数字监管、数字产品、数字服务等。目前，发达国家经济体在数字贸易领域仍占支配地位，如2019年发达经济体、发展中经济体、转型经济体的服务出口在全部出口中的占比分别为30.3%、18.0%和17.6%；数字服务出口在服务出口中的占比分别为58.2%、39.3%和30.1%。不难看出，发达国家经济体在数字服务贸易方面还是占有绝对优势。虽然我国北京自贸试验区推动数字贸易港建设，国家类似规划还有很多，但是，相比发达国家经济体的数字贸易还存在相当大的差距。

　　还应看到，数字平台可能会不同程度地损害广大消费者的权益。大数据不当使用会侵犯到个人隐私，特别是在以数据驱动的经济活动中，当个人数据被社交媒体非法用于平台企业时，个人如何才能得到其应得的收益，或者说，个人该如何维护个人隐私？如果这些方面处理不当的话，可能会出现新的不公平，损害消费者的权益。这事不仅出现在国内，而且国际上也时有发生。2018 年时任德国总理默克尔在全球经济论坛（GES）指出，"数据的定价，尤其是消费者数据定价，是未来主要的公平问题。否则你将会经历一个非常不公平的世界，人们免费提供数据，而其他人则利用数据赚钱。数据是未来的原材料"。她还说："世界上存在着巨大不公平的危险，我们必须将其纳入我们的税收体系。"基于这样的背景，中国、美国等世界多个国家开始推行个人信息保护，相继出台各类法规。

　　随着数字技术、数据要素的跨境流动，网络安全问题也不断突显，如跨国电信诈骗，还出现银行或者金融机构之间的诈骗，甚至陷入了"道高一尺，魔高一丈"的恶性循环。所以说，数据跨境流动与国家安全密切相关。近几年来，我们也看到了美国抵制华为，打压国际版抖音软件，阿里巴巴退出美国市场，这些案例其实都体现了数字经济领域的国家利益之争。除此，欧盟针对中国的数字经济发展也进行了限制，例如，德国通过提高门槛来限制华为参与德国 5G 建设。从 2021 年以来，我们还看到了阿里巴巴在印度遭遇了困难，还有小米也在印度遇到了税务麻烦。其实，这些都是数字经济、国家地缘政治冲突的实例。这表明，与数字经济全球化发展相反，出现了数据本地化政策。可以说，中国正面临着日益复杂的国际环境，相应的挑战难度也越来越高，有些国家正在出台一系列本土化的数据政策，这些措施将阻碍数据要素在全球范围内的自由流动，当然也将对全球经济造成负面影响。

中国有着明显的人口规模优势和经济规模优势，我们的数字经济确实走在全球前列，某些方面甚至还处在领先的地位。不同于前三次工业革命，在以数字技术为代表的新一轮工业革命浪潮中，中国不仅跟上了时代的潮流，而且数字经济的若干领域还处于全球领先地位，如金融科技。作为一种关键的生产要素，数据直接参与到经济活动的价值转移与价值创造，并推动传统生产要素的深刻变革与优化重组，引领新一轮经济全球化，特别数字经济全球化，促进数据要素在全球范围内的有效流动。无论中国或国外，数据都是一种生产要素，其本性属性并不会因地域特征、国别或制度差别而有所改变。如果西方国家也在走数字经济全球化道路，那么他们必然要使用中国的数据，必然要跟中国市场、中国经济发生联系。从这个角度来看，海量的中国经济数据及其跨境的数据流动有助于促进中国对外开放，维护中国在全球产业链与供应链中的重要地位。2017 年《经济学人》发表封面文章称，数据已经取代石油成为当今世界最有价值的资源。2019 年学者查克拉沃尔蒂在《哈佛商业评论》发文，研究哪些国家在引领数据经济，他首次提出数据生产总值，其字面上模仿国内生产总值（GDP）的写法，由"Gross Data Product"三个单词的首字母构成，主要从规模性、易用性、可及性和复杂性等四个方面评估一个国家的数据经济规模。可以说，中国在规模性方面拥有绝对优势。以这四个标准来衡量，如果每个标准给予同等权重的话，会发现美国、英国、中国三国处于世界领先地位。我们在数据总量上具有相当大的优势，这得益中国政府的大力支持，以及中国经济规模优势与人口规模优势。但是，在可及性方面，美国还是遥遥领先，我们还有很大的追赶空间。

中国在开放度方面的排名也不太高。这就是所谓的"openness"或者说"connected with the outside"。从各国连接度来看，如果按货物贸易的话，中国全球排第 4 名；如果按数据的话，中国世界第 38 名；人员流动方面，中国是排第 82 名，所以说，虽然，我们的国际货物贸易还是遥遥领先的，但是数据跨境流动方面，无论是数据跨境流动的容量或是数据跨境流动的强度，我们还有很大的改进空间。如果中国不积极努力提高数据要素的可及性，不积极参与数据要素的全球流动，那么，中国企业将无法直接利用全球范围内资源要素，包括资本、劳动力等，而且我们的供应链和产业链商业模式创新也将受到很大的影响。这样的话，中国历经 40 多年努力争取到的全球地位也将遇到挑战。

中美两国是数据跨境流动的主要推动者。下面，我们对两国的数据平台公司开展比较。如果按市值来看，美国的数据平台公司市值与中国公司的市值存在着很大的差距，而且这个差距还在扩大中。当前政府对数字平台反垄断有序规范是完全必要。这不只是为了保护广大消费者的合法利益，而是为了大力培育与增强企业创新能力，培养具有国际竞争力的世界级民族企业。从全球范围来看，那些市值高的或者说全球影响大的企业，多数还是美国的数字平台企业。根据市场调研机构合作研究（Synergy Research）的最新数据显示，截至 2020 年底，全球 20 家主要云计算和互联网服务公司运营的大型数据中心总数已增值 597 个。但是，从全球区域分布来看，美国仍然最多，占比高达 40%。中国、日本、德国、英国和澳大利亚共计占比29%，还不到30%。根据全球大型数据中心分布，亚马逊、微软、谷歌合计超过所有大型数据中心梳理的50%。如果我们看一下阿里巴巴全球数据中心分布，目前阿里云在全球共有21个数据中心，主要还是集中在中国、新加坡等亚洲国家，欧洲地区数据中心很少。如果中国企业不能在全球范围内广泛设置数据中心，不能加快数据跨境流动，必将会减缓中国参与数字经济全球化的进程。

针对数字经济全球化所面临的种种问题，我们应立足发展，立足引领数字经济全球化，加快数据跨境流动，在鼓励创新和保护消费者权益之间，在推动经济全球化和维护国家安全之间，找寻最佳的动态平衡点。

这是今天我跟各位交流要汇报的内容，谢谢大家。